障害者相談支援における「実践課題の政策化」の理論形成

— ソーシャルワークと自治体福祉政策の発展 —

隅河内 司 著

佛教大学研究叢書

ミネルヴァ書房

は じ め に

　2014（平成26）年1月，わが国は障害者の権利に関する条約（略称：障害者権利条約　Convention on the Rights of Persons with Disabilities）を批准した。この障害者権利条約では，障害に基づくあらゆる差別の禁止や障害者の権利・尊厳を守ることが謳われ，インクルーシブな社会を創造することが目標とされている。この人権条約は，今後，わが国の様々な分野における障害者福祉の政策展開の基底とならなければならないものである。

　続く同年7月には，IFSW（国際ソーシャルワーカー連盟）のグローバル定義が改定された。新しい定義では，ソーシャルワーク専門職の中核となる「任務」として，社会変革，社会開発・社会的結束の促進，および人々のエンパワメントと解放が示されており，抑圧や特権の構造的障壁の解消に取り組むため，専門職は不利な立場にある人と連帯しつつ，貧困を軽減し，抑圧された人々を解放し，社会的包摂と社会的結束の促進に努めなければならないとされている。2000年に採択された前回の定義と比べるとより社会変革や社会開発という行動原理が強調されたものになっているのではないかと筆者は考えている。

　本書は，これらの状況を踏まえ，長年，地方自治体職員として，福祉行政に携わってきた筆者が，自治体における福祉政策の発展のために，福祉実践と自治体障害者福祉を結びつけ，これを循環システムとして継続的に発展させるためにはどうしたらよいのか，そうした問題意識から出発している。それはソーシャルワークを活かした福祉実践を推進するにはどうしたら良いのか，福祉実践の中で発言する課題をどのように施策や事業に結びつけて解決すれば良いのかという問いでもある。

　その答えを導くため，本書では，日々の福祉実践の中から発出する課題の解決に向けて，施策化・事業化を図る取り組みを「実践課題の政策化」と呼称し，それをテーマとして，福祉実践の中での政策形成に焦点をあてて，実現化するための理論的枠組みと具体的実践方法を提示しようと試みた。

地方分権が進み，各自治体の政策形成の裁量が増す状況の中で，豊かさを実感できる地域社会を構築するには，住民自らが自治体の構成員として政策形成過程に積極的に参画し，まちづくりを進めることが不可欠である。特に福祉領域における政策形成は，問題発見から解決への専門的かつ技術的な見通しが必要となることから，権利主体である当事者や専門家を含めた関係者，地域住民などによって検討を加えられることが有効となる。こうしたボトムアップ型の「協働による政策形成」を確実に進めることは，住民自治を具現化することであり，住民主体のまちづくりへと自治体を導くものである。

　また，ソーシャルワークは，個人や家族が抱える課題がニーズの中心となるミクロレベルから，その課題が社会的差別や地域社会からの排除の状況などによって生じている場合に地域住民らに働きかけるメゾレベル，そして，ミクロレベルやメゾレベルの課題解決のために，法制度や仕組みなどの社会構造や社会システムを対象とするマクロレベルまで広範囲に展開され，その中で交互に連鎖し，作用しながら社会全体の福利増進の達成を目指すものである。こうしたソーシャルワークの機能は，前述した自治体におけるボトムアップ型の「協働による政策形成」のあり方とは方向性を同じにするものである。

　これらのことから，本書のテーマである「実践課題の政策化」については，ソーシャルワークの特質である社会変革機能を具現化する取り組みであると整理し，その理論化にあたっては，ボトムアップ型の「協働による政策形成」のあり方や手法等を参考に検討することとした。

　具体的な対象としては，障害者相談支援を取り上げた。障害者相談支援は障害者本人や家族のニーズに寄り添い，様々な情報提供のほか，自己決定に必要な助言や支援を行うとともに，本人のエンパワメントや社会的，経済的問題への対応，家族への働きかけなども含んだ自立を支援する福祉実践である。その過程における生活問題の把握，地域課題の集積，分析，そして計画化，事業化，政策化という一連の流れは，実践活動の延長線上に制度や政策の改善・向上を求める機能であり，自治体のボトムアップ型政策形成機能と同様のものである。つまり，筆者がいう「実践課題の政策化」を具現化するシステムと考えることができるのである。障害者相談支援は「実践課題の政策化」の理論形成を図る

はじめに

うえで有効な対象であると考え，論をまとめた。

　一昨年の7月に，神奈川県相模原市にある知的障害者施設「神奈川県立津久井やまゆり園」で障害者殺傷事件が起り，国民全体がショックを受けた。筆者にとっても相模原市は長年，活動のフィールドとしてきた地域であり，特別な思いと共に到底忘れられない出来事である。この事件の根底には，優生思想による偏見があると報じられているが，それを生み出している社会のあり方や風潮を改めて問う必要があるのではないか。生産性や効率をより優先するといった経済至上主義の指標で人間の価値を測り，競争により人々が序列化されてしまう社会，そして格差を拡大させる社会，そのような社会に暮らしていては，誰もが優生思想のような歪んだ思想にとらわれる危険性を孕んでいるのである。

　事件から1年を過ぎた2016（平成28）年10月に神奈川県は，「この悲しみを力に，ともに生きる社会を実現します」と宣言して「ともに生きる社会かながわ憲章」を策定したが，私たちは，この「共生社会」の実現に向けてどのように歩を進めていけばよいのか。私の博士学位請求論文の副査である恩師の鈴木勉先生は，共生社会の基本原理を「反貧困」としての福祉，「反抑圧・反差別」としての平等，「戦争」を根絶する平和と整理している。このことも今後の私たちの活動の道標になるだろう。

　私たちは，これまで人口の増加と経済の発展により「豊かさ」を享受してきたが，今後，人口と経済の成長が限界に達した社会とどう向き合うのか，また，その社会システムの中心となる「価値」とはどのようなものか，そして，その形成にソーシャルワークはどのように貢献していくのか，今問われている。

　筆者はここ十数年のソーシャルワークは，新自由主義的政策の枠組みに埋没し，与えられた制度の中でサービス調整を行うという既存の枠組みの中で停滞してしまっていると危惧していた。新自由主義下の社会福祉では，マネジメント機能が重要視され，その一貫として福祉利用者のニーズに合わせて社会資源が紹介され，福祉サービス等が提供されるため，必然的にソーシャルワークは利用者が抑圧されているという社会構造そのものに対する視点が乏しくなる。そうした内的なシステムに適応することが主眼となってしまっている実践者に

警鐘を鳴らしたのが今回改定された IFSW のグローバル定義ではないだろうか。

　新しいグローバル定義では，ソーシャルワークは「経済成長こそが社会開発の前提条件であるという従来の考え方には賛同しない」と立場を明確にするとともに，根源的な使命として社会変革が明記されるなど，より鮮明に資本主義のグローバリゼーションから生み出される様々な困難等に対しての対応が意識されている。これを踏まえ，今後，私たちには，ソーシャルワークの実践者として，個人や家族が抱える課題を解決するための支援や，社会的差別や地域社会からの排除を克服するための働きかけを通して，社会構造や社会システムを変革し，新自由主義や市場原理至上主義を越えた社会の姿を創造することが求められている。

　本書は，そうした大局的な見地からソーシャルワークの再生を願い，今日の障害者福祉分野におけるソーシャルワーク理論を一歩進めようと試みるとともに，そのことを各々が暮らす自治体や地域の中で着実に進めるための方法論としてまとめたものである。2015（平成27）年の介護保険法改正では，これまで厚労省通知で行われてきた個別事例検討の場である地域ケア会議が政策形成の場としても位置づけられた。本書で示した「実践課題の政策化」の推進モデルが障害者福祉分野にとどまらず他の福祉領域でも貢献することを願うばかりである。

　本書が，ソーシャルワーカーや福祉関係者を含め多くの方々の実践活動の一助になれば望外の喜びである。

目　次

はじめに

序　章　研究の枠組みと研究課題の概念整理 ……………………………… 1

　第1節　問題意識の所在と研究の枠組み（目的・対象・方法）…………… 1

　　1　問題意識と研究の背景…1

　　2　研究の目的・対象・方法…5

　　3　本論文の構成…7

　第2節　研究課題の概念整理 ……………………………………………… 9

　　1　用語の定義…9

　　2　ソーシャルワークの本質と社会変革…15

　　3　地方分権と自治体福祉政策…25

第1章　障害者相談支援の政策動向と障害者総合支援法における
　　　　相談支援事業の構造 ……………………………………………… 31

　第1節　障害者福祉を取り巻く環境状況と障害者相談支援の政策動向 …… 31

　　1　障害者福祉政策の変遷…31

　　2　自治体障害者福祉政策における障害福祉計画と障害者相談支援…36

　　3　障害者福祉における相談支援の政策動向…37

　第2節　障害者総合支援法における相談支援事業の構造 ……………… 40

　　1　障害者総合支援法における相談支援事業の体系と内容…40

　　2　障害者総合支援法における障害者相談支援システム…45

　　3　相談支援専門員の要件と役割…51

　第3節　障害者相談支援を支える地域自立支援協議会 ………………… 53

　　1　地域自立支援協議会の目的と機能…53

　　2　地域自立支援協議会の運営…57

3　地域自立支援協議会の現状と課題…60

第2章　障害者相談支援に関わる議論から到達点を探る ……………63
　第1節　先行研究の到達点 ………………………………………………63
　第2節　関係領域研究から「実践課題の政策化」を探る ………………67
　第3節　小　　括 …………………………………………………………69

第3章　「実践課題の政策化」に関する理論的枠組みの整理………72
　第1節　「実践課題の政策化」の基本原理………………………………72
　　1　「実践課題の政策化」の基盤となる社会福祉と地域福祉…72
　　2　「実践課題の政策化」の意義…75
　　3　「実践課題の政策化」の基本原理と三元構造論…78
　第2節　「実践課題の政策化」の実践原理……………………………81
　　1　協働による政策形成と住民自治…81
　　2　ソーシャルワークと障害者福祉…85
　　3　ソーシャルワークとしての障害者相談支援…88
　　4　福祉専門職の専門性と公務労働のあり方…96
　第3節　「実践課題の政策化」の実践展開……………………………99
　　1　「実践課題の政策化」を支える条件とは…99
　　2　「実践課題の政策化」の展開過程…104
　　3　「実践課題の政策化」の核心的推進基盤…108

第4章　「実践課題の政策化」を推進するための仕組み……………116
　第1節　計画相談支援の実態から「実践課題の政策化」の課題と
　　　　　方向性を探る ……………………………………………………116
　《調査1》
　　1　調査概要…117
　　2　調査結果および考察…118

3　まとめ…124

　第2節　「実践課題の政策化」を推進する効果的な仕組み………………… 126

　《調査2》

　　1　調査概要…127

　　2　分析枠組みの設定…128

　　3　調査結果および考察…130

　　4　まとめ…147

第5章　「実践課題の政策化」に関する核心的推進基盤のあり方… 151

　第1節　事例研究の進め方 ……………………………………………… 152

　　1　事例研究の目的…152

　　2　事例研究の調査方法…152

　　3　分析枠組みの設定…153

　第2節　先進事例から──力動的な主体形成に向けて………………… 154

　　1　京都府与謝野町…154

　　2　神奈川県相模原市…167

　第3節　「実践課題の政策化」に向けた核心的推進基盤のあり方………… 187

　　1　起点は，現状に対する危機感と目標の共有…187

　　2　基底となるのは，地域特性の理解と活用…188

　　3　現場ニーズを科学的に捉え政策に導く…190

　　4　実践の積み重ねと協働…191

　　5　実践課題の政策化を支える仕組みに迫る…192

第6章　「実践課題の政策化」の方法論への接近 …………………… 194

　第1節　「実践課題の政策化」の方法の全体像………………………… 194

　第2節　「実践課題の政策化」を推進する個別プログラム…………… 198

　　1　地域診断を契機として…198

　　2　基本認識を共有する土台づくり…199

3　問題把握に結びつく相談支援体制の整備…200

　　　4　ネットワークの構築・連携による地域課題の共有化…203

　　　5　地域課題を政策化する調査研究…205

　　　6　施策化・事業化の合意形成に向けて…207

　　第3節　「実践課題の政策化」を推進するための評価………………………210

　　　1　相談支援体制…210

　　　2　相談支援専門員…211

　　　3　行政の関与…212

終　章　研究のまとめ………………………………………………217

　　第1節　結　論…………………………………………………217

　　第2節　本研究の成果と残された課題…………………………227

　　　1　本研究の成果…227

　　　2　本研究の限界と残された課題…228

　　　3　新たなパラダイムに向けたソーシャルワーク…231

あとがき

参考文献一覧

索　　引

序 章

研究の枠組みと研究課題の概念整理

第1節　問題意識の所在と研究の枠組み（目的・対象・方法）

1　問題意識と研究の背景

　2014（平成26）年1月20日，政府は国連に「障害者の権利に関する条約」（以下「障害者権利条約」という）の批准書を寄託した。これにより翌月の2月19日から条約は正式な日本法となった。この障害者権利条約は2006（平成18）年12月の第61国連総会で採択された人権条約で，障害に基づくあらゆる差別の禁止や障害者の権利・尊厳を守ることが謳われ，インクルーシブな社会を創造することが目標とされている。今後，政府はこの障害者権利条約をあらゆる政策に活かし障害者施策を向上させなければならないし，そこで展開される政策は定期的に国際的評価にさらされることになる。つまり，わが国の障害者政策が障害者権利条約という国際的な基準に見合うものになるかどうかが継続的に問われることになる。その意味では，条約の批准はあくまでも通過点であり，わが国社会が変革するための出発点である。

　しかしながら，果たして，わが国はこの障害者権利条約の批准を契機に，人々の権利や尊厳を守る成熟した社会へと発展することができるのだろうか，また，障害者福祉政策は確実かつ実践的に強化されるのであろうか，21世紀に入り国家政策として新自由主義改革である構造改革路線が進められる中，わが国の障害者福祉政策は，措置制度から支援費制度へ，障害者自立支援法の廃止，「障害者の日常生活及び社会生活を総合的に支援するための法律」（以下「障害者総合支援法」という）の制定というように法・制度の見直しが場当たり的に

行われてきた。これら政策・制度の見直しの中心原理は社会福祉基礎構造改革である。その核心は，規制緩和万能論，市場原理至上主義により市民の人権や発達保障を軽んじ，社会保障や社会福祉，医療，教育等の社会サービスの削減を図る「小さな政府」を目指す新自由主義的市場化路線である。

　ハーヴェイは，新自由主義の流れが進行すると，社会保障や所得再分配が脆弱なわが国では，労働者階級やその家族は新自由主義の破壊的な影響をもろに受けやすく，医療における混合診療など所得の差に応じて，福祉機能に差を設けることを認める制度が積極的に導入されるなど，国のあり方として階層間格差を前提とした階層型統合が追求されると指摘する（ハーヴェイ 2007：321-322, 327）。

　こうした状況の中，「小さな政府」論に基づいて，公的部門の民営化・民間委託化，民間社会福祉事業の営利事業化，福祉サービスの商品化による公的責任の縮小という考え方に立って，社会が形成されていって良いのだろうか，本来，税金として強制力をもって集めたお金は，公共サービスとして社会的に役立つことに使われることが合意されているのに，それを消費サービスとして矮小化してもよいのだろうか，福祉実践と政策との関係を整理しつつ，社会福祉の充実・強化について考える必要があるだろう。

　社会福祉基礎構造改革では，公平と効率に関する議論が一つの焦点となっていたが，「公平」が問題になる背景には，無制限ではない財源や社会資源をいかに配分するかという現実があり，サービス利用者と非利用者を二分してとらえることで，意図せずともマイナーな利用者に対する偏見や差別が正当化されるとともに，利用者でない多数の住民の利益が，「公平」という一見もっともな論理で語られてきた（三浦ほか 2002：288）。

　しかしながら，欧米の社会福祉や社会政策における効率や公平の議論では，市民合意を形成する前提に社会的正義が一つの社会的規準として存在し，イギリスでは，それぞれの個人に同じ量の援助を提供する配分的正義に対して，個別的ニーズに対応して援助すると説明される創造的正義の視点の必要性が論じられている。田端はA・センの理論に基づき，「公平」について，異なる二人にとっての必要な財（生活財）は，等量の財として示されるのではなく，それ

　　　　　　　　　　　　　　　　　　　　　序　章　研究の枠組みと研究課題の概念整理

ぞれの機能する能力を高めるためのものとして個別的に必要であるという論を
明示し，この考え方がわが国の今後の社会福祉のあり方とサービスの質，さら
に，それをめぐる市民の合意形成に重要な意味を持つことになるであろうと論
じている（三浦ほか 2002：289）。

　こうした「公平」論を拠り所として，新自由主義の枠組みを越えて，人々の
尊厳と生存権を守るための社会福祉を実現するには，個々の生活問題に着目し，
困難を抱えている人たちや支援する人たちの視点から問題の本質を的確に把握
し，変化する環境に合わせて具体的な政策や施策，事業等を展開することが必
要であり，地域の中の実践活動や合意形成をとおして，制度や政策の改善・向
上を継続的に行うことが求められる。そして，こうした福祉実践と政策を結合
するための取り組みを一つ一つ行うことが，新自由主義に対抗して，その枠組
みを越えて社会福祉を発展させることになるのではないかと筆者は考えている。

　社会福祉について，真田は「社会福祉の対象は社会問題である。しかし，社
会問題のすべてが社会福祉の対象となるのではない。社会福祉の対象は社会福
祉政策によって社会問題の中から拾い上げられてつくられる。…（中略）…社
会福祉の政策体系としての固有性が社会問題を選別し，この固有性にマッチす
る社会問題だけを拾い上げて社会福祉の対象とする。現実の社会福祉の対象は，
したがって政策主体と社会問題の受難者たちとの間の力関係，階級闘争の動向
によって決まり，こうして社会問題の中から拾い上げが行われる」（一番ケ瀬・
真田 1968：33-34）と述べ，「社会福祉は客観的な歴史・社会法則の規定を受け
て成立しその内容と水準がきまってくる。そして具体的には，この客観法則は
社会問題・政策主体・社会運動の三つをとおして表れ，これらの相互作用・関
連をとおしてきまってくるものである」（同：124）と社会福祉を変化・発展す
るものと捉える構造モデルとして社会福祉の「三元構造」を示した。また，真
田は社会福祉の政策について，「社会福祉の対象である社会生活問題としての
生活問題と，そこから生み出される要求・運動と，政策主体の社会的・政治的
性格の三つの相互関連のフレーム」（三浦ほか 2002：289）とし，社会福祉の前
進のためには「国民の旺盛な活動量」と「政策主体の交代あるいは基本性格の
変化が最低要件になる」（同：38）と指摘している。

3

確かに，社会福祉を総合的に充実，強化し，広範にわたって地域社会に根付かせ揺るぎないものとするには，真田が求める国民が苦しんでいる社会問題としての生活問題への対策を重視する政策主体，いわば，社会福祉の充実を政策遂行の基本性格とする政策主体の登場が必要であるが，わが国では昭和40年代の京都の蜷川府政など革新自治体が例として挙げられるぐらいでその実現は簡単ではない。しかしながら，今求められているのは，政策主体の交代により，基本性格の変更の状況が劇的に起きなくても，制度・政策に足場を置きながら技術を展開することであり，論理的整合性と現実的妥当性の中で実践を展開することである。民主主義や住民自治に根付いた福祉実践を日々一つ一つ進め，社会福祉の充実・強化を図る取り組みを積み重ねることで，当然のこととして政策主体の基本性格の変化につながっていくものと筆者は考えている。つまり，基本的人権や生存権の視点から地域レベルでの生活問題の解決に向けて，制度や政策に足場を置きながら常にその改良を視野に入れて福祉実践や技術を展開することが社会福祉の充実・強化につながるのである。真田もまた「日本の社会福祉が直面している課題は，生産関係と政策に抗して民主主義の力を強めることだが，社会福祉は逆に，民主主義の力を強めるうえで特別な役割をもっている。…（中略）…社会福祉を要求し運動していく場合，具体的な保障を獲得することが目指されなくてはならないが，同時に民主主義の基本原理を広く国民のものにしていくという課題も追及することが意識され取り組まれなければならない」（総合社会福祉研究所 2012a：5）と住民主体の地域づくりを強調し，そのために福祉実践が重要な役割を担うことを示している。

　一方，1990年代以降，地方分権が進む中，住民自治の実現の場である地方自治体の政策形成にも変化がみられるようになった。住民意識が高まり，例えば市民オンブズマン活動や情報公開制度，自治基本条例などの住民が政策形成に関わる仕組みも整備されてきて，地方自治の政策主体者が地域政策を独断で決められる状況ではなくなってきている。住民の目線で問題発見・把握がしっかりできていて，それが地域課題として集約され，科学的な根拠としての裏付けを持って既存制度の欠点が指摘される。また，財源的な視点を含めて合意形成が行われている提案，つまり，地方自治の基盤である住民自治を具現化する政

序　章　研究の枠組みと研究課題の概念整理

策形成プロセスに則った提案については，いくら政策主体者が阻止しようと思っても阻止できない環境が整ってきているのである。かつての依存・対立という地域住民と政策主体者との関係の中で運動という形で政策実現を図ってきた構図が協働という新しい概念に基づいたボトムアップ型の政策形成に変化してきているのである。こうした政策形成プロセスの上で福祉実践の取り組みを進めることは，それにより地域社会が共感し，制度や仕組みを改良するだけではなく，地域社会の差別や偏見などの社会構造を変革することになるのである。そして，今，福祉専門職に求められているのは，前述した新自由主義的政策の枠組みの中で埋没し，思考を止め，与えられた制度の中でサービス調整を行うという技術偏重の実践を行うのではなく，社会福祉は常に発展するものであることを念頭におきつつ，政策推進を意識した実践を行うことである。住民自治の実現に向け，住民の主体性によって政策と緊密に結びつく福祉実践，つまり，ソーシャルワークの本質を踏まえた積極的な実践展開が必要となっている。

2　研究の目的・対象・方法

　以上，述べてきたように，本研究は，地方自治体における福祉政策の発展のために，そして，実践課題の解決のために社会資源の開発をめざすなど，福祉実践と自治体障害者福祉を結びつけ，これを循環システムとして継続的に発展させるためにはどうしたらよいのか，そうした問題意識から出発している。このことは，今後，住民自治が実現する住民主体のまちづくりへと自治体を導くものであり，また，ソーシャルワークがめざす社会の形成につながるものである。

　本研究は，真田が主張するように社会福祉を力動的に捉え，社会福祉の変化・発展に向けて，日々の社会福祉実践の中から発出する課題の解決に向けて，施策化・事業化を図る取り組みを「実践課題の政策化」と呼称し，それをテーマとして，福祉実践の中での政策形成に焦点を当てて，実現するための方法論として体系づけるための理論的枠組みを示すとともに，推進方法を探求する意図を持っている。

　具体的には，「実践課題の政策化」の推進は，ソーシャルワークの特質であ

5

る社会変革機能を具現化する取り組みであり，理論化にあたっては，生活問題の把握と地域課題の集積，そして，そこから分析された内容をもとに計画化，事業化，政策化するという一連の流れに関してボトムアップ型の政策形成の手法等が援用できるものと考え，研究を進めた。

　研究対象としては，障害者福祉における障害者相談支援を取り上げる。冒頭にも述べたように障害者福祉は国連の障害者権利条約の批准を契機に大きく発展することが期待され，そのための施策展開が求められている。筆者は，国連障害者権利条約の理念を基底とし，障害者の人権を守り，豊かな地域生活を保障するには，自治体政策と個人の生活支援や地域づくりを支える福祉実践とが緊密に結びつくことにより，自治体障害者福祉政策が継続的に発展することが必要であると考えている。そして，そのための取り組みとして，実践活動の延長線上に制度や政策の改善・向上を求める機能を，仕組みとして内在するソーシャルワークとしての障害者相談支援に期待している。

　障害者相談支援は，障害者本人のニーズに寄り添い，安心して地域生活を営めるよう，様々な情報提供のほか，自己決定に必要な助言や支援を行うもので，本人のエンパワメントや社会的，経済的問題への対応，家族への働きかけなども含めた自立支援に取り組む福祉実践である。また，その中では，生活問題の把握から施策化・事業化までの一連の作業が行われるが，最終的な計画づくりに際しては，地域自立支援協議会への意見聴取が努力義務として現行の障害者総合支援法に規定されている。つまり，地方分権に求められる自治体のボトムアップ型の政策形成機能を内在しており，筆者がいう「実践課題の政策化」を具現化するシステムと考えることができる。障害者相談支援は「実践課題の政策化」の理論形成を図るうえで，有効な対象となるものである。

　こうした障害者相談支援のスムーズでかつ確実な実行が，結果として効果的な自治体政策を生み出すことになる。自治体が展開する政策は，その地域に住む人々の生活を支えるものであり，住民が抱える生活問題の解決に寄与することを目的とするが，その政策は地域で展開される福祉実践に応えるものではなくてはならないし，福祉実践もまた，政策というものを意識して取り組む必要がある。福祉実践と政策との関係は実践の活動成果がフィードバックされて社

会福祉施策の改善・充実に連動し，さらにはその社会福祉施策等が福祉実践に結実されるという循環システムである。

　本研究は，新自由主義の問題である公共性を問い直し，新自由主義的政策の枠組みに埋没し，与えられた制度の中でサービス調整を行うという既存の枠組みの中で技術偏重に陥っているソーシャルワークの再生を願うもので，政策形成を意識して「実践と政策を結びつける障害者相談支援」という具体的なテーマに焦点をあてて，「実践課題の政策化」を進めるための理論的枠組みと具体的実践方法を提案する実践研究である。加えて，ソーシャルワーク方法論研究における政策形成の実証的研究であり，障害者相談支援を通して今日の障害者福祉分野におけるソーシャルワークの理論形成を一歩進める論理展開を図り，社会福祉の理論研究に少なくとも影響を与え，貢献しようとするものである。

3　本論文の構成

　本研究は，以下のような論文構成をとることとする。まず，序章では，問題の所在と研究の枠組みに続き，研究課題の概念整理として，用語についての定義を行った上で，枠組みとなるソーシャルワークの本質と統合的機能である社会変革について概観するとともに，戦後日本の社会福祉政策の展開を踏まえて，地方分権と自治体福祉政策の動向をまとめる。

　第1章では，文献研究により，福祉政策や施策展開の変遷など本研究の対象となる障害者相談支援を取り巻く環境状況を示すとともに，あわせて，障害者相談支援の政策動向も概説する。また，現行法である障害者総合支援法における相談支援事業の位置づけや構造について整理するほか，障害者相談支援を支える基盤であり，政策形成において重要な役割を担う地域自立支援協議会の機能や運営等を論述する。

　第2章では，障害者相談支援に関わる先行研究や近似領域の諸理論から，「実践課題の政策化」に関する到達点を明らかにすると同時に，課題を導き出す。

　第3章では，第2章の到達点や導き出された課題を踏まえ，「実践課題の政策化」の理論的枠組みとして，「基本原理」「実践原理」「実践展開」という3

つの概念で構成する構造を提示する。まず,「基本原理」として障害者相談支援における「実践課題の政策化」の意義や,基本となる社会福祉や地域福祉の考え方について述べる。続いて,住民自治のあり方や分権時代の自治体政策の基盤となる「協働」の視点から,「実践課題の政策化」に関する「実践原理」を明らかにするとともに,障害者福祉におけるソーシャルワークの捉え方や障害者相談支援とソーシャルワークの関係性,障害者相談支援と障害者ケアマネジメントの異同についてもその中で整理する。最後の「実践展開」については,実践を進めるためのアプローチとして,「実践課題の政策化」の力動的な面に着目して,ソーシャルワークの発展条件を参考に,地域性,包括性,公共性の3つの要素を環境条件として示すほか,これらの条件を踏まえた展開過程については,コミュニティソーシャルワークの展開過程と,市民と行政が共に既成概念にこだわらず実践する「協働による政策形成」の仕組みを踏まえ,プロセス段階ごとに推進機能の内容を提示する。また,そのプロセス段階ごとに,核心的推進基盤として,実際にソーシャルワークとしての相談支援を行う「人」,つまり「人材」について,行政,市民という主な活動主体における人材に焦点をあて,行動形態やあり方を示す。

　第4章では,筆者が関係するA市基幹相談支援センターの2つの調査の結果を分析,考察する。まず,A市内の指定相談支援事業所を対象としたアンケートでは,「実践課題の政策化」のスタートとなる問題把握や地域課題の集積に関連して,現行の障害者総合支援法における相談支援事業の中心となる計画相談支援の現状と課題を明らかにする。また,自治体から地域自立支援協議会の運営受託をしている全国の基幹相談支援センターを対象としたアンケートでは,第3章で示した「実践課題の政策化」に関わる理論的枠組みを援用し,分析枠組みを設定した上で,全体の回答の分析と,A群(事業化・施策化したグループ)B群(事業化・施策化および提案できなかったグループ)に分類した回答の分析をそれぞれ行い,「実践課題の政策化」の展開過程における一連の機能の現状を導き出すとともに,効果的な仕組みについて考察する。

　第5章では,第4章で考察した効果的な仕組みに加え,より具体的な方法に接近するため,「実践課題の政策化」と地域特性等の関係性や,「実践課題の政

序　章　研究の枠組みと研究課題の概念整理

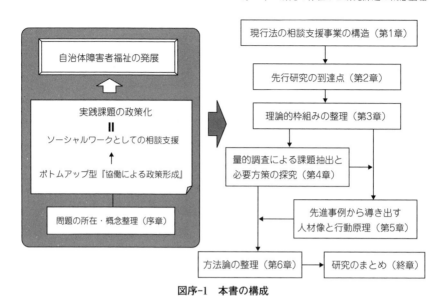

図序-1　本書の構成

出典：筆者作成。

策化」を実際に推進する福祉専門職や行政職員など「核心的推進基盤」となる「人」の行動形態等について，先進的な自治体の実践事例を調査し，その結果を分析，考察して，まとめる。

　第6章では，第4，5章から導き出された結果を踏まえ，「実践課題の政策化」の方法論として環境条件と展開過程の一連の流れに沿って，構成要素を表し，それに合わせて効果的な仕組みや運用する人材のあり方を明示する。

　最後の終章では，本研究のまとめとして，改めて結論を述べるとともに，研究の成果と限界として残された課題に言及する。また，新しいパラダイムにおけるソーシャルワークのあり方について述べて論を閉じる。

第2節　研究課題の概念整理

1　用語の定義
① ソーシャルワーク

　ソーシャルワークについては，本研究では現在の一般的な理解となっている

国際ソーシャルワーカー連盟（International Federation of Social Workers, 以下
IFSW という⁽¹⁾）の定義を採用する。IFSW は2014（平成26）年7月の総会で新た
な「ソーシャルワークのグローバル定義」（世界レベルの定義）を採択した。
新たな定義では，「ソーシャルワークは，社会変革と社会開発，社会的結束，
および人々のエンパワメントと解放を促進する，実践に基づいた専門職であり
学問である。社会正義，人権，集団的責任，および多様性尊重の諸原理は，ソ
ーシャルワークの中核をなす。ソーシャルワークの理論，社会科学，人文学，
および地域民族固有の知を基盤として，ソーシャルワークは，生活課題に取り
組みウェルビーイングを高めるよう，人々やさまざまな構造に働きかける。こ
の定義は，各国および世界の各地域で展開してもよい」（日本社会福祉士会
NEWS, No. 171）と明示されている。

　また，ソーシャルワーク専門職の中核となる「任務」「原則」「知」「実践」
についても示されており，「任務」については，社会変革，社会開発・社会的
結束の促進，および人々のエンパワメントと解放があり，実践に基づいた専門
職であり学問でもあるとしている。人権・階級・言語・宗教・ジェンダー・障
害・文化・性的指向などに基づく抑圧や特権の構造的障壁の解消に取り組むた
め，専門職は不利な立場にある人々と連帯しつつ，貧困を軽減し，抑圧された
人々を解放し，社会的包摂と社会的結束の促進に努めなければならないのであ
る。また，社会開発という概念は，介入のための戦略，最終的に目指す状態，
および政策的な枠組などを意味し，社会全体の構造的かつ経済的な開発に優先
権を与えるものである。したがって，経済成長こそが社会開発の前提条件であ
るという従来の考え方には賛同しないと立場を明確にしている。

　「原則」については，大原則は，人間の内在的価値と尊厳の尊重，危害を加
えないこと，多様性の尊重，人権・社会正義の支持であり，あらゆるレベルに
おいて人々の権利を主張するとともに，人々が互いのウェルビーイングに責任
を持ち，人と人の間，人々と環境の間の相互依存を認識し尊重するように促す
こととしている。

　そして，「知」は，ソーシャルワークは科学であると理解するものとし，常
に発展し続ける自らの理論的基盤や研究はもちろん他の人間諸科学を利用する

序　章　研究の枠組みと研究課題の概念整理

とともに，独自性としてソーシャルワークが持つ応用性と解放志向性を示し，さらには特定の実践環境や西洋の諸理論だけでなく，先住民を含めた諸民族固有の知も拠り所とした。

「実践」については，ソーシャルワークは，できる限り，「人々のために」ではなく，「人々とともに」働くという考え方をとることとし，社会開発パラダイムにしたがって，ソーシャルワーカーは，システムの維持あるいは変革に向けて様々なレベルで一連のスキル・テクニック・戦略・原則・活動を活用しなければならない。ソーシャルワークの実践は，様々な形のセラピーやカウンセリング・グループワーク・コミュニティワーク・政策立案や分析，アドボカシーや政治的介入など，広範因に及ぶ，すなわち，ソーシャルワークの戦略は，抑圧的な権力や不正義の構造的原因と対決しそれに挑戦するために，人々の希望・自尊心・創造力を増大させることをめざすものであり，それゆえ，介入のミクロ－マクロ的，個人的－政治的次元を一貫性のある全体に統合するものである。

ソーシャルワークの実践は，ミクロレベル，メゾレベル，マクロレベルという３つの広範囲な領域で展開されるもので，個人や家族が抱える課題がニーズの中心となるミクロレベルから，その課題が社会的差別や地域社会からの排除の状況などによって生じている場合に地域住民らに働きかけるメゾレベル，そして，ミクロレベルやメゾレベルの課題解決のために，法制度や仕組みなどの社会構造や社会システムを対象とするマクロレベルまでの間で展開されるもので，その中で交互に連鎖し，作用しながら社会全体の福利増進の達成を目指すものである。

今回の新たな定義では，社会正義や人権，多様性の尊重などの価値基盤とともに，根源的な使命として社会変革が明記されるなど，より鮮明に資本主義のグローバリゼーションから生み出される様々な困難等に対しての対応が意識されている。今後，日常レベルでのウェルビーイングに向けた活動がさらに高まるのではないかと期待される。

なお，用語の使い方としては，次のとおり整理する。植田は，社会福祉援助活動と社会福祉実践，ソーシャルワークの３つの用語は，ほぼ同義語として用

いており，専門的な知識と技能を有する担い手により展開される専門的活動という意味合いを持つものであると示している（植田 2011：79）。こうしたことを踏まえ，本研究では，個人や家族の生活問題の解決と人間らしい暮らしを実現するために，専門的な知識と力量を有する職員が様々な制度やサービスを活用して，ケアの提供や支援を行うなど，専門的かつ科学的な展開方法の総体をソーシャルワークと表す。また，個人の尊厳と生存権を守るため当事者や地域住民も含めた関わる人たちが個々の場面で行う目的意識を持った活動を福祉実践と表す。

② 社会福祉とソーシャルワーク

　そもそも社会福祉は多義的な概念であり，言語的には英語での"Social Welfare"を忠実に訳したものとして知られるが，一つには人間の幸福の状態に向かって目標や理想として追求すべきものと考える目標概念としての捉え方，もう一つは人間の社会生活を援助する施策とそのもとにおいて展開される援助活動の総体とする実体概念としての捉え方がある。また，わが国では社会福祉六法を対象とする「狭義の社会福祉」から国民生活に直接関連する多様な領域を範囲とする「広義の社会福祉」まで考え方は様々であり，統一的に定まっていない状況である。本研究においては，「社会福祉」を人間の社会生活を援助する政策・施策や仕組み・制度を表す社会福祉政策と，そのもとにおいて実践される専門的かつ科学的な展開方法であるソーシャルワークとの総体であると整理する。

③ 社会福祉政策とソーシャルワーク

　社会福祉政策の定義については，経済政策，教育政策，雇用政策など他の関連する諸政策や政治，議会との関係には言及せず，社会福祉政策を主に行政論レベルの視点から捉えることとする。このことは，社会福祉政策と社会福祉行政は目的と手段の関係にあるため，統一的に把握することが求められること，また，社会福祉行政論レベルの概念は実践的であることに求めたものである。

　また，制度や施策として規定される社会福祉政策と実践活動としてのソーシ

序　章　研究の枠組みと研究課題の概念整理

ャルワークの関係性については，太田は，ソーシャルワークが利用者支援とともに，実践活動のフィードバックを通じた間接支援活動としての制度や政策の改善・向上など目標実現を可能にする諸条件の整備も機能として持っており，マクロへの視野や運動を背景に，利用者の具体的な課題を通じ，その自己実現を可能にするための科学的・専門的な支援の展開過程を特性として備えていると述べている（太田 1999：7）。こうしたことを踏まえ，社会福祉政策とソーシャルワークの関係は，一連の流れとしてソーシャルワークの活動成果がフィードバックされて社会福祉施策の改善・充実に連動し，さらにはその社会福祉施策等がソーシャルワークの実践に結実されるという循環システムであると整理する。

④　政　　策

　「政策」にはいろいろな捉え方があるが，一般的には，「① 政治の方策，② 政府・政党などの方策ないし施政の方針」（『広辞苑』）とされている。地方自治体では行政の各分野における基本的な目標，方向性を定める「狭義の意味での政策」と，それを実施するための具体的な取り組み方向や内容を示す「施策」，そして，その下の個別の「事業」で構成すると整理しているところがほとんどである。また，何のために政策をつくるのかという視点から考えると「政策」は政策主体者が何らかの問題を認識し，それを解決するためにつくるものであり，地方自治体では，単純に言えば，より良い住民サービスを行うことである。

　本研究においては，地方自治体における「実践課題の政策化」をテーマとすることから「政策」とは「地方自治体が目標となるビジョンを実現するために具体的に行う施策，事業」と捉えることとする。

⑤　自　治　体

　自治体とは，国家から自治の権能を認められた公共の集団や団体であり，通常は「地方自治体」のことを指すが，その地方自治体は，『広辞苑』によると「国の領土の一部区域とその住民に対して支配権を有する地域的統治団体」で

13

あり「地方自治法による普通公共団体（都道府県及び市町村）と特別地方公共団体（特別区，地方公共団体の組合及び財産区）との並称」と示されている。また，基礎自治体については，「一般的に市町村及び東京都の特別区のことを指し，住民にとって最もふさわしい身近な行政主体であることから，広域自治体である都道府県に対してこの名称が用いられる」（『大辞林』）。

　こうしたことを踏まえ，本研究では地方公共団体と地方自治体，また自治体についても，法律用語で厳密に使用されるか否かとの違いはあるが同義として使用し，主に基礎自治体である市町村を表すものと定義する。

⑥ 障害者相談支援と相談支援事業

　障害者相談支援は，障害者をはじめとした人々の社会生活を支える理念と制度・施策である社会福祉を具現化するための実践活動であり，このことは科学的に活動展開が求められるソーシャルワークであると整理する。具体的には，障害者相談支援は，障害者本人のニーズに寄り添い，安心して地域生活を営めるよう，様々な情報提供のほか，自己決定に必要な助言や支援を行うもので，本人のエンパワメントや社会的，経済的問題への対応，家族への働きかけなども含めた自立のための支援に取り組むものである。言い換えれば，本人のストレングスを出発点として，制度ありきではなく，フォーマル，インフォーマルを問わず，地域の社会資源を活用して利用者の願いや望みの実現に向け支援を行うとともに，地域のネットワークと社会資源を評価し，その改善・開発を行い，政策提案まで含めた重要な役割を果たす福祉実践である。本研究では，障害者相談支援を障害者本人や関係者への支援はもとより，個人や地域の生活問題を把握し，それを地域課題として集積し，解決のために政策提案をし，実現化を図るという一連の流れを持つ実践概念として定義する。

　他方，相談支援事業については，障害者総合支援法に規定されている事業と定義し，障害者相談支援との関係については，現状では実践概念である障害者相談支援のうちの一部であると整理する。また，障害者相談支援システムについては，障害者総合支援法における相談支援事業を実施する各組織，およびそれらの組織運営や関係者・関係機関との連携・ネットワーク等の体制，そして，

序　章　研究の枠組みと研究課題の概念整理

その活動を支える人材と捉える。なお，児童福祉法に規定する相談支援に関係する事業は今回の整理では本研究から除くものとする。

2　ソーシャルワークの本質と社会変革

　前述した用語の定義の中で，ソーシャルワークについては概念的に定義し本研究における一定の立場を示した。しかしながら，具体的な内容については，社会福祉研究の領域においても定義や解釈は曖昧に使われており，現時点でソーシャルワークの総合的かつ統一的な定義が確定しているとは言えない状況である。そこで，次に，ソーシャルワークの具体的な内容に関して，その本質を明確にするとともに，重要な機能である統合的機能の帰結となる社会変革との関係性について，本研究での考え方を示すこととする。

① ソーシャルワークの歴史的動向

　まず，ソーシャルワークの歴史的動向について，そもそもソーシャルワークは，イギリスやアメリカの「慈善組織化運動」と「セツルメント運動」の中から生まれ，アメリカのリッチモンドをはじめ多くの先駆者の努力によって20世紀初期に確立された。初期段階ではケースワーク，グループワーク，コミュニティワーク等の方法を中心に，分野ごとに個別に発達したが，1952年，パールマンは論文で個別援助技術に「ソーシャル」な特質を取り戻す努力をすべきと訴え，翌年，マイルズは社会福祉援助技術と社会科学との連携を訴えて「リッチモンドへ帰れ」と主張するなど，ソーシャルワーク理論の統合化が進められた。そして，1955年には全米ソーシャルワーカー協会が設置されて専門職団体の統合化も行われた。また，イギリスでは，1968年に社会福祉制度の改革を目指したシーボーム報告が公表されてから積極的にソーシャルワークの統合化に取り組まれるようになった。

　その後，複雑化した問題に柔軟かつ包括的に対応するため，バートレットはその著書の『ソーシャルワーク実践の共通基盤』（1970年）の中で様々に分化したソーシャルワーク実践モデルに共通の機能を示した。彼女は「専門的介入活動のレパートリー」という概念を提示し，これは領域や方法が分断されるこ

15

となく，全体の中に位置づけられるものであるとした。1970年代後半には，エコシステム的視座の登場により，パラダイム転換が図られ，バートレット以降，唱えられていたケースワークやグループワークなどのミクロの方法特性とソーシャル・プランニングなどのマクロの方法特性の統合という既存方法の組み合わせではなく，人間の生活を人と環境のシステムの動きとその変化で捉えようとする概念が示された。人に対しては問題に能動的に働きかける対処能力の変容と強化が，一方，社会環境に対しては，その応答性の強化と開発が主要な援助方法とされ，両者が連動して行われるべきことが強調された（植田ほか1997：265-269）。

　このように人や環境を取り結ぶネットワークという概念がソーシャルワークに持ち込まれたことにより，実践の中でネットワークの重要性が認識され，これを分析・活用するネットワーク介入法が提起されることになった。今日，高齢者や障害者を地域で支援する際のケースマネジメントも，対象者を取り巻くネットワークを活用，連結，拡大していくという意味で，ネットワーク介入法の一形態である。その後，当事者同士の支えによるセルフヘルプグループや，住民参加による援助活動などのインフォーマルなサポートや相互支援の重要性が示され，専門家と当事者との関係も見直され，当事者をソーシャルワークにおける主体者として位置づける援助関係の構築が求められるようになった（同：270-271）。

　この考え方は，1990年代に入って，エンパワメント・アプローチにつながり，ソーシャルワークの領域に新たな方向性を拓くことになった。エンパワメント・アプローチは，これまでの「援助する者 - 援助される者」という概念を越えて，当事者を主体にして，個人や環境の持つ潜在的な能力を引き出し，強化するという発想に立ったもので，当事者の変容を求めるのではなく，資源の活性化と機会の拡大により，困難な状況に直面している人が自ら取り組み，かつ周囲にいる人々と協働して問題を解決する方法である。このように歴史的に積み重ねられてきたソーシャルワークは，さらなる当事者主体の理念の具現化を求められるのである（同：271-274）。そして，これらの理論や実践モデルを含めてソーシャルワークの方法や援助過程のあり方は，人々が直面する多様化，

序　章　研究の枠組みと研究課題の概念整理

複雑化する生活問題に対応するため，時代に合わせてさらに洗練され，進化し続けるだろう。

　一方，第二次世界大戦後のわが国の社会福祉はアメリカ社会事業の移植，模倣からはじまり，わが国におけるソーシャルワークについても，アメリカによる占領体制の下でのケースワークの導入から本格的に実施された。ソーシャルワークの基になる社会福祉の考え方については，1950年代に，いわゆる「政策論」と「技術論」の論争が展開された。孝橋正一の社会事業理論に代表される「政策論」は，戦前からの単なる主観的願望や期待に依拠する「愛情論的体系」を越え，客観的に社会事業（社会福祉）の本質を明らかにしたものであり，資本主義社会において最も基本的な社会問題である労働問題に対応する社会政策との関係を基に，社会福祉と資本主義との関係について，経済学という社会科学の手法を用いて解明したものである。一方，岡村重夫が展開した「技術論」は，ソーシャルワーク理論を基盤とする立場で，社会福祉の本質を人間関係論に依拠し，援助技術の中に求めたものであったが，その理論では資本主義や社会的規定，社会福祉政策との関係についての視点が軽く，「政策論」と論争を展開した。

　高度経済成長期に入り，社会問題が顕在化し住民運動も高まる中，1960年代後半には，「政策論」と「技術論」との理論的統合を唱えた「新政策論」が展開された。その中心的論者は，一番ケ瀬康子，真田是，高島進などであるが，特徴は，「それぞれに濃淡はあるものの社会福祉を国家独占期の資本主義社会における国家の政策として位置づけ，60年代以降における社会福祉の対象の拡大と質の変化を認め，社会福祉を国民の権利を保障するための施策として把握するとともに，社会福祉の政策形成やその運用の過程における社会福祉運動の意義を重視し，社会福祉の援助過程を担う社会福祉労働の重要性を強調するという共通点を有している」（古川　2004：47）ところにある。

　したがって，前述の「政策論」とは社会科学的視点で共通するところはあるが，社会福祉を政策主体者側からだけではなく，国民の現実生活を前提とした視点からも捉え，生存権保障を求める運動の中から生み出されるものと主張するところから「運動論」とも言われている。1970年代に入ると，三浦文夫に代

表される「改革論」が台頭してきた。三浦は政策か技術という二者択一的な論争を否定するとともに，両者を統合しようとした「新政策論」についても異議を唱えた。「改革論」はその後の「日本型福祉社会」という考え方や「社会福祉基礎構造改革」の理論的基盤となっている。その主張は，国民生活とその生活要求の変化に伴い社会福祉の対象も拡大するとし，そのためのサービス供給主体も多様化すると唱え，福祉労働については福祉経営の一要素として市場原理の中で捉えるとともに，専門性についてもニードを選別し効率的にサービスを配分するためのものとして位置づけている。こうした流れは，行き過ぎた市場主義社会をつくり，格差社会の定着化，生活保護受給世帯の著しい増加，児童虐待や高齢者の孤独死など，国民レベルで多くの問題を抱えるような状況をつくってしまった。

　以上のような状況の中，わが国におけるソーシャルワークもまた，アメリカ社会事業の移植，模倣から始まり，ケースワークの占める比重が高く，1949年頃からの社会福祉の各領域，各分野に強い影響を及ぼした（前田 1988：51）。具体的な内容については，アメリカのソーシャルワークを基盤にして諸科学を応用し駆使しながら展開しようとするもの，社会学的視座から個人と制度・政策との間に成立する社会関係概念に着目し，把握しようとするもの，構造論的アプローチとして社会制度の構造に関連させながら，社会福祉の本質を社会福祉問題対策の体系として捉え，社会制度の矛盾・欠陥を考慮に入れながら方法・技術を構築し，社会福祉運動と言う概念の中にそれを位置づけようとするもの，さらには，アメリカのソーシャルワークの持つ政策性の軽視を克服しようと方法・技術を政策との折衷化の中で捉えるものや方法・技術を政策と力動的に結合させようとするものなど，様々なスタイルで展開された（前田 1988：54）。また，2007（平成19）年の「社会福祉士及び介護福祉士法等の一部を改正する法律」の成立により，新たな教育カリキュラムではジェネラリストの視点に基づくことが明記され，テキスト類はジェネラリスト・アプローチに基づいて構成されるなど，統合化理論によるソーシャルワークが進められている。

　このように，ソーシャルワークは様々な形で位置づけられてきたが，ソーシャルワークを具体的に実践する場合，どのような価値や目標に基づくかにより，

序　章　研究の枠組みと研究課題の概念整理

方向や方法は異なったものになる。社会福祉の目標は，すべての人に等しく価値があるという価値観に立ち，社会的支援により生命の維持を基盤として自己実現を図ることであり，その手段となるソーシャルワークは，共感をもとに本人を生活主体者としてとらえ，その人の生活問題を歴史や社会性に基づき理解をすると同時に，人間の尊厳や生存権を守る思いを大切するものとして発展させていかなければならないものである。

② ソーシャルワークの本質

　以上，述べてきたように歴史的にソーシャルワークは変遷し，発展してきたが，その本質はどこにあるのだろうか。

　ソーシャルワークは，人間の福利の向上（ウエルビーイング）を果たすことを目的にして，困難に合わないための予防や生活問題を解決するために介入するシステムであり，基本となるのは「人」とその人が住んでいる「社会的環境」の概念である。それは，人間は環境によってつくられるものであるが，同時に環境をつくり出す存在であることを前提に，人の抱える生活上の問題を内面の心理的要素と外面の社会的要素の相互作用により解決することを示している。その考え方をバートレットは「ソーシャル・ワークは，調整活動をすすめていく場合に，環境を改善するとともに個人の成長を促進するために，対処活動と環境からの要求との関係における均衡に影響を与えていこうとする」ものであると述べている（バートレット　1989：122）。

　しかしながら，彼女は，この概念を広げ過ぎるとソーシャルワークの本質が曖昧になると警告することも忘れずに，ソーシャルワークの特徴は，架空の人間の問題や抽象的な事柄に対してではなく，現実の生活上の出来事に直面している個人，家族，集団，コミュニティなどに関心を持つことにあるとし，実践上，社会現象に言及した固有の「課題」と，利用する資源を含めた課題に立ち向かう「対処」能力こそがソーシャルワークの本質であると強調している（ブトゥリム　1986：10）。

　ソーシャルワーカーが，様々な問題と，その問題への適切なアプローチをするために，どのような価値観を持って関わるのかは重要な要素であり，さらに

は，それと同じくらいソーシャルワーカーがどのような理解をもって問題に接近するかも重要である。

　ソーシャルワークの「価値」の意味について，ブトゥリムは，人間の本質に内在するモラルの問題への関心が人間の現在，過去，未来に関連して自分自身を振り返る理性や能力を持っていることに関係し，ソーシャルワークは直接的に人間と結びつくものであり，抽象的なものではなく，ひとりの人間あるいは人間集団の具体的な生活支援を行うものである。そして，現実的な対応の中において他者と同様に当事者自身のパーソナリティが本質的な要素となり，その媒体となるのがソーシャルワーカーであると述べている。合わせて，ソーシャルワークの基礎となる「価値」は人間の本質に内在する普遍的価値から引き出されるものであり，その「価値」については，「人間尊重」「人間の社会性」「変化の可能性」の３つの基本的前提がある。具体的には，「人間尊重」とは，人間のもって生まれた価値によるもので，その人は実際に何ができるか，どのような行動をするかは関係ないこと，「人間の社会性」とは，人間は独自性をもっており，それを貫徹するのに他者に依存すること，「変化の可能性」とは，人間の変化，成長および向上の可能性に対する信念から生じるものであると論じている（ブトゥリム　1986：55-66）。

　また，ブトゥリムは，ソーシャルワーカーは人間の内面の強さや弱さといった面からのみ見て生活上の問題に介入してはいけないし，また，環境変容や社会改良など周りを変化させることばかりに焦点を当て，問題を経験している人自身を無視したアプローチによって人間の主体性を認めないことがあってもいけない。その人をいかなる選択も決定できない人としてしまっては人間の尊厳を否定することになってしまうのであると指摘し（ブトゥリム　1986：6），「ソーシャルワークのはっきりした特徴は，そのすべての活動を，人間化する点である」と示した（ブトゥリム　1986：206）。筆者もまた，同様にそのことがソーシャルワークの「価値」であると考える。

　ソーシャルワークと社会との関係については，ソーシャルワークが社会で生じている問題の性質や，問題への対応となる制度や社会的施策などに大きく影響を受けることから重要であり，特にソーシャルワークの機能の一つであるソ

ーシャルアクションは，ソーシャルワーカー自らが蓄積した知識や経験を最大限利用して，社会全体の問題解決や社会改革に向けて独自に行動を起こすもので，ソーシャルワーカーにはその役割を確実に果たすことが期待されている。英国ソーシャルワーカー協会発行の『ソーシャル・アクションとソーシャルワークに関する報告書』では，「ソーシャル・アクションは，ソーシャルワークの他の部分と同様に，ソーシャルワークの価値をふまえたものでなければならない。そのなかで，おそらくもっとも関連のあるのが，人間は，道具としてではなく，それ自体が目的として扱われるべきである，という信念であろう」（ブトゥリム 1986：19）と示されており，当事者を社会変革の手段として認識するのではなく，社会変革をもたらすことができる一人の人間として当事者をみなければならないことが指摘されている。つまり，当事者の変化や当事者に対する他者の態度の変化を意識し，人間に焦点を当てることが持続的な社会変革を実現することになるのである。

　一方，わが国におけるソーシャルアクションは，近年，それまでの行政への要望，請願，陳情などの行動とは違って，「関係者とともにサービスを創造し，行政と共に制度化するなどの協働的活動が特徴だと言える」（高良 2015：139）状況にある。本研究では，その具体的な実践方法を明らかにすることを目的としている。

③ ソーシャルワークと社会変革

　資本主義社会の社会的構造により生み出される社会問題への対応として，社会科学的解決方法が歴史的に展開されているが，その方法については，各国の社会政策や福祉レジームにより大きく異なり，ソーシャルワーカーのアイデンティティによっても差異が出ているとファーガスンは指摘する。国際的な比較で言えば，社会福祉やソーシャルワークが連帯社会をモデルに発展してきた北欧諸国と，個人主義や新自由主義が前提となるアメリカがその例となる。スウェーデンのソーシャルワークは社会政策の発展に沿って，社会政策の公僕としてのアイデンティティを形成しているのに対して，アメリカのソーシャルワークは政治的に保守主義的であり，権力批判を避ける傾向が著しいため，ソーシ

ャルワーカーの最大の関心は職業の専門化であり，ケースワークなどの個人を対象とした実践方法を重視するという内向的傾向は明らかである（ファーガスン 2012：259-260）。

　訓覇もまた，社会問題に対するアメリカと北欧の相違は，社会発展，特に政治的・イデオロギー的発展の違いが理論的視野の違いになっていると主張する。ヨーロッパ社会では，階級が社会の最も重要な現象・概念として位置づけられていた1800年代半ばまでは，社会問題は資本と労働力，あるいは社会における階級間の不平等を表すものとされていたが，1900年代の社会民主主義運動の中では労働者の賃金，年金など所得喪失保障が重視され，1970年代以降は，福祉国家における福祉欠乏問題として，また，資本主義体制における労働者階級の「抑圧問題」として社会問題が研究された。他方，アメリカにおいては，問題行動や状態を説明し，理解する理論生成への努力を特徴とし，社会問題は，社会が特定な人や過程を逸脱と定義し，逸脱行為や逸脱行為者のラベル貼りによって生起すると考えられ，社会構造，不平等，社会階級を重視するまでには至らなかった（訓覇・田澤 2014：68-70）。それは，人種対立や移民政策により，自由と自助の精神が国家の基本とされたこと，また，各州の自治権が強いことから相互扶助に対する国民合意や運営環境など社会保障制度の前提となる条件が整備できず，民間団体の対人援助とこれを媒介とするサービス提供によって社会問題に対応していたからである。

　ヨーロッパ社会の中でもイギリスのソーシャルワークについては，北欧のそれとは別の道を歩むことになった。「最初は総合病院と簡易裁判所に，次に精神病院と児童相談所にとりいれられ，その後，福祉国家の形成とともに，しだいに，地方自治体の児童局，福祉局，保健局や教育局など，多くの公的機関にとりいれられるようになった」（ブトゥリム 1986：3）と示されるように，制度，施策など社会福祉政策を担う行政レベルと深く結びついていた。加えて，1968年にフレデリック・シーボーム委員長のもとで勧告された「地方自治体及び関連対人社会サービスに関する委員会報告」，いわゆる「シーボーム報告」により，地方自治体のソーシャルワーク・サービス組織の統合化が図られるとともに，コミュニティを基盤とした家庭志向のサービスを全体的なニードとし，そ

序　章　研究の枠組みと研究課題の概念整理

れへの対応が新たにソーシャルワーカーに期待された。この報告は，1970年に
制定された地方自治体社会サービス法によって広く実施されたこともあり，ソ
ーシャルワークは1970年代前半まで全盛期となったのである。しかしながら，
これらの施策・制度化は，「地方自治体に基礎をおくソーシャルワークの内部
で，社会的施策の行政管理とサービス計画及び運営に比較的力を入れる動きが
みられ，…（中略）…ソーシャルワーク・サービスの質について，十分な関心
を向けることを犠牲にしていた」（ブトゥリム 1986：145）ことから，組織体制
など社会資源が不十分な状況の中では懸念が示されていた。そして，1970年代
半ばに経済状況が悪化すると，中央および地方政府の多くのサービス支出計画
が削減され，シーボーム報告によって期待された対人社会サービスは展開でき
なくなり，その中で広範な機能を求められたソーシャルワーカーは，資源の分
配者というより抑制者になってしまうなど困難な状況に置かれ，ソーシャルワ
ーカー自らも混乱していった。

　その後，1988年のグリフィス勧告や翌年の政府白書「Caring for People」
（人々へのケア）では，病院退院後の精神障害者への不十分なケアや，在宅サ
ービスと施設サービスの間の連続性の欠如などのコミュニティケアの問題に対
応するため，ボランティアセクター（第三セクター）によるサービスを促進さ
せること等の方針が示された。それは1990年の「国民保健サービスとコミュニ
ティケアに関する1990年法」によって具体的に実施された。

　この1990年法によるコミュニティケアは，サービスの提供者と購入者の分離，
自治体のブローカー化，独立セクター，サービスの優先的購入，ソーシャルワ
ーカーのケアマネージャー化等を主軸に展開されることとなった。当然，こう
した変化は直ちにソーシャルワークの実務改変を生じさせた（津崎 2003：291）。

　このようなコミュニティケア政策は，保健領域と社会ケア領域の責任と権限，
業務や財政調整に関する大きな課題を残したまま1997年に誕生したブレア政権
に引き継がれた。ブレア政権は，ニューレイバーと称し，旧来の労働党の社会
民主主義路線に，新自由主義的な経済路線を採った保守党のサッチャー流市場
原理主義路線を部分的に取り入れた政治を行った。

　このニューレイバーの福祉政策を基礎づけている価値観は，自由主義と権威

主義が混在し，拡張性と抑圧性を包含する伝統主義を採っている。失業はいかなるものも自発的なものとする見解に基づき，働くことを拒否した個人的行為の機能不全によるものであり，その者には政府の給付は認めないという暗黙の強制となっていた。また，ニューレイバーのイデオロギーは，「個人責任」を最高原理とし，最優先戦略を「自己責任化」としている。「個人責任」とは，グローバル化された市場において効果的に競争できる力量を自分自身で身に着けることであり，健康に気をつけて思慮深く行動して国家の財源に依存しない善良な市民として「自立」努力することが求められたのである。こうしたニューレイバーのコミュニティ強化策は，コミュニティを社会統制の第一の主要なメカニズムとして，正道から逸脱した構成員の行動を統制し規制するための手段としている。その背景としては，1960年代のサッチャー政権の政策によって作り出された大量失業が，労働者階級のコミュニティを物理的にも精神的にも破壊してしまったことにある（ファーガスン 2012：74-82）。

　ソーシャルワークについてもニューレイバーは，現代化という概念を持ち出し，① マネジメント主義，② 規制，③ 消費者主義を推進した。個人やコミュニティ，組織に対して，グローバル化した世界経済が要求する条件を理解させる役割をソーシャルワーカーに担わせた。つまり，「福祉から労働」の流れを進め，社会的ケア市場の中での「自立した」サービス利用者を生み出すという政府の目標や優先事項を浸透させる役割であった（ファーガスン 2012：83-84）。

　こうした流れを促進させたのは，ソーシャルワーカーの役割の中で欠くことのできない統合的部分，つまり，政治的役割や社会変革への姿勢について，個々のソーシャルワーカーが消極的になってしまったことに大きな要因があると考えられる。つまり，ソーシャルワーカーの社会変革に対する姿勢が曖昧であることから起こったのである。ソーシャルワーカーは現在の政治・経済・社会の構造と政策の指示するままを受け止め，雇用されている場所で任務を遂行するだけで社会変革に向けて運動する余地はないと仮定されているが，しかしながら，多くのソーシャルワーカーは，当事者が持ち込む生活問題は社会政策と関連性があり，根底に構造的な問題があると理解している。また，組織や政

序　章　研究の枠組みと研究課題の概念整理

策が当事者の生活障害を助長するならばソーシャルワーカーはそれを追求し，政策変更を求めるため，当事者と共に活動することと合わせて，社会政策の影響を評価し，発言する立場にある。したがって，ソーシャルワーカーが持つ社会変革機能というものは，全体的に見てソーシャルワークの統合機能であり，ソーシャルワーカーの知識と体験を決定権のある組織に向けさせるための手段の提供や究明への取り組みである。

　他方，わが国におけるソーシャルワークと社会変革との関係については，1920年代終わりから1930年代初頭の方面委員を中心とする救護法の制定・実施促進運動や，1950年代後半から1960年代前半の保育所増設運動や障害者の生活圏拡大運動があった。また，1960年代から1970年代にかけては公害問題があり，住民層が決起して権力機構を訴訟するなどの運動が進められたが，一応の決着がついた後は，協議や対話等を中心とする活動へと時代の風潮に合わせて穏健な方向に向かうものも現われてきた。さらに，1990年代には，ハンセン病や薬害エイズの問題で，提訴や全国の関係者の組織化，当事者による講演やマスコミ報道等を通じた世論喚起など，従来型の運動などにより新たな制度やサービスの創設をもたらした例もある（加山 2003：207-208）。このように，わが国のソーシャルワークと社会との関係については，穏健な潮流にはあるものの定型的ではなく，地域やテーマ，問題状況ごとに行動のあり方は異なり，様々な方法で展開されている。

3　地方分権と自治体福祉政策

　本研究の目的は，地域の中で福祉実践と政策が結び付くための理論形成を図ることであり，その対象領域を市町村としている。このため，次に，わが国の戦後社会福祉政策の展開を踏まえ，地方分権が進展する中での自治体における福祉政策の特徴と問題点を述べることとする。

① 戦後日本の社会福祉政策の展開

　第二次世界大戦後のわが国の社会福祉は，生活保護法や児童福祉法，身体障害者福祉法，の福祉三法の時代を経て，世界の主要な資本主義国の多くが政策

目標として掲げた「福祉国家」に向け，福祉三法に精神薄弱者福祉法，老人福祉法，母子福祉法を加えた，いわゆる福祉六法を軸とした体制で進められた。そして，身体障害者雇用保険法や児童扶養手当法，児童手当法，老人医療費無料化などの社会福祉施策や皆年金・皆保険，年金物価スライド制も実施され，真田がいう「わが国における社会福祉政策の熟成」（総合社会福祉研究所 2012：363）が実現した。しかしながら，1971（昭和46）年12月，中央社会福祉審議会は「コミュニティ形成と社会福祉」（答申）において地域福祉政策を提起し，政策サイドからコミュニティ構想を示した。その他にも自治省の「コミュニティ（近隣社会）に関する対策要綱」(1971年)や国土庁の「コミュニティ・センター計画」(1971年)など，各省庁でコミュニティ政策が提起されたが，そこでは，地域住民の相互扶助や自助努力が前提となる「自己責任」や「連帯」，「公私分担」論が強調され，財政面から捉えた方針が政策的に展開された。また，1973（昭和48）年の第1次石油ショック以降，高度経済成長の終焉に伴い，国をはじめ地方自治体の財政が悪化する状況が重なったこともあり，社会福祉の見直しが始まり，「福祉国家」からの転換が行われた。1979（昭和54）年には「新経済社会7か年計画」が閣議決定され，「自助・自立，社会連帯の精神，家族基盤に根ざした福祉，民間活力導入，効率的で公平な制度を基本として，将来にわたるゆるぎない活力にあふれる福祉社会の建設」が掲げられ，市場原理のもと，公的部門の縮小化と経済効率を重視した公私の役割と機能分担，社会参加の必要性が示された。そして，1981（昭和56）年の第二次臨時行政調査会の答申，1986（昭和61）年の「社会福祉改革の基本構想」の提言，その具体化を検討した福祉関係三審議会合同企画分科会がまとめた「今後の社会福祉のあり方」(1989年)という一連の方針により市場原理の導入や行政の縮小化，受益者負担を前提とした民間主導の供給主体など新自由主義と小さな政府につながる，後の社会福祉基礎構造改革のベースとなる考え方が確立された。

　障害者総合支援法をはじめ，現在の障害者福祉政策の基底となっているのは，高齢者や児童分野など，他の社会福祉政策と同様に社会福祉構造改革の考え方である。その特徴は，規制緩和万能論や市場原理至上主義を根幹とする新自由主義思想を中心原理とした徹底した民営化と公的責任の縮小，資本主義体制の

序　章　研究の枠組みと研究課題の概念整理

社会的矛盾を是正するための社会的，経済的規制の緩和による社会福祉政策の市場化，営利化である。そして，この新自由主義思想と同調し，一体となって地方行財政改革が進められた。これにより財政再建を目的とした社会保障など社会サービスの削減が行われ，併せて具体的な制度・施策に国への集権システムが導入されるなど，人権，生存権の保障や発達保障よりも財政抑制を優先する社会福祉政策が展開されてきた。

② 地方分権と自治体福祉政策

社会福祉政策の見直しは，地方分権とも呼応していた。1990年代に入って地方分権が本格化し，地方分権推進法（1995年）および地方分権推進計画（1998年）に基づき，1999（平成11）年に，いわゆる「地方分権一括法」が成立した。この法律は，地方への税源移譲，地方交付税，国庫支出金制度の改革からなる「三位一体の改革」の具現化と並行し，市町村合併を強力に推進するものであり，国はスケールメリットが出る「小さな政府」に向けて基礎自治体の再編を行い，財政再建を果たすための活路を見い出そうとしたのである（川村 2007：3-4）。このような新自由主義による「小さな政府」や民営化・規制緩和をめざす分権化に呼応する形で社会福祉・地域福祉政策も進められた。2000（平成12）年６月，「社会福祉の増進のための社会福祉事業法等の一部を改正する等の法律」，いわゆる「社会福祉法」の中に，「地域福祉」が法律上初めて明記された。社会福祉法第４条では「地域住民，社会福祉を目的とする事業を経営する者及び社会福祉に関する活動を行う者は，相互に協力し，福祉サービスを必要とする地域住民が地域社会を構成する一員として日常生活を営み，社会，経済，文化その他あらゆる分野に参加する機会が与えられるように，地域福祉の推進に努めなければならない」と示された。また，同107条では，市町村が地方自治法に定める「基本構想」に則して地域福祉計画を策定するものと定められた。その問題点としては，地域福祉計画の策定指針が示すナショナル・ミニマム論（国民最低限）は，人権保障やすべての人に保障すべき生活という観点ではなく，行政の最小限の役割，行政責任の限定のための論理であり，社会福祉を給付行政であることから脱却させ，住民すべての社会福祉，住民すべてで

27

支える社会福祉に転換するために参加と行動を求め，後退した行政と住民との協働という構図を示したことである（岡崎 2009：52-53）。

　その結果，介護保険事業計画や障害者自立支援法においても明らかになっているが，市町村は，強力な国の管理の下で，国からのトップダウンで提示される政策目標を実現するように迫られるとともに，他方では，厳しい財政状況から自治体の経営化を強いられる。このため自治体は生き残りをかけて指定管理者制度等の日本型 NPM 手法を採用する（宗澤 2008：46）など，新自由主義的分権化にあわせた社会福祉・地域福祉政策が強調されるような状況になっている。

　一方，障害者総合支援法に規定される「地域生活支援事業」のように，「これまで自治体独自の財源から支弁してきた事業に国の補助金がつくことは，市町村にとっても取り組みやすい条件を作りだしたことになる」（平野 2009：199）と評価する見解もあるが，この事業の財源は，国等の義務的経費に位置づけられている「個別給付」とは違い，地域生活支援事業は，国の裁量的経費による統合補助金であるため，安定したものとはなっていない。つまり，自治体が住民主体の政策を展開しようとする場合，財源的に不安定な地域生活支援事業に頼るか，市単独事業として実施するか，いずれにしても厳しい状況に置かれており，自治体の実情により差異が出てくる現状がある。

　こうした国と地方の関係の根本にあるのは，「補完性の原理[(2)]」である。しかしながら，二宮は，現在の流れは，「補完性の原理」を出発点にして個人に自助責任・義務においた「市民主体」「市民自治」「補完性の原理」の考え方に基づく新自由主義的分権化路線上にあるが，この限界を克服するには，「住民主体」「住民自治」「公共性原理」の考え方による住民主体による住民自治と，住民自治による公共空間の形成という論理を構築しなければならないと指摘する（二宮・田中 2011：153）。この住民自治による公共空間の形成は，まさに，本研究で示そうとする障害者相談支援における「実践課題の政策化」のプロセスであり，こうした取り組みを各地で実践し，積み重ね，さらには全国規模で横につながることで財源保障を含めた条件整備が図られ，自治の確保が実現するのである。今，国と地方の対等な関係を築く政策形成システムの構築が問われ

序　章　研究の枠組みと研究課題の概念整理

ている。

　本研究は，自治体における障害者福祉政策を対象としたものであり，その研究範囲は，マクロレベルの国や都道府県の政策環境に影響を受け，また，ミクロレベルでの実践に依拠し，そこから刺激を受けるメゾ領域が中心となる。つまり，自治体に守備範囲を限定し，障害者福祉政策の発展に向け，制度の改善を図ること，また，その運用を弾力化すること，さらには，新たな仕組みを創造するための方法を開発することに狙いがある。自治体にとって予算配分や人員配置など大きなウエートを占める福祉政策については，政策主体者である行政が生活課題を発見したからといって，また，住民からの要望があるからといって無条件で政策を展開するわけではない。政策は財政事情や住民生活への影響，効果など，対立・矛盾する様々な意見を調整しながら形成される。このような条件において，地方分権の中にある弊害を是正しながら，人権尊重に依拠して，障害者を含め個人の尊厳が守られ生活に不安をもたずに誰もが安心して生き生きと暮らせる地域社会をつくるためには，ソーシャルワークとしての障害者相談支援を充実させ，生活課題の解決に向け政策化の取り組みを一つ一つ行うことが必要である。

　以上，筆者が抱える問題意識と本研究の構成，前提となる概念整理について述べてきた。これらのことを踏まえ，本論に入ることとする。

注

⑴　IFSW は，国際レベルで人権擁護や公正な社会，世界平和の実現を願い活動することを目的としているソーシャルワーカーの国際組織で，1956年に設立された。本部をスイスにおき，現在，世界各国の100万人を越すソーシャルワーカーを代表して，116余の各国組織が加盟している。加盟資格は，１国で１組織であるが，日本は，日本社会福祉士会，日本精神保健福祉士協会，日本ソーシャルワーカー協会，日本医療社会事業協会（現「日本医療福祉協会」）の４団体が調整団体となる「社会福祉専門職団体協議会」を組織し加盟している。http://www.japsw.or.jp/international/index.htm

⑵　二宮・田中（2011：151）。二宮らは，国と地方の関係について，以下のように指摘している。前民主党政権は「地域主権戦略大綱」を策定したが，その基本原

理となっているのが,「補完性の原理」である。「補完性の原理」は,公的責任の配分に関わるもので,「住民の身近な行政」についても,自治体のみならず国の公的責任を問うことができるというヨーロッパの考え方が,わが国に入ってきて,「国・地方の役割分担論」にスリカエられ,もっぱら自治体の責任を問えるだけで,その任務・役割をもたない国の公的責任は問えないものとなってしまっている。しかしながら,本来の意味は,憲法のもとで,住民は生存権等の社会権を保障された存在であり,住民が国や自治体に公的責任を果たさせる原理である。

第1章

障害者相談支援の政策動向と障害者総合支援法における相談支援事業の構造

第1章では，文献研究により，福祉政策や施策展開の変遷など本研究の対象となる障害者相談支援を取り巻く環境状況を示すとともに，あわせて，障害者相談支援の政策動向を概説する。また，現行法である障害者総合支援法における相談支援事業の位置づけや構造について整理するほか，障害者相談支援を支える基盤であり，政策形成において重要な役割を担う地域自立支援協議会の機能や運営等を論述する。

第1節　障害者福祉を取り巻く環境状況と障害者相談支援の政策動向

1　障害者福祉政策の変遷

はじめに障害者福祉政策の変遷の中で障害者相談支援というものがどのように始まり，そして，現在ではどのように位置づけられているのか，法・制度の動向について概説する。

障害者福祉政策の変遷については，従来の「措置制度」から「支援費制度」を経て，2005（平成17）年10月には，障害者自立支援法が制定され，2006（平成18）年4月に一部施行，10月から全面施行された。しかしながら，本格実施の2ヶ月後には「障害者自立支援法円滑施行特別対策」が，そして，その1年後の2007（平成19）年12月には，「障害者自立支援法の抜本的な見直しに向けた緊急措置」が実施されるなど，施行後早い段階で運用の見直しが行われ，それに伴い予算措置が講じられた。このように障害者自立支援法は制度としては

明らかに不備なものであり，障害者や制度の直接的な運営主体である自治体に大きな混乱をもたらした。また，制度の核心であり，社会福祉基礎構造改革の理念から導かれた「応益負担方式」の導入に対しても大きな批判が噴出し，当事者である障害者が中心となって，応益負担の導入を憲法違反とする障害者自立支援法訴訟を各地で提訴した。

　2009（平成21）年9月には，障害者自立支援法の廃止とそれに代わる新たな法律の制定をマニフェストに掲げた民主党政権が誕生した。この民主党政権において，国と障害者自立支援法訴訟原告団・弁護団は訴訟を終えることに合意（以下「基本合意」という）し，障害者自立支援法の廃止が宣言された。そして，新たな法律（当時は，仮称で「障害者総合福祉法」と称されていたが）について，2013（平成25）年8月の施行に向け，取り組みが進められることとなった。民主党政権は，2009（平成21）年12月に閣議決定により内閣総理大臣を本部長とする「障がい者制度改革推進本部」およびその下に障害者や学識経験者等で構成する「障がい者制度改革推進会議」を設置した。そこでは障害者権利条約の締結に向けた国内法の整備を始めとする障害者に関わる制度の改革を行うこととして，障害者基本法の改正や障害者総合福祉法（仮称），障害者差別禁止法などの検討がされることになった。そして，2010（平成22）年12月には，障害者施策や関係法の基本方針となる障害者基本法の改正に関する「障害者制度改革の推進のための第二次意見」が取りまとめられた。また同年同月には，廃止が決まった障害者自立支援法が一部改正され，障害者総合福祉法（仮称）の制定までのつなぎ法として，「障がい者制度改革推進本部等における検討を踏まえて障害保健福祉施策を見直すまでの間において障害者等の地域生活を支援するための関係法律の整備に関する法律」（以下「整備法」という）が成立，公布された。障害者自立支援法の核心である「応益負担方式」は転換され，「応能負担方式」となった。

　その後の制度改革としては，2011（平成23）年8月に「障害者制度改革の推進のための第二次意見」に沿って，「障害者基本法の一部を改正する法律」（以下「改正障害者基本法」という）が公布・施行（一部を除く）された。また，新たな法律（当時は，仮称で「障害者総合福祉法」と称されていた）に関して

第1章　障害者相談支援の政策動向と障害者総合支援法における相談支援事業の構造

は，同年の8月30日に，障がい者制度改革推進会議総合福祉部会が「障害者総合福祉法の骨格に関する総合福祉部会の提言（以下「骨格提言」という）」をまとめた。その中では，障害者権利条約が謳う地域生活の権利をどのように実現するのか，その視点で支援体系も見直し，社会モデルの観点から障害のない市民と平等・公平にすること，施設・病院・家族依存から脱却すること，本人のニーズに合った支援の決め方にすることなどが示された。そして，2012（平成24）年6月に新たな法律として障害者総合支援法が成立した。この法律では，障害者自立支援法の名称を変え，「共生社会の実現」や「どこで誰と生活するかについての選択の機会の確保」等の理念を定め，障害福祉計画でのニーズ把握を義務化し，対象に一部の難病による障害者を追加するほか，重度訪問介護の範囲も拡大することとなった。また，3年をめどに常時介護を要する障害者の支援，移動支援，就労支援，その他の障害福祉サービスの在り方，障害者支援区分認定を含む支援決定の在り方等を検討することも加えられた。しかしながら，必要な支援を受ける権利を示さず，依然谷間に置かれる障害者が残り，市町村に負担をかける財政構造が維持され，相談支援体制の独立性が目指されず，利用者負担制度を見直さず，報酬制度を変えないなど，障害者総合支援法の内容は「骨格提言」とは落差があるものになってしまったと，検討の当事者である障がい者制度改革推進会議総合福祉部会長の佐藤は指摘している（佐藤2012）。

　2013（平成25）年9月，改正障害者基本法で新設された障害者政策委員会において調査審議，検討した第3次障害者基本計画が策定された。内容としては，障害者施策の基本原則等として，地域社会における共生等および差別の禁止，国際的協調，施策の横断的視点として障害者の自己決定の尊重を明記するとともに，従来10年間だった計画期間を5年（平成25～平成29年度）に見直した。施策として，改正障害者基本法や2013（平成25）年6月に成立した障害者差別禁止法（2016年4月施行）等を踏まえて，「安心，安全」「差別の解消及び権利擁護の推進」，選挙等や司法手続きにおける配慮など「行政サービス等における配慮」の3つの分野を新設するほか，障害児・者のニーズに応じた福祉サービスの充実や精神障害者の地域移行の推進，障害者雇用の促進など既存分野の

施策の見直しが掲げられている。また，社会保障審議会障害者部会において，重度訪問介護の対象拡大およびケアホームとグループホームの一元化，地域移行支援の対象拡大，障害支援区分への見直しなどについても検討が進められた。

　これらの障害者制度改革の取り組みは，わが国が2007（平成19）年に署名した国連の障害者権利条約の批准を目指し，条約に沿うように見直してきたものである。そして，一定の法整備ができたとして，2013（平成25）年12月4日の参議院本会議において，この条約の批准が全会一致で決定された。しかしながら，障害者総合支援法では介護保険優先の原則が問題視されること，障害者差別解消法では民間事業者の合理的配慮が努力義務にとどまること，学校教育法・施行令では障害のある子どもとない子どもが共に学ぶことが明確に原則となっていないこと，国内人権機関が創設されていないことなど課題も残っている。障害者権利条約を批准した国は，4年ごと（最初は2年以内）に国連の障害者権利委員会へ条約の実施状況を報告する義務を負い，勧告を受けることもある。国は残された課題の解決にとどまらず，あらゆる政策に条約を活かし，施策の向上に取り組まなければならないし，それが進まなければ国際的評価にもさらされる。そうした意味では，今回の障害者権利条約の批准は通過点であり，あくまでも，出発点である。

　以下，詳細について，述べることとする。障害者権利条約は障害のある人たちの平等回復を実現するために「3つの措置」を示しているが，その中でも特徴的なのが，「合理的配慮」規定である。「合理的配慮」は，障害者の障害状態の個別性や人格の固有性に即した環境調整によって平等を確保するもので，過去の「人種差別撤廃条約」や「女性差別撤廃条約」などの基本措置であった「特別の措置（積極的差別是正措置）」だけでは平等回復につながらない場合がある障害者の実情を踏まえて規定された。

　このことについて，鈴木は，ノーマライゼーション理念により刷新された障害概念の捉え方に沿ったもので，「特別の措置」による一律の積極的差別是正策を講じるだけではなく，障害者の場合は個別性に着目し「合理的配慮」も加えた措置が必要となると述べ（鈴木 2013：9-10），また，障害者権利条約の法的効力としては，障害者権利条約は憲法と一般法規の間に位置し，障害関連法

規の内容を規制する効力を持つものと整理した。それは，これまでわが国の判例では憲法14条の「法の下の平等」について，社会保障の水準や運用など社会権に属する場合には「行政裁量権」などを根拠に憲法14条違反となる例は少なかったが，障害者権利条約が批准されたため，障害者権利条約は社会権に基づく国の措置を是正する根拠となり得るものであり，障害関連法規を障害者の権利保障に向けて機能させることに貢献するものになると示唆している（鈴木2013：9）。今後，このことを当事者や関係者は活動の基盤として認識するとともに，障害者福祉の発展に向けて実効的な活用を模索する必要がある。

　障害者権利条約を批准した国は4年ごと（最初は2年以内）に国連の「障害者権利委員会」に条約の実施状況を報告しなければならないが，この委員会は各国政府の代表ではなく，障害当事者を含む独立した専門家18人で構成されており，障害者団体の意見を聞きながら審査し，必要な場合は勧告を行う。また，実施状況の報告書を作る過程は公開し，障害者の積極的な参加を得ることも定められている。

　こうした状況において，障害者団体が国に対して協議の実施を積極的に求めるとともに，独自の調査やレポートにより実態を把握し，場合によってはそれを国連に提出するなど障害者の置かれている真の実情を広く周知することは，重要かつ効果的な取り組みである。なかでもデータ収集や統計等は具体的に政策等に欠落があることを証明するために不可欠なものになる。自らの地域でも当事者や関係者が課題解決に向け行動する場合には，障害者権利条約の目的を積極的に主張するとともに，その理論を基に身近な生活問題を科学的に捉え，根拠を明確にし，抱えている問題構造や特徴点を解明することから出発することが肝要と考える。そして，専門家や高等教育機関や研究機関等にはその行動を積極的に支援することが期待されている。こうした取り組みも含め，当事者や障害者団体をはじめとした地域住民，国民が障害者権利条約を強く意識し，理解し，行動することが障害者福祉政策の発展には欠かせないものである。

　以上，社会福祉基礎構造改革以降の障害福祉政策の動向について述べてきた。近年の障害福祉政策は，構造改革路線に沿って，支援費制度，改革のグランドデザイン，障害者自立支援法と法・制度の見直しが場当たり的に行われるとと

もに，政権交代もあり，また，障害者権利条約とそれに伴う法整備など，めまぐるしく動いている。

わが国の社会福祉政策は，介護保険制度や保育制度のように，相変わらず新自由主義をベースにした社会福祉基礎構造改革路線により進められるのか，または，普遍主義型の社会保障・社会福祉制度の再構築を掲げ，人権や生存権，発達を保障する方向に進むのか岐路に立っている。こうした状況の中，障害者福祉政策の展開が期待され，問われているところである。

2 自治体障害者福祉政策における障害福祉計画と障害者相談支援

自治体の障害者福祉政策については，障害者基本法の障害者計画により，福祉，教育，労働，住宅などあらゆる分野の政策を統合化するとともに，乳幼児期から成人期，そして高齢期まで視野に入れて，一人の障害者が地域でその人らしく暮らし，家族も安心できるよう，障害者のライフサイクルの視点から総合的，継続的な展開が必要となっている。また，障害者福祉政策の中心となる障害福祉サービスを充実させるためには，各々の自治体における「障害福祉計画」のあり方が重要である。

自治体の障害福祉計画は，障害者総合支援法第88条により市町村障害福祉計画として策定される。内容としては，各年度における障害福祉サービスや相談支援の必要な見込量と，その確保のための方策等が示される。平成18年度から3年間を第1期の計画期間として策定されており，平成27年度は第4期計画期間の初年度である。策定にあたっては，国の考え方として，基本理念や平成26年度までの3年間の計画期間，数値目標の設定方法，サービスの見込量および入所定員総数の設定方法，作成プロセスなど細かく示される。このことからも障害者総合支援法を介する国の政策手法が見て取れる。宗澤は，そもそも障害者総合支援法は，管理基準として障害程度区分認定審査と利用資格決定が用いられ，同時に三障害一体による給付対象の把握や事業者報酬の単価制などにより一元的な財政管理がされており，市町村から都道府県を通じて提供される障害福祉計画も計画的に行政を統制する仕組みとして活用されるなど，国による集権的な管理システムとなっていると指摘する（宗澤 2008：43）。

第1章　障害者相談支援の政策動向と障害者総合支援法における相談支援事業の構造

　この障害福祉計画が真に地域生活を支える社会資源の整備に役立つ基盤となるのか，それとも従来どおり国の集権的管理システムの一端となってしまうのかは，財源措置も含めた運用のあり方次第であり，政策としてどのように展開されるかである。しかしながら，岡崎がいうように，政策は社会福祉への国民要求が高まればすぐに充実するわけではない。政策主体は福祉財政の抑制や国民の負担転嫁，福祉の市場化などを主張する経済界の要請を基本に，官僚組織の意図，国民要求への一定充足による指示の獲得などを調整し，譲歩と装飾をもって政策をつくり，運営するのである（岡崎 2009：139-141）。

　こうした状況において，地方自治体レベルでは障害福祉計画をどのように捉えればよいのだろうか。宗澤は，市町村障害福祉計画の策定に関して，重要課題を二つ指摘している。一つは，「障害のある人のニーズを起点に捉えた障害福祉計画の策定と進行管理に軸足を固めて，当事者，非営利事業者，自治体の協働を発展させることである。」これは「自治と協働に立脚した管理システムの創造を意味する」としている。また，もう一つは「相談支援事業を面的には発展させ，そこを起点に地域支援システムの公益性・公共性を育み，さらにそこから自治体障害福祉政策の目標と内容を構築することのできるシステム」をつくり，それが「地域生活保障に資する障害保健福祉サービスのあり方を市町村障害福祉計画に結実させていくことである」（宗澤 2008：49-50）と指摘している。このことは，相談支援を充実させることが地域における生活支援システムを作り上げ，地域生活を保障するポイントであり，障害福祉計画に基づいて自治体障害福祉政策が充実し展開されることにつながることを意味している。そして，その原動力は当事者と非営利事業者，自治体の協働であるということを示している。筆者もまた，保健，医療，教育，雇用等の領域との連携を含めた相談支援システムのもとで，住民の生活課題を起点にケース検討やサービス調整，社会資源の改善，開発等を行う相談支援事業を住民自治に基づいて積極的に展開することで，自治体障害福祉政策は発展していくと考えている。

3　障害者福祉における相談支援の政策動向

　戦後，わが国における障害者相談支援は，1948（昭和23）年の児童福祉法の

施行，1950（昭和25）年の生活保護法および身体障害者福祉法の施行により行政機関に専門職が配置されたことから始まった。障害者福祉分野においては，福祉事務所や児童相談所などの公的な相談機関に，身体障害者福祉司や児童福祉司が配置され，その後，1960（昭和35）年に制度化された知的障害者福祉司とともにこれらの職は，現在でも行政における専門職として存続している。これらの専門職は公的機関に社会福祉主事として配置され，施設利用など制度利用の手続きや生活状況の把握など，措置制度の中で相談支援活動を行っていた。

　措置制度から利用者選択制度へと障害福祉制度が大きく変化する中，相談支援は，1995（平成7）年の「障害者プラン〜ノーマライゼーション7カ年戦略」（以下「障害者プラン」という）において「総合的な支援体制の整備」という方針に基づき，障害者に対して総合的な相談・生活支援・情報提供を行う事業を概ね人口30万人にそれぞれ2か所ずつ実施することが目標として掲げられた。それに伴い身体障害者，障害児および知的障害者，精神障害者に対する「市町村障害者生活支援事業」「障害児（者）地域療育等支援事業」「精神障害者地域生活支援事業（精神障害者地域生活支援センター）」が創設，予算化された。

　1998（平成10）年には，「身体障害者介護等支援サービス指針」（厚生労働省大臣官房障害保健福祉部）が国から示された。その中では，「介護支援サービスは，地域社会の中で，継続的なケアを提供する際に，障害者が自己選択できるサービスの一つである。介護等支援サービス利用者の意向や生活全般にわたるニーズと，公私にわたる様々な社会資源の間に立って，複数のサービスを適切に結びつけ調整を図りつつ，総合的かつサービスの供給を確保する機能」とケアマネジメントの始まりとなる考え方が記されている。

　初めて「相談支援事業」が用語として法制化されたのが2000（平成12）年である。この年，成立，公布された「社会福祉の増進のための社会福祉事業法等の一部を改正する等の法律」により，身体障害者福祉法の一部改正が行われ，身体障害者相談支援事業が身体障害者福祉法上の事業に追加された。また，併せて知的障害者福祉法の一部改正も行われ，知的障害者相談支援事業が知的障害者福祉法上の事業に追加された。さらには，児童福祉法の一部改正に伴い，

児童福祉法上の事業として，障害児相談支援事業が追加され，重要な位置づけをもつこととなった。

2002（平成14）年3月に，国は「障害者ケアガイドライン」（厚生労働省社会・援護局障害保健福祉部）を定めた。「障害者ケアガイドライン」では，「障害者の地域における生活を支援するために，ケアマネジメントを希望する者の意向を踏まえて，福祉・保健・医療・教育・就労などの幅広いニーズと様々な地域の社会資源の間に立って，複数のサービスを適切に結びつけて調整を図るとともに，総合的かつ継続的なサービスの供給を確保し，さらには社会資源の改善及び開発を推進する援助方法である」とケアマネジメントが定義され，ケアマネジメントの基本的な考え方や過程の特徴が示されると同時に，障害者に必要な地域の社会資源の改善・開発もケアマネジメントの重要な機能として位置づけられた。また，円滑な実施のための要件として，地域の仕組みづくりとケアマネジメント従事者の養成を掲げ，具体的な対応方法についても明示された。

その後，「障害者プラン」（計画期間平成8～平成14年度）で掲げられた「障害者に対し総合的な相談・生活支援・情報提供を行う事業」を行う拠点整備などの地域支援体制については，2002（平成14）年度末では，三位一体改革の影響もあり十分に実現したという状況には至らなかった。翌2003（平成15）年度から始まった支援費制度では，契約制度が導入されたにもかかわらず，障害者の自己選択や自己決定を支援し，質の高い地域生活を得るための仕組みである相談支援については，制度化されなかった。

相談支援の制度化に向け検討が進む中，2005（平成17）年，国は「相談支援の手引き」（厚生労働省社会・援護局障害保健福祉部）を定めた。そこでは，「ケアマネジメントの定義は多様であるが，利用者が地域社会による見守りや支援を受けながら，地域での望ましい生活の維持継続を阻害する様々な複合的な生活課題（ニーズ）に対して，生活の目標を明らかにし，課題解決に至る道筋と方向を明らかにして，地域社会にある資源の活用・改善・開発をとおして，総合的かつ効率的に継続して利用者のニーズに基づく課題解決を図っていくプロセスと，それを支えるシステム」と示し，相談支援とケアマネジメントについて一定の考え方を整理した。

相談支援の制度化については，2006（平成18）年4月に施行（完全施行は同年10月）された障害者自立支援法で実現した。相談支援事業を都道府県および市町村の責務とし，計画的な地域生活支援を提供するため，事業者にサービス利用の斡旋，調整，モニタリングを含む計画の作成を義務付け，経費については個別給付としたが，対象は極めて限定的なものであり，すべての利用者に対して個別給付を提供する制度ではなかった。また，障害者自立支援法におけるケアマネジメントについては，同年10月，国は「障害者自立支援法における相談支援事業の概要について」（厚生労働省社会・援護局障害保健福祉部）の中で，障害者ケアマネジメントの役割について「障害者の地域生活を支援するために，個々の障害者の幅広いニーズと様々な地域の社会資源の間に立って，複数のサービスを適切に結びつけて調整を図るとともに，総合的かつ継続的なサービス供給を確保し，さらには社会資源の改善及び開発を推進すること。そしてそれを具体的に行うのが，相談支援事業であり，その中核的役割をなす地域自立支援協議会の使命である」と明示した。

　2008（平成20）年の社会保障審議会障害者部会においては，障害者自立支援法の3年後の見直しに向けた検討が行われ，「障害者がさまざまなサービスや地域資源等も活用しながら，地域で自立して安心して暮らしていけるよう，① 地域における相談支援体制の強化，② ケアマネジメントの充実，③ 自立支援協議会の充実，という観点から障害者の相談支援の充実を図るべき」との提言が出された。それを受けて2010（平成22）年12月に公布された「整備法」では，サービス利用計画作成費対象者の拡大や自立支援協議会の法定化，基幹相談支援センターの設置など相談支援充実のための制度化が図られた。こうした取り組みは，2013（平成25）年4月から施行されている障害者総合支援法でも引き続き進められている。

第2節　障害者総合支援法における相談支援事業の構造

1　障害者総合支援法における相談支援事業の体系と内容

　現在の相談支援事業については，障害者総合支援法の中では以下のように規

第1章　障害者相談支援の政策動向と障害者総合支援法における相談支援事業の構造

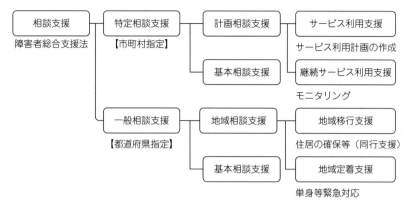

図 1-1　障害者総合支援法の相談支援の体系
出典：「障害者相談支援ガイドライン作成とその効果的な普及・活用方策のあり方検討事業」
　　　報告書。

定されており，また，各事業の体系と具体的な内容は図1-1および表1-1のとおりである。

　第5条17　この法律において「相談支援」とは，基本相談支援，地域相談支援及び計画相談支援といい，「地域相談支援」とは，地域移行支援及び地域定着支援をいい，「計画相談支援」とは，サービス利用支援及び継続サービス利用支援をいい，「一般相談支援事業」とは，基本相談支援及び地域相談支援のいずれも行う事業をいい，「特定相談支援事業」とは，基本相談支援及び計画相談支援のいずれも行う事業をいう。

　相談支援事業の体系と内容については，サービス利用計画の作成等を行う「サービス利用支援」や，その計画が適切であるかどうかを一定期間ごとに検証するモニタリング，その結果により計画の見直し・変更等を行う「継続サービス利用支援」が市町村指定の特定相談支援事業における「計画相談支援」として位置づけられている。また，入所施設に入所している障害者，又は精神科病院に入院している精神障害者を対象に，住居の確保など地域生活への移行に関する相談や障害福祉サービス事業所等への同行などを行う「地域移行支援」

表 1-1　相談支援の内容と根拠条文

基本相談支援	地域の障害者等の福祉に関する各般の問題につき，障害者等，障害児の保護者又は障害者等の介護を行う者からの相談に応じ，必要な情報の提供及び助言を行い，併せてこれらの者と市町村及び指定障害福祉サービス事業者等との連絡調整（サービス利用支援及び継続サービス利用支援に関するものを除く。）その他の厚生労働省令で定める便宜を総合的に供与すること	障害者総合支援法第5条第18号
サービス利用支援	障害者の心身の状況，その置かれている環境等を勘案し，利用する障害福祉サービスや地域相談支援の種類・内容等を定めたサービス等利用計画案を作成し，支給決定等が行われた後に，指定障害福祉サービス事業者等との連絡調整等を行うとともに，当該支給決定等の内容を反映したサービス等利用計画を作成すること	障害者総合支援法第5条第21号
継続サービス利用支援	サービス等利用計画が適切であるかどうかを一定期間ごとに検証し，その結果等を勘案してサービス等利用計画の見直しを行い，サービス等利用計画の変更等を行うこと	障害者総合支援法第5条第22号
地域移行支援	障害者支援施設等の施設に入所している障害者又は精神科病院等に入院している精神障害者につき，住居の確保その他の地域における生活に移行するための活動に関する相談その他の便宜を供与すること	障害者総合支援法第5条第19号
地域定着支援	居宅において単身等の状況において生活する障害者につき，当該障害者との常時の連絡体制を確保し，障害の特性に起因して生じた緊急の事態において相談その他の便宜を供与すること	障害者総合支援法第5条第20号

と，単身等で居宅生活する障害者の中で緊急時等の支援が必要な方に対して，常時の連絡体制を確保し，緊急事態に訪問するなど各種支援を行う「地域定着支援」が都道府県指定の一般相談支援事業における「地域相談支援」として位置づけられている。

このような計画作成等を行う支援は，障害者の自立促進や自己選択支援などエンパワメントにつながる重要な事業であるが，一方でそこに至るまでの様々な問題についての相談や必要な情報の提供，事業所等との連絡調整など障害福祉サービスの利用支援，権利擁護のための援助など専門性に裏打ちされた総合的な支援，いわゆる「一般的な相談」もまた不可欠であり，相談支援の体系の

第1章　障害者相談支援の政策動向と障害者総合支援法における相談支援事業の構造

整理の中では，この「一般的な相談」を「基本相談支援」として，上記の「計画相談支援」「地域相談支援」の各事業のベースに位置づけられている。この「基本相談支援」の位置づけと一層の強化は，障害者の地域における自立した日常生活や社会生活を実現するために重要な要素であり，これを含めた実効かつ効果的な相談支援体制の構築が求められる。

　この「一般的な相談」を行う事業としては，障害者総合支援法では以下のように規定されている。

　（市町村の地域生活支援事業）
　第77条　市町村は，厚生労働省令で定めるところにより，地域生活支援事業として，次に掲げる事業を行うものとする。
　（省略）
　3　障害者等が障害福祉サービスその他のサービスを利用しつつ，自立した日常生活又は社会生活を営むことができるよう，地域の障害者等の福祉に関する各般の問題につき，障害者等，障害児の保護者又は障害者等の介護を行う者からの相談に応じ，必要な情報の提供及び助言その他の厚生労働省令で定める便宜を供与するとともに，障害者等に対する虐待の防止及びその早期発見のための関係機関との連絡調整その他の障害者等の権利の擁護のために必要な援助を行う事業

　具体的には，平成25年5月15日付けの厚生労働省社会・援護局障害保健福祉部長通知において地域生活支援事業実施要綱の中で，(1)市町村地域生活支援事業の［必須事業］，「ウ　相談支援事業」として，別に示された「障害者相談支援事業」が該当する。「障害者相談支援事業」は実施主体を市町村（必要に応じ複数市町村による共同実施，運営については常勤の相談支援専門員が配置されている指定特定相談支援事業者又は指定一般相談支援事業者への委託可）とし，内容としては，(1)福祉サービスの利用援助（情報提供，相談等），(2)社会資源を活用するための支援（各種支援施策に関する助言・指導等），(3)社会生活力を高めるための支援，(4)ピアカウンセリング，(5)権利の擁護のために必要

43

な援助，(6)専門家機関の紹介等が挙げられている。そして，これらの「一般的な相談」を含め相談支援全体を効果的に運営するためには，地域において障害者等を支えるネットワークの構築が不可欠であることから，市町村においては協議会を設置し，中立・公平な相談支援事業を実施するほか，地域の関係機関の連携強化や社会資源の開発・改善等の推進に取り組むことが求められている。

以上の事業の財源は，「相談支援（「特定相談支援事業」および「一般相談支援事業」)」は，義務的経費である「自立支援給付」（国1／2，都道府県1／4，市町村1／4）となっているが，「一般的な相談」を行う「障害者相談支援事業」は一般財源（交付税措置）で実施されている。

障害者総合支援法における相談支援事業は，的確かつ総合的な支援を提供するための基本となるサービス等利用計画の対象者が大幅に拡大されるとともに，地域生活への移行に向けた支援である「地域移行支援」や「地域定着支援」が個別給付事業となり安定した財源が確保されるなど一部分ではあるが基盤強化が図られた。一方で障害者の地域での自立生活支援のスタートとなる「一般的な相談」については，個別給付の「特定相談支援事業」や「一般相談支援事業」に位置づけられた「基本相談支援」には報酬算定がされていない，また，市町村地域生活支援事業の「障害者相談支援事業」においても一般財源（交付税措置）であるため地域間格差が生じている。今後，相談支援の充実を図るためには，入口であり，基盤となる「一般的な相談」が十分に展開できる仕組みや財源確保などの制度改正が必要である。

以上のように相談支援事業はここ数年来の度重なる法改正により分かりにくくなっている。こうした状況の中，確認の意味も含めて，障害者総合支援法における相談支援を概説的に捉えると「障害者自立支援法における相談支援事業の概要について」（厚生労働省社会・援護局障害保健福祉部，2006年10月）で示された考え方に基づき，「相談支援事業は，障害者の地域生活を支援するために，個々の障害者の幅広いニーズと様々な地域の社会資源の間に立って，複数のサービスを適切に結びつけて調整を図るとともに，総合的かつ継続的なサービス供給を確保し，さらには社会資源の改善及び開発を推進することである。」と改めて整理しておきたい。

第1章　障害者相談支援の政策動向と障害者総合支援法における相談支援事業の構造

2　障害者総合支援法における障害者相談支援システム

　次に，本研究の対象となる障害者相談支援システムについて述べることとする。本研究では，障害者相談支援システムを障害者総合支援法における相談支援事業を実施する各組織と，関係者・関係機関間との連携・ネットワーク等の体制（以下「相談支援体制」という），そして，その活動を支える人材と捉えた。

　相談支援事業を実施する組織については，障害者総合支援法では，以下のとおり「地域定着支援」や「地域移行支援」の一般相談支援事業を行う事業所を「一般相談支援事業所」として，また，「サービス利用支援」等の計画相談支援事業を行う事業所を「特定相談支援事業所」として定めている。

　（指定一般相談支援事業者の指定）
　　第51条の19　第51条の14第1項の指定一般相談支援事業者の指定は，厚生労働省令で定めるところにより，一般相談支援事業を行う者の申請により，地域相談支援の種類及び一般相談支援事業を行う事業所（以下この款において「一般相談支援事業所」という。）ごとに行う。
　（指定特定相談支援事業者の指定）
　　第51条の20　第51条の17第1項第1号の指定一般相談支援事業者の指定は，厚生労働省令で定めるところにより，総合的に相談支援を行う者として厚生労働省令で定める基準に該当する者の申請により，特定相談支援事業を行う事業所（以下この款において「特定相談支援事業所」という。）ごとに行う。

　そして，「一般相談支援事業所」および「特定相談支援事業所」に課せられた責務は以下のとおり規定されている。

　（指定一般相談支援事業者及び指定特定相談支援事業者の責務）
　　第51条の22　指定一般相談支援事業者及び指定特定相談支援事業者（以下「指定相談支援事業者」という。）は，障害者等が自立した日常生活又は社会生活を営むことができるよう，障害者等の意思決定の支援に配慮す

45

るとともに，市町村，公共職業安定所その他の職業リハビリテーション
の措置を実施する機関，教育機関その他の関係機関との緊密な連携を図
りつつ，相談支援を当該障害者等の意向，適性，障害の特性その他の事
情に応じ，常に障害者等の立場に立って効果的に行うように努めなけれ
ばならない。

　先に示した「一般相談支援事業所」および「特定相談支援事業所」は総称し
て，一般的には「指定相談支援事業所」と呼ばれているが，この指定相談支援
事業所の役割は，中立・公平に事業所を運営し，業務を行うとともに，市町村
や地域の障害福祉サービス事業所等との連携強化に取り組むことである。なお，
「指定相談支援事業所」の中には，前述した障害者総合支援法地域生活支援事
業の「障害者相談支援事業」を市町村から受託する相談支援事業所もあり，通
常，「委託相談支援事業所」と呼ばれている。「委託相談支援事業所」は，相
談・情報提供やサービス利用支援，権利擁護援助のほか，ネットワークづくり
や社会資源の開発・改善等に取り組むなど総合的な相談支援業務を展開し，そ
の地域の拠点として重要な役割を果たしている。「整備法」施行以降は，「基幹
相談支援センター」にそれらの機能が付置されたため，「基幹相談支援センタ
ー」として衣替えする事業所もあり，各々の地域で多様な位置づけがされている。
　「基幹相談支援センター」については，「整備法」で法定化され，その後の障
害者総合支援法でも，地域における相談支援の中核的な役割を担う機関として，
以下のとおり位置づけられている。「基幹相談支援センター」は，市町村が設
置することができ，市町村はその業務を地域の相談支援事業所に委託すること
ができるものとなっている。

　（基幹相談支援センター）
　第77条の2　基幹相談支援センターは，地域における相談支援の中核的な
　　役割を担う機関として，前条第1項第3号及び第4号に掲げる事業並び
　　に身体障害者福祉法第9条第5項第2号及び第3号，知的障害者福祉法
　　第9条第5項第2号及び第3号並びに精神保健及び精神障害者福祉に関

第1章　障害者相談支援の政策動向と障害者総合支援法における相談支援事業の構造

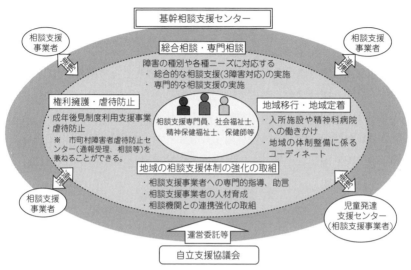

図1-2　基幹相談支援センターの役割のイメージ
出典：厚生労働省社会・援護局障害保健福祉部，2012年2月。

する法律第49条第1項に規定する業務を総合的に行うことを目的とする施設とする。
2　市町村は，基幹相談支援センターを設置することができる。
3　市町村は，一般相談支援事業を行う者その他の厚生労働省令で定める者に対し，第1項に事業及び業務の実施を委託することができる。

　図1-2に基幹相談支援センターの役割をイメージした図を示したが，「基幹相談支援センター」の業務内容は，① 障害種別や各種ニーズに応じた総合的・専門的な相談支援の実施，② 成年後見制度利用支援事業の実施，③ 相談支援事業者への専門的指導・助言，相談支援事業者の人材育成，相談機関との連携強化，④ 地域移行・地域定着の促進に向けた地域の体制整備に係るコーディネートなどとなっている。

こうした業務においては，地域の相談支援事業所等との連携が不可欠になるが，さらなる基幹相談支援センターの機能強化を図るため，市町村地域生活支援事業の相談支援事業として，専門的職員の配置と相談支援体制の強化に取り組む「基幹相談支援センター等機能強化事業」や，賃貸契約による一般住宅への入居支援や居住支援のための関係機関によるサポート体制の調整を行う「住居入居等支援事業（居住サポート事業）」が補助事業として創設された。

次に，自立支援協議会については，障害者総合支援法では以下のとおり規定されており，地域の関係機関・団体，障害福祉サービス事業者や医療・教育・雇用を含めた関係者が，地域の課題を共有し，地域の実情に応じた支援体制の整備について協議を行う場として，障害者相談支援システムの中核的役割を担っている。

（協議会の設置）
第89条の3　地方公共団体は，単独で又は共同して，障害者等への支援の体制の整備を図るため，関係機関，関係団体並びに障害者等及びその家族並びに障害者等の福祉，医療，教育又は雇用に関連する職務に従事する者その他の関係者（次項において「関係機関等」という）により構成される協議会を置くように努めなければならない。
2　前項の協議会は。関係機関等が相互の連絡を図ることにより，地域における障害者等への支援体制に関する課題について情報を共有し，関係機関等の連携の緊密化を図るとともに，地域の実情に応じた体制の整備について協議を行うものとする。

自立支援協議会の位置づけについても，これまで法律上の位置づけが明確ではなかったものが，2010（平成22）年12月の「整備法」の成立により法定化され，明確になった。目的としては，「自立支援協議会は，関係機関が相互の連絡をとることにより，地域における障害者等への支援体制に関する課題について情報を共有し，関係機関等の連携の緊密化を図るとともに，地域の実情に応じた体制の整備について協議を行うものとする。」と明記された。そして，

第1章　障害者相談支援の政策動向と障害者総合支援法における相談支援事業の構造

　2011（平成23）年8月の障がい者制度改革推進会議総合福祉部会の「骨格提言」では，地域で暮らす障害者本人の個別相談支援をベースに，地域における解決困難な課題に焦点をあてて，関係者が議論をし，就労，子ども，住居等の部会を設け，地域生活が実現可能となるための各種社会資源の連携や改善・開発に力を注ぐこと，また，障害福祉計画へとつなげることが役割として示された。

　2012（平成24）年4月1日からは，地方公共団体は自立支援協議会を置くことができる（任意設置）こととなり，自立支援協議会を設置したときは，市町村障害福祉計画を定め，又は変更しようとする場合には，あらかじめ，自立支援協議会の意見を聴くように努めなければならないこととなった。

　さらには，障害者総合支援法（2012年6月公布，2013年4月施行）では，自立支援協議会の名称を「協議会」と改め，地域の実情に応じて名称を定められるように弾力化されるとともに，協議会の構成員として障害者等とその家族が明記された。また，設置については「置くことができる」から「努めなければならない」と努力義務が課せられ，自立支援協議会の位置づけが強化されている。これにより障害者や関係者，地域住民は地域の支援体制として，生活課題を解決するための具体的な場を得たこととなったのである。

　以上，述べてきたように障害者自立支援法では，相談支援は自立支援協議会を活用することで「自己完結しないでニーズに対する総合的な協働支援」を実現するものとされ，「整備法」および，その後の「障害者総合支援法」の中では，自立支援協議会を支えるための組織として，他の指定相談支援事業所の指導的な役割を果たし，地域での相談支援事業の連携強化や総合的な相談窓口など中核的な役割を担う機関として基幹相談支援センターが位置づけられた。このように，相談支援事業を実施する組織である相談支援事業所や地域における相談支援の中核的な役割を担う機関としての基幹相談支援センター，そして，関係者・関係機関との連携・ネットワークの基盤となる地域自立支援協議会との関係性や機能を整理すると図1-3のとおりである。

　自立支援協議会は，本研究が目指す「実践課題の政策化」において，障害者相談システムの中でも極めて重要な役割を担う仕組みである。この自立支援協議会が持つ機能やその運営については，次節において詳細に論じることとする。

49

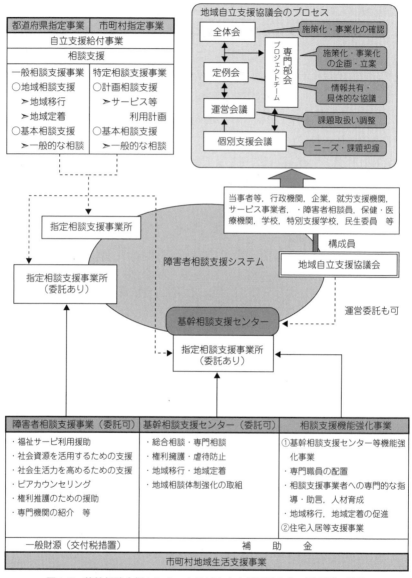

図1-3 基幹相談支援センターと地域自立支援協議会との関係性・機能
出典:筆者作成。

3　相談支援専門員の要件と役割

　相談支援事業を実践する人材としての相談支援専門員については，以下のとおり，障害者総合支援法に基づき各事業の人員および運営に関する基準が決められており，その要件は，厚生労働大臣が定めるものとして厚生労働省告示として発令されている。具体的には，特定相談支援における「指定地域相談支援」と一般相談支援における「指定計画相談支援」の各事業については，「障害者総合支援法に基づく指定地域相談支援の事業の人員及び運営に関する基準」，および「障害者総合支援法に基づく指定計画相談支援の事業の人員及び運営に関する基準」がそれぞれ，基準として厚生労働省令に定められている。それぞれの基準では，各事業の基本方針および具体的取扱方針により相談支援専門員の行う業務が示されるとともに，さらには，各事業基準を受けて定められた相談支援専門員の要件である実務経験や研修の内容が厚生労働省告示として発令されている。

（指定地域相談支援の事業の基準）

　第51条の23　指定一般相談支援事業者は，当該指定に係る一般相談支援事業所ごとに，厚生労働省令で定める基準に従い，当該指定地域相談支援に従事する従業者を有しなければならない。

　2　指定一般相談支援事業者は，厚生労働省令で定める指定地域相談支援の事業の運営に関する基準に従い，指定地域相談支援を提供しなければならない。

（指定計画相談支援の事業の基準）

　第51条の24　指定特定相談支援事業者は，当該指定に係る特定相談支援事業所ごとに，厚生労働省令で定める基準に従い，当該指定計画相談支援に従事する従業者を有しなければならない。

　2　指定特定相談支援事業者は，厚生労働省令で定める指定計画相談支援の事業の運営に関する基準に従い，指定計画相談支援を提供しなければならない。

相談支援専門員の役割としては，中立・公平に自らの業務を実施することを肝要とし，当事者の権利擁護を前提に，市町村など関係機関や地域の障害福祉サービス事業者等と緊密な連携を図りながら必要な支援に取り組むことである。具体的なケースで言えば，障害を受容できない，あるいはうまく福祉サービスを利用できない場合の支援については，公的な福祉サービスの利用だけではなく，そこに至るまでの過程に対する支援，つまり，障害者総合支援法の体系でいう「基本相談支援」を進めることが重要になる。

　そこでは，本人のセルフマネジメントの向上に向け，自己決定支援として当事者の自己選択や自己決定を側面から支えることが求められる。当事者には相談支援専門員や関係者では及ばない力があることを理解し，当事者が自分の生活を自分で組み立てられるよう，ピア支援の有効活用も含め，支援のあり方を工夫することが必要となる。

　「計画相談支援」の場合にも，相談支援専門員がサービス提供の結論を急ぎながら作成した当事者不在の計画により支援を行うのではなく，その人の強さや出来ること，好きなことなどストレングス中心の関わり方を大切にするとともに，当事者本人が自分の計画づくりとその計画を実行することに価値を見出し，あくまでも，本人の歩みに合わせながら丁寧に支援することが相談支援専門員には求められる。

　「地域移行支援」「地域定着支援」の場合には，入院中や退院後など変化する状況に合わせて，本人を中心とした支援チームを作ることが相談支援専門員の役割の一つであり，地域の中で本人らしい生活を続けられるように，自立支援協議会の有効な活用により，地域を暮らしやすい環境に変えていくなど「地域づくり」に取り組むことも相談支援専門員の重要な役割である。

　単身の当事者が生活に困っているケースで，周辺の人々も気が付いてはいるが，関係機関に通報や相談をすると面倒なことに巻き込まれるのではないかとの不安から関わりがなく，当該当事者が地域に埋没してしまうことがある。このような場合には相談支援専門員は積極的なアウトリーチにより，状況を把握し，局面を変えるため，多くの関係者を巻き込んでいく取り組みが必要となる。

　隣近所や民生委員等との関わりも全くなく，家族で地域から孤立している状

第1章　障害者相談支援の政策動向と障害者総合支援法における相談支援事業の構造

況もある。この場合，相談支援専門員は自らが拒絶されないように家族との信頼感を創るための支援に全力を尽くす。加えて，特に虐待や暴力などのケースにみられるように，当事者に対する家族の関わりが限界になっているような場合では，「家族支援は本人支援」，「本人支援が家族支援」と言われるように，家族生活の質を改善することが本人支援に結びつくことを意識しなければならない。家族世帯の場合には当事者本人だけではなく，総合的な視点で支援を考えることが不可欠である。

　以上，様々なケースがあるが，どのような場合でも相談支援専門員は，自らの業務範囲を狭く限定することなく，地域の関係者や関係機関との連携を心がけ，業務の振り返りを行うとともに，積極的に外部に業務実績を報告し，スーパーバイズや他者の評価を受けることにより，継続して自らの業務の質の改善に取り組まなければならないのである。

第3節　障害者相談支援を支える地域自立支援協議会

　前節で述べたとおり，自立支援協議会は障害者相談システムにおける相談支援体制の中でも基盤としての機能を果たすとともに，本研究がめざす実践と政策を結びつける仕組みとしても極めて重要な役割を担っている。自立支援協議会には，市町村レベル（圏域等複数の市町村による共同設置も含む）の「地域自立支援協議会」とその地域自立支援協議会に対して，システムづくりへの助言や広域調整，研修を含めた人材育成などの役割を担う都道府県レベルの「都道府県自立支援協議会」があるが，本研究は，主に基礎自治体である市町村を対象領域としていることから，「地域自立支援協議会」を焦点化し，以下，その目的や機能，運営などについて考察する。

1　地域自立支援協議会の目的と機能

　地域自立支援協議会は，「自立支援協議会の運営マニュアル」（2008年，日本障害者リハビリテーション協会，厚生労働省助成事業：平成19年度障害保健福祉推進事業）（以下「運営マニュアル」という）では，「個別事例から障害者の

ニーズや地域実情を把握し，障害者のニーズに合わせて複数のサービスを結び
つけて調整することや社会資源の改善，開発等を行う相談支援の中核的な役割
を担うものである」と位置づけられている。つまり，相談支援とは個人の尊厳
と社会，経済，文化活動への参加の機会を保障するために，サービス調整や社
会資源の改善，開発等を行うことであり，障害者がより豊かに地域生活を送る
ことができるように，個別の生活課題から個別のニーズを見つけ出し，それを
解決するために支援することである。

　このことについて，植田は，障害者自立支援法や介護保険法の範囲に限らず，
他の様々なサービスを活用することも含め単に利用者の生活ニーズと社会資源
とを結びつけるだけではなく，本人の主体力の向上や家族への働きかけ，社会
的問題などへの対応を図ることもその範囲であると主張する（植田 2008：178）。
したがって，その基盤となる地域自立支援協議会は，利用者のニーズと社会資
源を結び付けることはもとより，本人が主体的に生活課題を解決していく力を
高めたり，家族関係や社会に働きかけをすることを支える場であり，行政との
関係という避けて通れない課題を乗り越えて政策実現を図る場でもある。地方
分権が進む中では，当事者や関係者，地域住民が政策形成過程に深く関与する
協働型の政策形成の充実が求められており，これを実現する場や仕組みを行政
が構築し，その運営を支援することが重要となっている。まさに，地域自立支
援協議会はその場であり，その中で協働型の政策形成を進めることが地域自立
支援協議会の活性化につながるものと考える。

　地域自立支援協議会は，「運営マニュアル」中で，情報機能，調整機能，開
発機能，教育機能，権利擁護機能，評価機能の6つの機能（図1-4参照）を持
っていると示されている。

　情報機能については，潜在化した情報を顕在化させる機能と情報を発信する
機能により情報の共有化を図ることを目的としている。各機関が行った相談支
援活動の内容，結果は相談に関わった人にしか見えず，課題として残されてい
る場合には，地域に顕在化されて初めて地域の課題として認識される。地域自
立支援協議会に対して相談支援事業所者が情報発信することで，個人の生活の
ニーズを明らかにするとともに，そのニーズに対して地域がどこまで対応でき

第1章　障害者相談支援の政策動向と障害者総合支援法における相談支援事業の構造

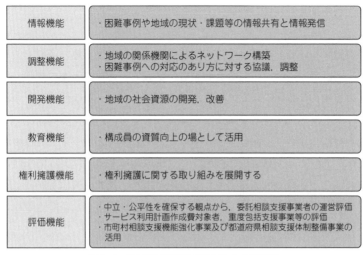

図1-4　地域自立支援協議会の6つの機能
出典：自立支援協議会の運営マニュアルの作成・普及事業企画編集委員会（2008）。

たのか，限界も含めた地域診断につながるのである。

　調整機能としては，地域自立支援協議会は保健，医療，福祉，教育，労働などの分野を超えたネットワークの中で，それぞれの専門性や資源情報の共有化について調整する機能が求められる。また，地域課題の解決に具体的に取り組む場合の整理や連携，さらには障害福祉計画の策定や進行管理に関わる調整も必要である。

　開発機能としては，社会資源の開発・改善機能が挙げられる。地域にはフォーマルな資源やインフォーマルな資源，形のあるものや形のないものなど様々な資源があるが，現存する資源だけでは解決できない困難事例も多くあるため，さらなる資源の開発・改善が求められる。そして，その取り組みの基盤となるのが地域自立支援協議会である。資源開発・改善のプロセスは，「① 個別支援会議を通じて，個人の課題を個々の課題にとどめず共有化し，地域の課題として集積し，② 専門部会（プロジェクト）を設置し，実現の可能性を検討し，③ 全体会を通じて提案していく」となるが，資源の開発・改善にあたっては，予算化や制度の創設など施策化・事業化が必要なものもある。地域自立支援協

議会は行政や事業主体等に提案するなど，実現に向けた働きかけが期待されている。

　教育機能について，教育はその人が持つ能力を伸ばす一連の過程であり，地域自立支援協議会はそこに関わる利用者，支援者，地域の人々の無限の可能性を引き出す場となる。ここでは，構成員の資質向上に必要な研修が行われるほか，多様な人材が交流する会議などの様々なプロセスが研修の場面であり，活動報告のための分かりやすい資料づくりやプレゼンテーション，支援のためのネットワークづくりや社会資源開発など，構成員にとっては実践的な研修機会となる。また，困難事例等に関連して行政と市民・民間の関係者が同じ研修機会をもつことで，目標に向けて共通のイメージをつくることができるなど地域の問題解決能力を促進させることにもつながる。

　権利擁護機能としては，地域自立支援協議会はノーマライゼーションの理念とソーシャルインクルージョンの視点で組織化され，障害のある人も含め誰もが差別や区別されることなく，地域の中でその人らしく生活できる仕組みをつくるために問題や課題を協議する場として位置づけられる。それは，利用者だけではなく地域住民全体に対して生活者としての権利を擁護することを意味しており，本人ニーズの具現化と権利侵害防止の視点を重視するなど権利擁護システムの構築に寄与するものである。

　評価機能については，地域自立支援協議会が一連の成果情報を一つに集約し，評価することで，その価値が明らかになるとともに今後の課題も見えてくる。ミクロレベルでは，個々の相談支援プロセスに関する評価システムが必要である。具体的には評価基準（指標）の提示，利用者満足度調査の実施，データの累積化，苦情受付および処理体制の整備などが例として挙げられる。また，メゾレベルでは，地域にある施設や機関などフォーマルな社会資源，ボランティアグループや障害者団体等などインフォーマルな社会資源に関する評価システムを整備する必要がある。具体的には，活動実践報告や調査結果の解析，利用者調査などが例として挙げられる。さらに，マクロレベルでは，市町村などの行政運営や法制度に関して，制度や施策の実務的な適正性を利用者に最も近い立場である地域自立支援協議会から評価し，提案するシステムの整備が必要で

ある。具体的には，障害福祉計画や毎年の障害福祉施策・事業に対して現場レベルでの実効性を示す基礎資料の提示，実践活動の成果と課題を行政関係者と情報交換できる場や機会の設置などが挙げられる。

　以上，地域自立支援協議会が持っている機能について述べてきた。これは，「運営マニュアル」に示されているもので，抽象的な内容にとどまっており，有効的な事例は明示されていない。個別のニーズからの地域課題の抽出と，地域支援体制を支える基盤づくりについて分解的に提示したものと理解したい。したがって，このことは現場にとっては基本的な方向性が示されたものとしてとらえるということになるだろう。

　筆者は，6つの機能のうち，特に開発機能に注目している。社会資源の開発・改善にあたっては，予算化や制度の創設など施策化・事業化に向けた取り組みも必要になる。福祉における施策や事業は，住民や当事者の生活実態に合致したものでなければ意味がない。住民や当事者が主体となって炙り出した地域課題を解決するためには，住民と当事者を含めた地域の関係者が行政と共に「実践課題の政策化」に向けて行動することが求められる。このプロセスが開発機能である。地域自立支援協議会が真の意味で住民主体の政策形成の場となるのか，また，筆者が求める「実践課題の政策化」の場となるのかは，開発機能が仕組み・ルールとして定着し，十分に機能するか否かにかかっている。

2　地域自立支援協議会の運営

　地域自立支援協議会の運営については，「運営マニュアル」の中では，標準的な組み立てとして，会議の設置と役割等を示しながら紹介している。その会議は，重層的であり，個別支援会議，定例会，全体会，専門部会（プロジェクト），事務局会議（運営会議）となっている。具体的な役割は以下のとおりである（図1-5参照）。

　個別支援会議は，個々の障害者の課題解決やサービスの利用調整のために本人，家族，相談支援事業者およびサービス事業者等の関係者が集まって協議する場である。個別支援会議では，掘り起こされたり，つながってきたニーズに対してチームで対応するが，すぐに解決できない個人のニーズを課題として共

有し，それを集積して地域の課題とし，新たなサービスや施策に結び付けていく役割が期待されている。

定例会は，個別支援会議などの報告も含め相談支援事業者の活動報告を中心に，参加者が地域の現状や課題などの情報共有を行う場である。メンバーは現場の実務者レベルが中心となり，開催の頻度は毎月が望ましいとされている。そこでは，地域の実態や課題，社会資源の状況等を集約し，評価することで，係わる関係者しか見えない課題を地域で共有することが重要とされている。

全体会は，定例会や専門部会（プロジェクト）で積み上げてきたことについて，年2～3回程度，地域の代表者が集まって，意思決定をしたり確認する場である。メンバーは代表者レベルが中心で施設長や各機関の管理者，団体の代表者等で構成される。全体会は地域自立支援協議会の計画や方向性等を協議するとともに，全体の活動内容を整理し，まとめることで地域課題やその解決策としての政策提言について共有化を図る役割を担っており，いわば日常活動を総括する場であり，政策提言の場である。

専門部会（プロジェクト）は，個別支援会議から持ち上げられた地域の課題のうち，事務局会議（運営会議）や定例会において，その課題に関係の深い者により，協議すべきと判断された課題について，比較的少人数で検討を深めていく場であり，障害別や地域別，課題別などテーマごとに地域の実情に合わせて，適時設置されるものである。そこでは，情報共有や単に議論だけするのではなく，課題ごとに検討し，課題解決のための調査研究や政策提言等の具体的な結果を出すことが求められている。

事務局会議（運営会議）は，協議事項や提出資料の調整など各会議の準備を行ったり，地域自立支援協議会の運営全体について協議する場である。メンバーは行政，相談支援事業者を中心に地域のコアなメンバーが想定される。いわば，事務局会議は自治体の予算編成など行政管理システムや地域の行政等の動きを意識して，協議会全体の運営や地域づくりに係わる戦略を検討する場である。

以上が地域自立支援協議会の標準的な組み立てとして示されているが，これらを運営する視点についても「運営マニュアル」の中で述べられている。地域自立支援協議会の運営視点については，① 共通の目的をもつ，② 情報の共有，

第 1 章　障害者相談支援の政策動向と障害者総合支援法における相談支援事業の構造

地域自立支援協議会はプロセス（個別課題の普遍化）

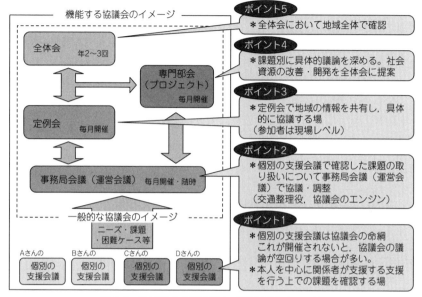

図 1-5　地域自立支援協議会の運営組織イメージ
出典：自立支援協議会の運営マニュアルの作成・普及事業企画編集委員会「自立支援協議会の運営マニュアル」。

③ 具体的に協働する，④ 地域の関係者によるネットワークを構築する（官と民が協働するシステムの構築）が示されている。

　地域自立支援協議会において目的を達成できるような運営がされるかどうかは，構成員による協働のあり方次第である。地域自立支援協議会の運営では，行政と民間の協働，他業種・他職種の人間の協働により，実効的かつ意味のある真の連携が醸成されなければならない。それは形式的な会議に，形式的な構成員として単に出席するのと違い，個別支援会議で具体的な検討を積み重ねたり，定例会で情報を共有したりすることを通じて徐々に連携が深まり，さらには，協働の成功体験を実感することで地域の支援力が高まり地域福祉が一層推進することになるのである。

　本研究の目的である自治体障害者福祉政策の発展のためには，住民自治の推進として，市民と行政との協働により，住民の生活課題を起点にケース検討や

サービス調整，社会資源の改善，開発等を行う「相談支援」の充実に取り組むことが重要であり，必要な施策化・事業化を実現させることも含めた「障害者相談支援システム」を構築することが求められる。つまり，協働原理に基づいて運営がされる個別支援会議の中で，個人の生活課題から必要なニーズを調整し，その取り組みの集積から地域の実態や課題を把握し，専門会議で調査研究し，全体会で調整し政策提言していくという地域自立支援協議会の運営を円滑に進めることである。このように地域自立支援協議会は，障害者相談支援システムにおいて，「実践課題の政策化」を実現する協働の場であり，有効な仕組みである。

3 地域自立支援協議会の現状と課題

地域自立支援協議会の設置現状については，国の調査では，2013（平成25）年 4 月現在で，全国に1,155協議会（複数の市町村が合同して設置する場合もあるので，市町村数は1,650市町村），設置率は95％，また，その中で課題別や障害別，地域別等で具体的な取り組みを進める専門部会の設置は，全体 1,155協議会のうち799の協議会，設置率66％（厚生労働省「障害者相談支援事業の実施状況等の調査結果について（平成25年度調査）」）となっており，各地域への設置が着実に進められ，概ね体制が整った状況と言える。これは，2010（平成22）年12月に公布された「整備法」（2012年 4 月 1 日施行）で地域自立支援協議会の設置が法定化されたことによるものであろう。

それでは，実態はどのようになっているのか，「地域自立支援協議会活性化のための事例集」（以下「事例集」という）では，具体的な事象として「協議会を設置する意味がわからないのでそもそも設置しない」，「既存協議会の活用が行われず，協議会を新たに設置し混乱を招いている」「構成メンバーが協議会の目的を共有できず，陳情や要求交渉の場となっている」「相談支援事例の積み重ねが出来ていないため，協議すべき事項が確認できない」「協議会は年に 1 回の全体会を開催するだけで，会議の必要性を理解できない」（特定非営利活動法人北海道ケアマネジメントネットワーク 2011：14）などが挙げられており，形骸化について指摘されている。

第1章　障害者相談支援の政策動向と障害者総合支援法における相談支援事業の構造

　また，筆者が「A市障害者自立支援協議会アンケート─自立支援協議会の運営と相談支援─」の調査結果を分析，考察した中では，地域自立支援協議会においては，個別ケースなどを検討する個別支援会議は，開催数に多少の差はあるものの恒常的に実施され，審議会的な役割だけではなく，具体的な検討を行っていることが明らかになった。その内容は，情報機能や調整機能を中心に運営されている協議会が主流ではあるが，なかには「情報交換の場」「サービス調整等の場」という段階を超え，活動を積み重ねていく中で浮き彫りになった課題解決のために，具体的に取り組みを進める場として運営されているところもあり，地域自立支援協議会を実質的に「施策化・事業化につながる場」とする必要性を感じている関係者も少なくない。いずれにしても，法定化により障害福祉計画への地域自立支援協議会の関与が明示されたこともあり，社会資源の少なさや財政事情から思うようなサービス提供や施策・事業展開ができないと考えてきた関係者から，それを打開する仕組みとして地域自立支援協議会に大きな期待が寄せられている（隅河内 2013：25-27）。

　他方，行政の関与については，前述の「運営マニュアル」の中で，「運営は指定相談事業所に委託することは可能であるが地域の相談支援体制整備に市町村の役割が非常に大きいため，協議会の運営を委託する場合でも，地域自立支援協議会の事務局会議（運営会議）には，市町村の行政職員が参加し，共に考えていくことが必要です。」と行政の積極的な関与が標準として示されたこともあり，各自治体の地域自立支援協議会において，行政職員が重層的に会議に出席するなど行政の積極的な関与の状況が明らかになっている。

　このように，地域自立支援協議会は，実態としては，必ずしも期待される機能を十分に果たしているとは言えないが，法定化により各地域に普及し，仕組みや組織も概ね出来上がり，障害福祉計画への関与も確立された中で，行政の積極的な関与が示されていることを考えると，今後，「実践課題の政策化」を図る場として，大いに期待されるところである。

　こうした地域自立支援協議会を円滑に運営するには，関係者の意識の醸成と情報の共有など風通しの良い組織体質の確立が不可欠である。地域自立支援協議会には様々な機能が求められ，重層的な組織として，多種多様な立場の人た

ちが関わることから，関係者が一体となれる明確な目標が立てられなければならない。地域自立支援協議会は法律に基づき，国が設置を促したものであり，障害者が権利の主体となって地域で当たり前の生活が送れるよう，支援体制を作り上げる場として用意されたものである。国の主導ということで，設置目的は理解できても，これまでの行政との関係から関係者の中には協議会に対しての疑問や戸惑いを持つ者もいるだろう。こうした状況において，地域自立支援協議会の活性化を図るためには，関係者のモチベーションを上げることが重要であり，その前提として「地域課題の解決など成功体験の共有」を求める声が多いことからも，地域自立支援協議会が有意義な仕組みであることを多くの住民や関係者に目に見える形で示すことが必要である（隅河内 2013：28）。

　自治体の障害者福祉政策を充実させるための「地域支援システム」として，地域自立支援協議会が現実的に機能するかどうか，機能しないのであればその結果を招いている要因は何なのか，検証しなければならない。そして，それらを踏まえて活性化に向けた方向性や改善策を探ることが求められる。地域自立支援協議会が「実践課題の政策化」の有効な方法になるかどうかは，その活性化にかかっているのである。

注

⑴　障害者総合支援法では，自立支援協議会の名称を「協議会」と改め，地域の実情に応じて名称を定められるようになったが，本研究では，従来の名称を使用し「自立支援協議会」とし，その中でも市町村における自立支援協議会を「地域自立支援協議会」と表す。

第2章

障害者相談支援に関わる議論から到達点を探る

　障害者相談支援については，成り立ちからの歴史が浅いこともあり，そのもの自体の研究は数少なく，しかも本研究のテーマである「実践課題の政策化」を推進するという障害者相談支援をダイナミズムにとらえた研究も見当たらない。しかしながらこれまで進められてきた数少ない研究や近似の研究理論の知見について考察し，障害者相談支援における「実践課題の政策化」の到達点と課題を明らかにする。

第1節　先行研究の到達点

　まずは，相談支援業務に従事する相談支援専門員で組織される特定非営利活動法人日本相談支援専門員協会の見解である。この職能団体は，平成22年度厚生労働省障害者総合福祉推進事業により作成した「障害者相談支援ガイドライン作成とその効果的な普及・活用方策のあり方検討事業」報告書の中で，次のように見解を示している。

　障害者相談支援の具体的な方法としては，3つの要素を挙げている。第一には，すべての相談支援業務の根幹をなすものであり，障害者本人や家族などとの信頼関係を図った上で，関係機関との連携により必要な支援の仕組みづくりにつなげる「基本相談支援」である。第二には，その基本相談支援を経て，具体的なサービス調整が必要な人に対してサービス等利用計画を作成し，定期的にモニタリングを継続していく「計画相談支援」である。そして，第三として，これら日々の基本相談支援や計画相談支援の業務の中で顕在化する資源不足や

63

体制・仕組みの不備などの地域課題について，その解決に取り組む「ソーシャルアクション」を挙げている。

このソーシャルアクションは本研究のテーマである「実践課題の政策化」に関して鍵となるものである。実施については，基本相談支援の中から相談の傾向を捉えるとともに，計画相談支援からも個別支援会議の中で宿題として残されたことや，関係者間で共有できる課題などを認識し，的確に地域アセスメントを行い，実務者レベルから管理者レベル，さらには地域住民レベルまで広く共有することが必要である。このため，① 個別支援会議やグループスーパービジョン等の場の保障，② 相談支援専門員の日常活動の報告，③ 要綱改正，④ 制度のスクラップアンドビルド，⑤ 課題プロジェクトの設置など地域自立支援協議会への働きかけ，⑥ その地域自立支援協議会における運営の中核となる組織（事務局会議など）の位置づけ，⑦ 市町村計画の進捗管理を意識した政策提言，さらには⑧ 私的なサービス提供の仕組みづくりなどの必要性が到達点として示されている。

次に，実践フィールドの先行調査から導き出された相談支援従事者の意識から「実践課題の政策化」に対する到達点を探ると，「相談支援従事者からみた相談支援事業実践の課題」（木全・高山・長谷川 2009：64-67）では次のように述べられている。

調査の考察からは，相談支援は地域をつくる仕事であると認識してはいるが，専門性の向上と業務の範囲に悩むとともに，他機関や他の事業所などとの連携がうまくいかないという課題があり，情報共有の必要性を感じている。また，行政とは，地域自立支援協議会の運営や福祉計画への反映などでうまく関係づくりができていないこと，その地域自立支援協議会が活性化していないこと，社会資源の改善・開発のしくみが不十分との課題が示されている。そして，解決方法としていくつかの指摘がなされているが，その中では，委託相談支援事業所と指定相談支援事業所の明確な役割分担や，複数職員配置のための財政的な裏付けを持つ相談支援体制の構築，資源開発の担保にもなる市町村福祉計画への具体的数値の提案を地域自立支援協議会が行うこと，合わせてこうした提案を行政が尊重する必要性が到達点として示されている。

これらの先行研究では，「実践課題の政策化」の実現に向けた取り組みについて，その多くを地域自立支援協議会に期待していることがうかがえる。これは，前章で述べたように，地域自立支援協議会は，現行の障害者総合支援法の第89条の3第1項において，設置について努力義務が課せられるとともに，同法88条第8項では市町村障害福祉計画を定め，又は変更しようとする場合において，あらかじめ，地域自立支援協議会の意見を聴くよう努めなければならないと政策形成の場面の中で重要な役割を担うこととなっていることも期待感を助長する要因であろう。

しかしながら，先の「A市障害者自立支援協議会アンケート―自立支援協議会の運営と相談支援―」の結果からは，「自立支援協議会が実際に果している機能としては，情報共有やサービス調整が主なものとなっていて，施策化・事業化の成果についても，実現化されたケースは少ない状況である」「自立支援協議会全体として枠組みは整備されており，個別課題の把握やその集積としての地域課題に対する検討なども進められているものの事業の熟成度や効果，公共性など事業計画自体の検討が行われる場とはなっていない」「施策化・事業化が目に見える形で出てこなければ，構成員に無力感を与えかねず，自立支援協議会自体が活性化できない組織・仕組みとなってしまう危険性を孕んでいる」（隅河内 2013：29）という現状がある。

以上，地域自立支援協議会は，法定化により各地域に普及し，仕組みや組織も概ね出来上がり，障害福祉計画への関与も確立されたことを考えると，今後，「実践課題の政策化」を図る場として，一層期待されるものであり，「実践課題の政策化」へのアプローチとして地域自立支援協議会の活性化は一つの到達点である。

地域自立支援協議会の運営は，共通の目的を持ち，情報の共有化を図って地域の関係者，特に官と民が協働するネットワークを構築することが求められており，実効的かつ意味のある真の連携を図るための行政と民間の協働，他業種・他職種間の協働など，まさに「協働」を中心原理としている。それは，個別支援会議で具体的に検討する経験を積み重ねたり，定例会で情報を共有したり，形式的な集まり，関わりではなく，実効的かつ真の連携を具体的に実践す

ることである。しかしながら，地域自立支援協議会の現状は，当事者や関係者，地域住民が政策形成過程に深く関与し「実践課題の政策化」を図るという場とはなっておらず，必ずしも期待される機能を十分に果たしていないため，携わる行政職員もその対応に戸惑う実態がある。Ｂ県地方自治研究センターが実施した調査では，地域自立支援協議会に関わる自治体職員は「協働・共生の必要性は広く認識されていることが示されていますが，その内容の理解については大きな幅があり，具体化については道筋が十分に見えていない」（Ｂ県地方自治研究センター 2010）と担当行政職員の苦悩も示されている。

　これらのことは，行政が住民自治に根ざした協働に関する基本的な考え方を的確に捉えておらず，行政が地域自立支援協議会の展開プロセスに主体的かつ積極的に関与するという姿勢が不明なこと，また，行政職員も推進のためのスキルを十分発揮していないこと，さらには，他の関係者も行政職員に対して，協働の姿勢を持つことや協働の推進に積極的に取り組むことを強く働きかけないことなどが要因として考えられる。協働に対する理解不足と実効ある協働の推進が地域自立支援協議会における「実践課題の政策化」の課題となっている。

　続いて，政策形成の具体的な方策となる障害福祉計画と障害者相談支援の関係性からその到達点を探ると，宗澤は「相談支援事業を面的には発展させ，そこを起点に地域支援システムの公益性・公共性を育み，さらにそこから自治体障害福祉政策の目標と内容を構築することのできるシステムをつくること」，「改善課題を地域の経験と現実から明らかにし，地域生活保障に資する障害保健福祉サービスのあり方を市町村障害福祉計画に結実させていくことである」（宗澤 2008：49-50）と，重要な課題を指摘している。つまり，相談支援を充実させて，地域における生活支援システムを作り上げることが地域生活を保障するためには必要であり，それを踏まえた障害福祉計画を策定・運用することが自治体障害福祉政策の発展につながるという主張である。そして，その要件となるのは「協働が当事者・事業者・市民・自治体職員と言う広範囲なパートナーシップを発展させ，自治体施策に具体的な結実を生むシステム構築とその民主的コントロール」（宗澤 2008：122）であるとし，「行政と民間当事者・地域住民が協働することによって，地域生活保障を可能とする支え合いの公共圏を

創造する」（宗澤 2008：79）と指摘する。

　宗澤は生活課題を出発点として，地域課題を集約し，その課題解決に向け障害福祉計画を策定するという障害者相談支援の一連のプロセスの重要性を示し，社会資源の開発に向けては，協働が地域住民，当事者，事業者，行政職員の広範囲な連携を発展させ，自治体福祉施策の充実の鍵となることを到達点として明らかにした。

第2節　関係領域研究から「実践課題の政策化」を探る

　次に，障害者相談支援の近似の研究理論の知見から，「実践課題の政策化」に関わる到達点を探ることとする。

　本研究の対象領域は，基礎自治体である市町村としており，そのことから地域を基盤とした福祉援助の視点から考察する。まず，岩間は「地域を基盤としたソーシャルワーク」と「地域福祉の基盤づくり」を相互に関係あるものとして一体的に捉えて展開しようとする実践概念を「地域福祉援助」と示している（岩間・原田 2012：1）。「地域を基盤としたソーシャルワーク」については，ジェネラリスト・ソーシャルワークを基礎理論とし，地域で展開する総合相談を実践概念とする。個を地域で支える援助と個を支える地域をつくる援助を一体的に推進することを基調とした実践理論の体系であり，8つの機能を挙げている（岩間・原田 2012：28）。そのうち「実践課題の政策化」に関するものとして，ソーシャルアクション機能が示されている。地域における実践では，個別支援から当事者の声を代弁して，社会資源の開発と制度の見直し，住民の参画と協働による地域福祉計画の策定などにつなげるものと整理している（岩間・原田 2012：21）。

　他方，「地域福祉の基盤づくり」の中では，原田は従来の古典的ではないソーシャルアクションとして「ソーシャルアクションネットワーク」を示している。これは，地域福祉を拠り所としたソーシャルワーカーが自らの権力性や差別構造といった立ち位置を自覚し，当事者性を育み共感しながら，問題解決に向けて連帯して社会に問いかけていく営みであり，したたかに，しなやかに，

そして確実に社会を変えていく働きかけである（岩間・原田 2012：162）とし，その前提として，地域福祉の基盤づくりの構成メンバーである行政，地域住民，ソーシャルワーカーのそれぞれ全員が必要に応じて変わらなければならないこと，つまり，社会を変えることは，社会の構成員とその関係性，さらには文化を変えていかない限り，社会の権力構造の抜本的な改革にはならないことを指摘している（岩間・原田 2012：161-162）。

　また，平野は，地域福祉援助技術の視点から，個々の地域福祉実践が集合体として存在し，他方で国や都道府県の地域福祉推進施策が反映する市町村の空間的な領域をメゾ研究の領域と位置づけ，「個々の実践とその集合的な処理のための政策との間に，両者を結びつける地域福祉計画と言うツールが機能する」（平野 2009：93）と地域福祉計画を中心にした地域福祉推進の方法論を展開している。それは，「実践の蓄積が計画化や事業化を促進し，それらの実践の上に政策化が登場する」（同：95）ボトムアップ型の地域福祉推進を示している。

　特徴は，先進的な地域の実践を調査・研究し，それを参考にして事業化・施策化し，それをまた実践に循環するところにあり，制度化されていない状況の中での実践から獲得した知識や技術，経験を活用して，その実践を制度化していくというプロセスを示したものである。しかしながら，その基となる先進的な実践をどのように創出するかという問いについては，地域の生活問題の詳細な把握と連携共有による総合的な分析，その解決に向けての調整力や企画力の必要性が課題となる。自治体福祉政策は，地域に個々の福祉実践が蓄積されてくる中で，計画化・事業化の必要性が生じ，その中から優先的に推進するべき対象や条件を政策化することになる。このため，制度福祉からの要請に対抗した新たな政策協議の空間として，住民による自治の場が必要であり，その自治の場の円滑な運営には，制度に裏打ちされた専門職の役割が重要となるとの指摘につながる。

　さらに，地域福祉の推進方法として，大橋はイギリスのバークレイ報告などコミュニティソーシャルワークの概念および実践を根拠にコミュニティソーシャルワークの導入を提唱している。このコミュニティソーシャルワークについ

て，日本地域福祉研究所は，展開プロセスの中で，「地域に顕在的に，あるいは潜在的に存在する生活上のニーズを把握し，それら生活上の課題を抱えている人々に対して，ケアマネジメントを軸とするソーシャルワークの過程と，それらの個別援助を通しての地域自立生活を可能ならしめる生活環境の整備や社会資源の改善・開発，ソーシャル・サポート・ネットワークを形成するなどの地域社会においてソーシャルワークを統合的に展開する支援活動である」と定義し，その特徴として，個人・家族のニーズと生活環境との関係で全体的に捉えたアセスメントによることやニーズ志向の必要性，地域特性を活かした予防的アプローチの重要性，福祉コミュニティの構築と並んで社会資源改善・開発と，システムの変革を唱えている。そして，社会資源の改善・開発には，人材，組織・団体，拠点，資機材，資金などを発掘することが必要であるが，この実践は民間非営利セクターの方が適しており，行政はその適切な後方支援をすることが求められると示している（宮城 2005：27-30）。他方，このことについて，藤松は，地域における個別支援と地域組織化を統合化させる実践の技術面を焦点化し，社会政策や地域構造，地域の特殊性，地方自治体の社会福祉水準などの視点は考慮されていないと指摘する（藤松 2012：47），社会資源の開発・改善を実践するためには，行政の関わりについての整理も重要な課題として考える必要があるだろう。

第3節　小　　括

　以上，障害者相談支援における「実践課題の政策化」に関して，先行研究や近似の研究理論の知見を考察してきた。本研究の領域は基礎自治体としての市町村の福祉政策であるが，「前提条件として，自治と参画に基づく計画策定に利する地方財源と分権化について，国が全面的な責任を負う必要のあることはいうまでもない」（宗澤 2008：50）ことを踏まえた上で，障害者相談支援を「実践課題の政策化」が推進される公共性・公益性が高い地域支援システムとするには，地域自立支援協議会の民主的で実効的な運営はもとより財政的な裏付けによる重層的かつ総合的な相談支援体制の構築が不可欠である。さらには，

こうした環境の整備に加えて，「実践課題の政策化」を実現しようとする意識について専門職をはじめとした関係者が再認識し，目標達成に向け積極的に行動することや，その行動原理として障害のある人のニーズを起点にした当事者，非営利事業者，自治体の協働が重要になることが明らかとなった。

また，近似の理論からは，こうした自治体における政策協議をする場や計画策定の重要性，その取り組みの基盤となる住民の参画と協働の必要性が指摘された。協働については，住民参加の方法論として求められているが，協働という用語が多用に使われ，明確な定義が定まっていない。特に行政の役割や責任の捉え方などによりそのあり方は影響を受けることから，市民・住民が積極的に公共施策に関与することと援助システムの運営を過度にインフォーマルサービスに委ねることを同一視する実情なども含め，行政側がどのように協働という言葉を使ってきたのか振り返る必要があり，公共性・公益性が高い地域支援システムの構築を目指すときの協働とはどのようなものか，協働のあり方を整理しておく必要がある。

こうした協働については，地域住民と行政を対立的に捉え，行政を追求するという従来型のソーシャルアクションのツールではなく，地方自治というガバナンスの関係者全員が社会に変化をもたらすため，一人ひとりが必要に応じて変わり，広く働きかけるという新しい社会変革機能の基盤となるものであり，「実践課題の政策化」における中心原理となるものである。

これまでのように，政策形成について，形骸化された会議の中での検討では，本当の意味での認識の共有はできず，各々の立場の目的達成だけが課題となってしまい，行政への「陳情型」，政治力を絡めた「癒着型」，社会運動による圧力に大きな比重を置く「行政対抗型」という解決方法が進められてしまう。そのため，人数と声の大きさのある団体が政策形成に影響を与えやすく，少人数の人たちの課題は後回しにされがちになる。社会運動による「行政対抗型」の目標達成スタイルは，国の施策のように，すべての障害のある人に資する政策課題を解決するためには，必要であるし有効でもある。しかしながら，地域ごとの諸条件に基づく地域生活保障サービスの最適化を実現するには，相談支援事業の実現や地域支援システムの私化に対抗する当事者・事業者・行政の協働

など，政策形成のプロセスに自治と協働を埋め込むことが不可欠である（宗澤 2008：91）。

　以上，本章では先行研究や近似の理論について述べてきたが，その考察の中で示された到達点を踏まえると，協働のあり方についての理論的な整理や協働による政策形成の道筋，「実践課題の政策化」の理論的枠組みの提示と効果的な方法論，特に政策形成の展開プロセスにおける当事者や地域住民，事業者や専門職，行政といった各主体の実効的な実践などが課題として明らかになった。

　次章では，新たな政策形成としての「実践課題の政策化」に向けて，推進を図るというダイナミズムの観点から，その意義や基本的な考え方，行動原理，展開過程における推進機能などを体系づけるための理論的枠組みを提示する。

第 3 章
「実践課題の政策化」に関する理論的枠組みの整理

　本研究は，人間の福利の向上（ウエルビーイング）の実現に向けた取り組みである社会福祉政策とそのもとにおいて実践されるソーシャルワークとの総体を「社会福祉」と整理し，生活上の困難な状況に対して社会的方策として社会システムを構築し，社会が責任を持って対応することを前提として論を進めてきた。そして，「実践課題の政策化」をテーマに，前章まで，具体的な対象として，この機能を内在する障害者相談支援に焦点をあて，政策動向や構造，先行研究などについて述べてきた。これらのことを踏まえ，本章では，障害者相談支援における「実践課題の政策化」に関して，原理となる理論的枠組みについて筆者なりに探究することとする。

第1節　「実践課題の政策化」の基本原理

1　「実践課題の政策化」の基盤となる社会福祉と地域福祉

　障害者相談支援における「実践課題の政策化」の理論的枠組みについては，図 3-1 のとおり「基本原理」「実践原理」「実践展開」という 3 つの概念を 3 層構造として提示する。まずは，その基盤となる「基本原理」について，社会福祉や地域福祉の理念をどのように捉えて理解すれば良いのかを整理する。

　第二次世界大戦後のわが国の社会福祉は，生活保護法などの福祉三法の時代を経て，世界の主要な資本主義国の多くが政策目標として掲げた「福祉国家」に向け，いわゆる福祉六法を軸とした体制によって進められてきた。しかしながら，1970年代中頃以降，各国でその方向性が見直され，「人権や生存権を保

第3章 「実践課題の政策化」に関する理論的枠組みの整理

図3-1 障害者相談支援における「実践課題の政策化」の理論的枠組み
出典:筆者作成。

障する社会福祉・社会保障」という理念を目指す「福祉国家」からの転換が行われた。わが国においても,1970年代後半から「自助,互助,連帯」によって社会福祉のあり方を追求する「日本型福祉社会」の方向が,従来の憲法25条を基盤とする福祉国家政策に代わるものとして登場してきた。そして,1990年代後半からは,その流れの総仕上げとして「社会福祉基礎構造改革」が進められた。社会福祉基礎構造改革による行き過ぎた市場主義は,格差社会の定着化,生活保護受給世帯の著しい増加,児童虐待や高齢者の孤独死など,国民レベルでの多くの問題を生み出した。

社会福祉は政策主体が打ち出す政策によって,大きく規定されるものである。真田は,社会福祉について「対象としての社会問題」「社会問題からの脱出もしくは解決を求める運動」「支配権力が支配階級の立場から打ち出す政策」という三要素を設定し「三元構造」を主張した(総合社会福祉研究所 2012a:154)。それは資本主義の下でも経済法則を越えて,社会福祉は国民のために発展するものであり,資本主義体制において最終的規定力のある政策のほかに,社会福祉の対象範囲や施策内容を規定する運動が重要な意義を持つことを理論化したものである。これは,社会福祉を政策として捉える際に,「政策主体の性格と意図の具体化という側面」と「国民の暮らしと健康の諸権利の要求が反映する」(総合社会福祉研究所 2012c:106)という二面性を持つ福祉労働の観点から社会総体を視野に収める必要性を指摘したものである。その場合の社会福祉の対象は,社会問題の社会的原因そのものではなく,個別的視点に立って具体的に発現している生活問題とした。そして,その生活問題についても「政策的な

73

対象」と「実践的な対象」において，問題把握の枠組みと具体的な運用などの様々な要件を念頭において把握する視点が必要であり，現実社会の中で影響を受ける生活構造や生活様式等を含めて包括的に分析する重要性を提起した（藤松 2008：48-51）。

　現実社会の中では，社会福祉の実践対象となる個々の生活問題と政策的対象である政策との間には格差があるが，そのことを踏まえて，求める目標や実現すべき社会の姿をどこに置くのか，人間の尊厳や現在社会における生活保障というものをどのように捉えるのか，基本的人権の認識に関わる社会福祉の基準や水準を問うことが求められている。そして，現在の社会システムの中で生活基盤が脅かされていて，自らの努力では根本的な解決が困難な個人や生活単位としての家族が抱える生活問題が社会福祉の対象であり，その解決に向け体系全体として設定されるのが社会福祉である。

　以上のことから，障害者相談支援の基盤となる社会福祉の考え方を整理すると，それは，社会福祉を現実として規定される政策の中で具体的な生活問題に対応する体系として総体的に捉えること，言い換えれば，日本型福祉社会やその延長線上にある社会福祉基礎構造改革の考え方が登場するまで，戦後，様々な取り組みにより追求されてきた憲法第25条に基づいて社会福祉を捉えることである。それは，基本的人権のうちの社会権としての生存権，つまり，個人の生活を形式的にだけでなく実質的にも国家が責任を持つことで人間が人間らしく生きる権利を保障することであり，それこそが社会福祉である。社会福祉とは，「国家責任に基づく国民の人権・生存権を保障する制度」なのである。

　次に，この社会福祉の考え方をもとに，地域における社会福祉，いわゆる地域福祉の考え方について述べることとする。地方自治体においては，1990年代後半から，新自由主義による「小さな政府」，民営化・規制緩和を目指す分権化によって呼応した形で社会福祉・地域福祉政策が進められた。そして，2000年に成立した社会福祉法の第1章第1条では，「福祉サービスの利用者の利益の保護」と並んで「地域における社会福祉」を「地域福祉」と規定している。

　こうした新自由主義的分権化にあわせた地域福祉の問題点は，前述したように，社会福祉を給付行政であることから脱却させ，住民すべての社会福祉，住

民すべてで支える社会福祉に転換するために参加と行動を求めたことであり，行政の役割と責任を最小限に限定するための論理として，後退した行政と住民との協働という構図を示したことである。その結果，介護保険事業計画や最近の障害者総合支援法においても明らかになっているが，地方自治体は，強力な国の管理の下で，国からトップダウンで提示される政策目標の実現について計画行政により果たすことが求められ，他方では，厳しい財政状況から自治体の経営化を強いられ，自治体は生き残りをかけて指定管理者制度等の日本型NPM手法を採用している状況がある。

　このような状況において，障害者相談支援の果たすべき役割はどのようなものか，支援する対象を市場化された枠組みの中での単なる多様なニーズとして捉えるのではなく，実際の生活における諸問題，それを統合する地域課題として捉えなければならない。そして，それらを解決するために当事者と家族機能の限界性と，人権保障や公的責任の視点から，住民自治が確立された地域の中で，専門家集団が積極的な役割を果たしながらつくりあげていくものが地域における社会福祉であり，地域福祉である。私たちの自己実現について，身近で実践的な場である地域に引き込んでその意味を深めると同時に，地域で展開しうる社会福祉の意味を問うことが重要である。

　そして，この課題に応えるには，個別ケースから出発して地域課題を探り，社会資源の改善や開発を行い，必要な支援につなげる相談支援を充実させることが不可欠であり，ソーシャルワークとして，また，実践と政策とを結び付ける取り組みとして障害者相談支援を発展させることが求められている。

2　「実践課題の政策化」の意義

　障害者相談支援の充実や発展は私たちに何をもたらすのか，前述した相談支援の基盤となる社会福祉や地域福祉の原理を踏まえ考えてみたい。

　障害者相談支援はソーシャルワークを基底にして，住民の生活課題を起点にケース検討やサービス調整，社会資源の改善，開発等を行うもので，個人や家族では解決できない生活問題を実際に解決するための政策実現まで視野に入れた取り組みであり，保健，医療，教育，雇用等の領域との連携を含めたシステ

ムは公共性・公益性が高い「地域支援システム」でなければならない。

　公共性や公益性が高いという視点は、「公的責任や役割を問う」ことである。けっして、市場化や営利化などの枠組みの中で、個々の契約行為、福祉を商品や消費財として捉えるのではなく、「人権や生存権を保障するシステムとして」考えなければならない。そのためには、住民の運動力が基本となって行政の役割を引き出すことが必要であり、自治体もまた住民の要求・提案を受け止めた住民主体の政策展開を追求することが重要である。具体的には、住民は国、地方自治体の社会福祉制度・施策を、地域の実情に合わせて運用しつくし、生かしきること、また、住民が地域での実践を通して社会福祉制度・施策を検討・点検し、その不備や遅れを指摘し国や自治体に戻し、具体的な提言を行っていくこと、まさに欠けている資源を要求し整える社会力としてのソーシャルアクションを行うことである。

　自治体は、住民の要求・提案を受け止めて住民主体の政策展開を追求することに加えて、住民の連携、協力を高める取り組みを進める必要がある。そのためには、自治体は住民活動と一線を画すのではなく、地方自治の観点から住民自治の向上を図るためにも、住民の行動や取り組みを支えることが重要であり、地域住民が主体となるための情報収集、場や機会の制度保証など基盤づくりに積極的に取り組まなければならない。そのことは自治体福祉行政の向上にもつながるのである。

　障害者相談支援システムの中でソーシャルワーク実践と政策の結合、つまり政策形成が障害当事者や事業者、市民と行政との協働で行われることは、住民主体の政策形成であり、住民自治である。こうした市民と行政との協働による政策形成の仕組み、いわゆる実践と政策が結びつくことは、住民主体のまちづくりや住民主体の地域福祉を進めることとなる。

　住民主体の地域福祉においては、当事者と家族の限界性を踏まえた上で、権利としての生存権の保障や公的責任の視点から炙り出される住民の生活問題を対象としながら、課題解決や軽減・緩和のために展開される「実践」とその裏づけとなる制度・施策・サービスなどの「政策」とが緊密に連関することが不可欠である。つまり、まず住民の問題意識に基づく行動を原動力として、その

76

第3章 「実践課題の政策化」に関する理論的枠組みの整理

行動を自らも地域住民である福祉専門職が支え展開する「実践」と住民自治の実現をめざす行政の「政策」とが関わりあってつながることでもある。また，その方法論としては，福祉専門職も含めた地域住民と行政との協働が挙げられるが，その協働のあり方や中身が問われることはいうまでもない。

筆者は，社会福祉政策の視点から福祉実践と政策を結びつけることが重要であると考えており，そのことから障害者相談支援の目指すものを見通すと，障害者相談支援の目的は地域において，あるべき社会福祉や地域福祉を具現化することであり，つまりは住民自治を推進することであり，その実現に向け障害者相談支援の充実を探求しなければならないと考えている。

以上，前述した障害者相談支援の基盤となる原理として，社会福祉と地域福祉に対する筆者の考え方を示し，住民主体の視点から住民自治と障害者相談支援の関係について述べてきた。ここで，改めて本研究における障害者相談支援の捉え方を整理しておく。

障害者相談支援とは「住民自治の実現をめざして，人権と生存権を守る社会福祉を基底とし，個人の尊厳と社会，経済，文化活動への参加の機会を保障するために，現時点で存在する社会資源や既存の施策・制度の枠組みだけを前提とするのではなく，行政の公的責任や役割を問いながら，障害者の地域における生活支援するために，本人のストレングスを出発点として，福祉・保健・医療・教育・就労などの幅広いニーズと様々な地域の社会資源の間に立って，複数のサービスを適切に結びつけて調整を図るとともに，総合的かつ継続的なサービスの供給を確保し，さらには地域のネットワークと社会資源を評価し，その改善・開発を行い，政策提案・実現まで含めた重要な役割を果たす実践である。」これは，ソーシャルワークを基底にして，当事者，非営利事業者，自治体の協働を運営原理とする福祉実践であり，この実践を発展させることで自治体障害福祉政策を向上させることができると考える。

障害福祉政策を推進する自治体に対しては，日々の現実の中で，障害者がより豊かに地域生活を送ることができるように，個別の生活課題から個別のニーズを見つけ出し，それを解決するための積極的な取り組みが求められている。具体的に必要なサービスや制度の利用について情報を提供し，ニーズを適切に

77

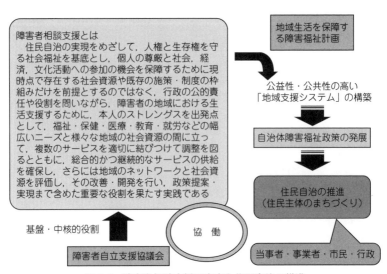

図 3-2　障害者相談支援の充実と住民自治の推進
出典：筆者作成。

把握し，多様な資源に結び付け，資源がなければ開発して障害者のニーズを充足させる包括的な相談支援が，身近な地域で展開されることが切に期待されている。障害者の地域での生活を可能にするために，あらゆる障害者からの相談を受け止め，障害者の立場に立って，生活を支え続けることのできる活動の総体が「障害者相談支援」であり，それをシステムとして機能させ，発展させることが今求められているのである。

3　「実践課題の政策化」の基本原理と三元構造論

　本研究がテーマにしている「実践課題の政策化」は，いわば，社会福祉の発展につながる社会福祉政策というものを充実させるための具体的な方法論である。真田は，社会福祉理論形成に向けては，社会福祉の構造，社会福祉の内容，社会福祉をどう発展させるかという点に配慮しなければならないと指摘する。構造としては，社会問題，政策主体，運動の3つの基本的要素が社会福祉の三元構造をつくっており，内容としては，貧困の問題と各種ハンディキャップの問題が社会問題として客観的に存在するが，続いてその中から政策主体が選び

第3章 「実践課題の政策化」に関する理論的枠組みの整理

出す社会福祉の対象があり，現実には各種の貧困とハンディキャップに対する
所得保障とサービス，加えて平均とか標準のところに対するサービスも社会福
祉の対策・政策，あるいは体系として考えられるべきものである。さらには，
社会福祉を発展させる原動力としては運動があり，その発展の捉え方も政策効
果と福祉効果を区別し，一定の福祉効果的側面を持ちつつ政治的な効果など他
に狙いがある政策効果とは別に，社会問題によって直接苦しめられている人た
ちの生活改善につながる福祉効果を考えることを基準として準備することが大
切であると主張する（総合社会福祉研究所 2012a：12-17）。

　社会福祉の構造は，社会福祉を成立させ，その内容や水準を規定し影響を与
えるものである。真田が示した三元構造の1つ目は，社会問題である。社会問
題と社会福祉の内容・水準との関係は必ずしも直接的・機械的ではなく社会問
題の広がりや深さに合わせて社会福祉の内容が多様になり高い水準になるとい
うわけではないが，その評価においては，社会問題の深さ広さとの関連を考え
なければならない。2つ目は，社会福祉を行う主体である。社会福祉の政策主
体は社会福祉を政策として展開する国家である。社会問題と政策主体との関係
は，政策主体が社会問題の中から社会福祉の対象を決定し，政策主体が社会福
祉の内容や水準に大きな関わりを持つものである。3つ目は，社会運動である。
社会運動は政策主体が主導権を持つ社会福祉の内容と水準に対して大きな影響
を与えるものである。それは，政策主体が社会運動との対立関係の中で，社会
運動に対する様々な政策的な対応・配慮を行うことをとおして，社会福祉の対
象や内容・水準を決めていくからである（総合社会福祉研究所 2012a：28-29）。

　真田の主張は，社会福祉理論の中で社会福祉の目的は，前述したように社会
福祉をどのように発展させるかということであり，社会福祉を貫いている客観
的な法則をどのように正確につかむかという事を重要視したもので，社会福祉
を発展させる原動力としては，三元構造の中の運動がそれにあたるとした（総
合社会福祉研究所 2012a：14-16）。また，三元構造の結節点としての福祉労働の
位置と役割については，社会福祉と民主主義の発展，人権・生存権の確立を主
体形成の持つ意義として提起した（総合社会福祉研究所 2012a：2）。さらには，
「日本の社会福祉が直面している課題は，生産関係と政策に抗して民主主義の

79

力を強めることだが，社会福祉は逆に，民主主義の力を強めるうえで特別な役割をもっている。社会福祉は基本的人権＝生存権保障の要求とそれを制度化してきたものなので，民主主義の基本原理に直接かかわっているものである。社会福祉を要求し運動していく場合，具体的な保障を獲得することを目指さなければならないが，同時に民主主義の基本原理を広く国民のものにしていくという課題も追及することが意識され取り組まれなければならない」と強調している（総合社会福祉研究所 2012a：5）。

　こうした三元構造の理論は大枠では，「実践課題の政策化」の実現を目指す障害者相談支援の基本原理となるものであるが，三元構造の理論が提唱された時代から時が経ち，地方自治体や社会福祉を取り巻く環境が大きく変化していることを踏まえて，次に，本研究のテーマである地方自治体における障害者相談支援について具体的に整理する。まず，社会問題については，現在の社会システムの中で生活基盤が脅かされていて，自らの努力では根本的な解決が困難な個人や生活単位としての家族が抱える生活問題と捉える。そして，政策主体は一義的には地方自治体である。

　他方，運動について，真田は，政策主体の対象を狭く捉える「対象の対象化」に対して，社会福祉の対象の拡大化を現実化するのが運動であるとし，社会福祉の運動の源は市民社会の自然発生的な対応であり，当初は自主的に自助・相互扶助として行われるが，その後の展開としては支配層の社会福祉政策への要求に向かう成熟した社会福祉運動となるものと，自助・相互扶助の展開として非営利・協同の活動・事業化に至る2つの道筋を示した上で，1970年代後半からは非営利・協同のような自主的な生活問題対策が再び注目を浴びていると指摘している（総合社会福祉研究所 2012a：397-398）。地方自治体における政策化を求める運動については，1990年代以降の地方分権の流れの中で，自治体の政策形成に「協働」という新たな行動原理が持ち込まれ，現在では支配層に対して，要求に向かう運動より，支配層との協働を求める行動が主流となっている。国の政策・施策のように，全国的に基盤となるルールづくりやすべての障害のある人に資する政策課題などへのアプローチに対しては，住民集会の開催や陳情活動，団体交渉，反対運動，世論喚起などの従来型の運動論やソー

第3章 「実践課題の政策化」に関する理論的枠組みの整理

シャルアクションが効果的であり，必要となるが，本研究のように，基礎自治体である市町村の障害者福祉という領域の中での「実践課題の政策化」を対象とする場合には，国家責任を含めた行政への追及だけではなく，その地域の置かれた環境や条件を前提として，多くの住民や行政も含めた関係者の間で互いの声や実情を理解し合い，共感を創り出しながら施策課題の共通認識を育むという協働が「実践課題の政策化」の行動原理となるのである。

　この協働というものは，地域社会の中に深く根付かなければならないが，実態は，全く違う意味・目的で使われている場合も少なくない。協働について，真に住民自治を実現できるものなのか，社会福祉を発展させるための協働の条件とはどのようなものなのか，障害者相談支援における「実践課題の政策化」の場面においてもその解明が求められている。

第2節　「実践課題の政策化」の実践原理

1　協働による政策形成と住民自治

　本節では，前節で示した「基本原理」を踏まえ，それを実践の場で形にするための基となる考え方として「実践原理」を以下に示すこととする。

　今日，「協働」については否定されることはないが，定義は不明確であり学識者や自治体の間でも定まっていない。わが国では「もともと，『協働』という言葉は，『共同』でもなく，『協同』でもない，新たな造語である。1977年，インディアナ大学の政治学者オストロム教授が，著書 Comparing Urban Service Delivery System の中で，地域住民と自治体職員が協力し合って，行政サービスを提供することを表す言葉として『coproduction』（協同生産）という造語を用いた。この言葉を，荒木昭次郎熊本県立大学教授が『参加と協働』(1990) の中で『協働』という，これもまた造語で紹介したことに始まる」(石井 2010：2) といわれている。その後，様々な形で協働という言葉が使われるようになったが，未だに明確に定義は定まっていない。「地方自治の現代用語」によれば，協働とは，「ある課題について関係する各主体が共通の目標に向かって対等な立場で協力し合うこと」(阿部ほか 2005：26) とされているが，一

81

般化されすぎて，極めて曖昧なものであり，それぞれ使う主体によって都合の
いいものになってしまっているのが実情である。

　また，協働の同義語として，自治体をはじめとして様々な主体間で「パート
ナーシップ」や「コラボレーション」という言葉が使われているが，江藤は，
「パートナーシップ」と「コラボレーション」は対等・平等な主体の関係を指
すとし，特に「コラボレーション」は異業種間，異なった者たちが対等・平等
な関係を結んでいくと整理している。しかしながら協働の意味としては，これ
らでは不十分であり，「コプロダクション」という考え方が相応しいと指摘す
る（江藤 2005：66）。

　さらに，コプロダクションについて，江藤は「住民の積極的関与を通じて生
産が自治体政府だけの判断によるそれよりも生産性効果が高いこと」「その生
産過程への住民の参加とエネルギーの投入が可能となるような住民と行政の環
境を創造していくこと」と示している（江藤 2005：67）。それは，主体間の協
力だけではなく，関係を持つことによって，新たな何かを生産することであり，
そのためにそれぞれの主体も変わっていくことである。つまり，住民やNPO
は今のままの行政と対等・平等な関係を築こうと思っているのではなく，行政
自身が変わることを前提に関係を取り結ぼうと考えており，それに対して行政
も新しいものを協力してつくりだしていこうという視点に立ち，変わっていか
なければならないという考え方である。

　それでは，政策遂行者側は協働をどのように捉えているのか。やはり，明確
には定義されておらず，課題を持って一緒に行動すれば，ある意味何でも協働
になってしまうという使われ方をされている感がある。本研究の対象である福
祉領域では，「厚生労働省の行政分野におけるボランティアやNPOとの連携
方策にかかる提言」があるが，その中では「ビジョン～目指すべき社会像～」
の一つとして，公共サービス領域への社会的企業の参入や国の責任で実施する
公益性の高いサービスのコスト・効率性を見直す仕組みの構築を示し，財源の
有効活用を図ることを唱えている。もちろん財源の有効活用は重要である。そ
の前提として社会福祉の目的や行政の公共性のあり方を問わなければならない
が，これについては触れられていない。社会福祉に対する行政の責任や関わり

を減らすことを目的として協働を捉えようとするならば，それは本来の協働の姿を歪めてしまうのではないだろうか。

こうした考え方の背景としては，オストロム教授による造語『coproduction』（協同生産）という用語が，1980年代にイギリスのサッチャー政権やアメリカのレーガン政権をはじめ，各国で展開された新自由主義改革と密接な関係を持ち，公的部門の民営化・民間委託化や民間社会福祉事業の営利事業化，福祉サービスの商品化など「小さな政府」を目指す方法論の一つとして活用されてきた経緯がある。わが国においても1996年からの経済構造改革，財政構造改革，行政改革，金融システム改革，教育改革と社会保障構造改革の「六大改革」を進めるために協働という用語を政策遂行者側が盛んに用いてきた経緯がある。

このように，国家政策は間接民主制の下では，ともすると官僚や経済界の思惑に左右されがちであるが，当然のこととして国民の声や国民的運動を基盤としてつくられるものでなければならない。また，政策形成の機会が身近にある自治体においては，日本国憲法第92条に「地方自治の本旨」が掲げられており，地域住民の意思に基づいて民主的に進める「住民自治」とそれに裏打ちされた「団体自治」が結び付くことが強く求められている。つまり，地域住民自らがより積極的に政策形成過程に参画することで住民自治が発展し，それを基に団体自治としての自治体行政が充実するという姿である。

以上，協働について述べてきたが，本研究は，江藤が主張する「主体間の協力だけではなく，主体それぞれが関係を持つことによって，新たな何かを生産することであり，そのためにそれぞれの主体も変わっていくものである」という「コプロダクション」の考え方（江藤 2005：67）を基に，「市民と行政が課題解決という共通の目標に向かって対等な立場で協力するだけではなく，市民である当事者や関係者，地域住民からのアプローチに対して行政も変わっていくという姿勢を見せ，共に新しいものを協力して作り出すこと」が「協働」であるとする。

協働と政策の関係については，政策が現代社会においては経済界の意向や官僚組織の意図を基本に，対立・矛盾する要請やねらいを調整しながらつくられ

る現実があるが，一方で国民運動も政策の拡大と充実を図るための政策決定・遂行に重要な役割を果たすことにも留意すべきである。また，地方自治においては，日本国憲法第92条でいう「地方自治の本旨」に団体自治と住民自治が掲げられているが，これは地域住民の意思に基づいて民主的に進める住民自治とそれに裏打ちされた団体自治によって真の地方自治が成立することを意味しているのであり，このことを政策形成に置き換えると，地域住民自らが地域社会の構成員として，地域の課題の把握，分析，問題解決，政策提言等，あらゆる政策過程に積極的に参画する住民自治を進めることであり，そして，そのことが団体自治としての自治体行政を充実させることにもつながるのである。こうした住民自治の考え方を基本にして協働と政策の関係を整理すると，協働とは，政策主体がつくった枠組みの中で考えられたものを実現するために協力することではなく，住民ニーズを実現するために地域住民が主体者となって積極的に関与するものでなければならないものである。協働による政策形成は，ただ単に住民参加を制度化したものではなく，また，協働を行政のスリム化や財政抑制のための手法として捉えるものでもなく，市民と行政が共に既成概念にこだわらず，課題解決に向け新たな施策や事業を作り出すために協力して取り組む，分権時代における新たな政策形成システムである。

　それでは，特に，社会福祉領域における政策と協働の関係性はどのようになるのであろうか。わが国における社会福祉の公私関係は，戦前の公私未分離から公私一体・官民一体という基本構造の流れのなかで，その「私・民」の主体的参加，協力が追求されていったという歩みがあるため，戦後，公私分離，公私格差，公私協働という課題に直面しながら変遷はしてきているが，公私が対等でつくり上げていくという基本理解をされていない懸念がいまだある（池本2013：36）。一方，近年では，福祉領域に限らず地域課題，社会的課題等の解決を図るため，市民の具体的な事業提案に基づいて，市民と自治体が協働で実施する事業を創出する仕組として「協働事業提案制度」を設けるなど，様々な取り組みにより対等な関係を築こうと努力している自治体も数多くあり，公私の関係も変化しつつある。

　こうしたことを踏まえると，分権時代に求められる「協働による政策形成」

の推進は，簡単かつスムーズに行われるわけではないが，全く停滞している状況でもないようである。その成否は，関係者等が協働の本質を理解し，どのように行動するかにかかっているのである。

　協働による政策形成システムは，障害者本人の生活問題から出発して，その的確な問題把握をとおして地域における解決困難な課題を集積し，焦点を当てて，地域生活が実現可能となるように社会資源の連携や改善・開発を行う障害者相談支援と類似している。障害者相談支援の充実，強化，なかでも福祉実践と政策の結びつきを実現する「障害者相談支援における政策形成」の充実，強化を図るためには，協働に対する正しい理解と行動が不可欠であり，その取り組みを積み重ねる過程は住民自治の実現への歩みでもある。

2　ソーシャルワークと障害者福祉

　分権時代の基礎自治体において，障害者福祉の充実を図る「実践課題の政策化」を進めるには，前述した「協働」を行動原理とし，さらに，困難な状況に置かれている当事者の生活問題の把握からその課題解決のための支援や社会資源の改善・開発も含めた一連の取り組みであるソーシャルワークとしての実践が求められる。

　障害者福祉は社会福祉の一分野であり，社会福祉が持つ目的，機能，方法など基本的構造を共通の特徴としながら，「障害」という面に焦点を当てるもので，その目的は障害のある人のウェルビーイングを実現することである。その際の「障害」の捉え方については，障害のある人に起因するものとするのではなく，社会との関係性の中で生み出される「障害」の発生メカニズムに問題性があるものと考えることが重要である。社会福祉という社会的な対応では，「障害」は生活問題としての障害であり，社会的存在である"その人"の生活から出発して，取り巻く環境や社会資源との関係の中で現れる支障性である。この支障性の留意点としては，生活の質の変化による支障性の変化，個人的生活レベルの支障性に対する社会的対応の必要性，障害当事者だけではなく家族など近接にいる人たちの生活問題という問題性などが挙げられ，実際の生活では，「障害」がその人の生活にもたらす支障性とそれを解決するための支援の

必要性は個別的，可変的なものである（中野 2003：13-19）。つまり，障害者の生活問題の解決に向け，社会的方策として実現する取り組みが障害者福祉におけるソーシャルワークである。

　また，障害者福祉における実践としてのソーシャルワークの展開の中で，当事者がどのように関わるかは中心的な課題である。このことは，ソーシャルワークの本質に関わることでもあり，障害者福祉に限定されないソーシャルワークの一般的な理念として明らかにすることが必要である。その課題の一つがエンパワメントである。

　エンパワメント・アプローチはもともとアメリカのソロモンの1978年の著書においてエンパワメントという語が用いられたことがきっかけとなって，抑圧された社会の底辺にある黒人や障害者などの社会的な少数派への実践に用いられた。無力感や絶望感に打ちひしがれた人びとが自分の権利が不当に扱われていることを訴えることができること，また，自分の訴えが周囲に変化を引き起こすことができ，無意味ではないことを知らせることができることがエンパワメントの中心的な考え方である（小田 2008：227）。エンパワメント・アプローチでは，従来のモデルのように，クライエントの抱える欠点や問題ばかりに着目するのではなく，当事者が課題を解決していく強さを見極めていくことが課題とされる。また，援助場面では，当事者の潜在的な能力などに着目し，新規開発がめざされる。こうした援助関係は，従来までの，「援助する者─援助される者」という一方的なものではなく，より対等な関係に基づく協働作業を前提としている。

　ソーシャルワークの効果的な実施には，当事者が積極的にサービスを利用するための動機づけや，問題を正確に把握し当事者と援助者が問題の所在を共有することなど，当事者の主体性を尊重する取り組みが必要である。しかしながら，その考え方にも限界があり，主体性をどこまで追求しても，被援助者の立場である限りは限界がある。究極の「当事者の主体性の尊重」は被援助者が援助者になることであり，その具体的な取り組みがセルフヘルプグループである。セルフヘルプグループの最も有効な機能のひとつに，リースマンが「ヘルパー─セラピー原則」と名づけたものがある。この原則は，簡単にいうと「援助す

る人がもっとも援助をうける」という意味で，援助する側に立つこと，すなわち主体的であることで，自尊心を高められることや自己有用感，自己の存在価値観を持つことができるなど，様々なメリットがあるとされている（植田・岡村・結城 1997：280）。また，セルフヘルプグループのように立場の違いがあまりない人びとの関係の中においては，スコプホルトが「援助者と被援助者は，いずれか一方の損失をともなうことなく，相互に与え合うことが可能である。（被援助者が援助者に）与える資源は，愛情と尊敬であるといってもおそらく間違いではないだろう」（ガードナー／リースマン 1985：120）と述べているように有効なものとなっている。

　そして，もう一つの課題はアドボカシーであり，障害によって生活の場や社会参加が不当に制限されていることを改善することを「権利」として実現しようとする理念である。アドボカシーは，「代弁」とも「権利擁護」とも訳され，本人の意思実現が阻害されている場合に，それを権利侵害として，本人に代わって，あるいは本人とともに訴え，その権利を擁護する実践であり，障害があるというだけで不当に狭められた選択の許容範囲を拡大していくために，障害をもつ人々の意思の実現を権利として位置づけて，社会的な格差を埋める過程である（中野 2003：43-44）。これには，自己決定権の行使を軸に本人による選択の幅を最大限に確保しようとした自立生活思想が大きく影響している。この思想を日常生活レベルで展開したのが自立生活運動である。

　自立生活運動は，脳性マヒ，筋ジストロフィーをはじめとする重度の全身性身体障害者が，地域で家族にも頼らずに生活を営めるよう，自分たちで具体的なサービスを提供すると同時に，制度的な改革を求める社会的な運動である。1972年になって，バークレーに自立生活センターが開設されたことを契機に，わずかな期間に全米各地に波及しただけではなく，北欧諸国やわが国にも影響を与えた。その自立生活運動の拠点となった自立生活センターは障害者自身が中心となって運営する場であり，当事者こそが当事者のニーズを最も理解しているという発想を背景に，ピアカウンセリング，自立生活技能訓練などのサービスを提供しながら，必要に応じて権利擁護活動を行う場でもある。また，自立生活運動は当事者の主体性を阻害し，自己決定権の行使ができないという理

由から家族ケアも拒否するなど，新しい自立観に立って活動を展開している。そもそも自立生活運動は，人間にとっての自立とは何かという問いかけから始まっており，障害者関連のリハビリテーション界で支配的であった従来までの自立観にあわせて自らを変えるのではなく，自立観自体を模索し，新しい自立観として自己決定権の行使を自立と捉える考え方を導き出した。自立生活運動は，自己決定権を行使することによって当事者の主体性を確保し続けようとする実践活動である。

　「このような自立観は，自立生活運動と共に普及し，障害者の福祉や人権擁護の面で一定の成果をあげている。自立生活理論は単に理念的，哲学的レベルにとどまるのではなく，障害者の日常生活の場面で有意義な枠組み作りを目指しており，それゆえにまた，障害者自身の自発的意思による自立生活形成に向けての主体的努力の行為を自立の要件として重視する」(定藤・岡本・北野 1994：9) が，その新たな自立観の醸成に向けて，援助者は援助の限界を見定めながら，当事者の主体性の確保やセルフヘルプグループへの援助のあり方を探求する必要がある。

　以上，障害者福祉におけるソーシャルワークの概念と特質を述べてきた。障害者福祉に限らずソーシャルワークの展開過程は，太田がいうように，より豊かな社会生活に向かって状況の改善・向上，さらには自己実現という価値の実現をめざすものであり，人間の持つ基本的人権を尊重する理念に基づいて，当事者を中心にした視点により当事者固有の生活状況を基点にして，社会福祉サービスの提供と活用によって課題解決を図る支援活動である。また，合わせてこうした直接的な支援活動のほか，社会福祉サービスの改善・開発を行う活動を目指し，専門職による組織的な運動に参画することである (太田 1999：14-16)。

　こうした展開過程を障害福祉の領域において，機能としての役割を担うのが「障害者相談支援」である。

3　ソーシャルワークとしての障害者相談支援

　本研究は，自治体における障害福祉政策を向上させるために，政策的な視点

から相談支援に関わるシステムのあり方を探求しようとするものである。そのことから，障害者相談支援の機能の中で特質すべきものについて，次のとおり整理する。

　障害者相談支援に対する国の考え方は，前述したとおりであるが，その中で2002（平成14）年の「障害者ケアガイドライン」や2005（平成17）年の「相談支援の手引き」において，障害者に必要な地域の社会資源の改善・開発がケアマネジメントの重要な機能として位置づけられていること，また，2006（平成18）年の「障害者自立支援法における相談支援事業の概要について」でも，障害者ケアマネジメントの役割として，サービス調整のほかに「総合的かつ継続的なサービス供給を確保し，さらには社会資源の改善及び開発を推進すること」，そして，「それを具体的に行うのが，相談支援事業であり，その中核的役割をなす地域自立支援協議会の使命である。」と謳われていること，さらには，現在の障害者総合支援法第88条第8項において「市町村は，自立支援協議会を設置したときは，市町村障害福祉計画を定め，又は変更しようとする場合において，あらかじめ，自立支援協議会の意見を聴くよう努めなければならない」と規定されていることから，国は地域における社会資源の改善・開発や障害福祉計画への反映などの取り組みを相談支援機能の一つと位置づけていると解したい。

　また，現場で実践を行う職能団体は，相談支援に求められる普遍的な業務として，サービス利用など支援の仕組みづくりまでのプロセスである「基本相談支援」とサービス等利用計画を作成し，定期的にモニタリングを継続していく「計画相談支援」に加えて，業務を通じて不十分さが顕在化する地域資源や必要とされるシステム構築などの課題解決に向けて取り組む，いわゆる「ソーシャルアクション」も重要であるとしており，相談支援専門員に対しては地域課題の解決に向けて，地域自立支援協議会での課題プロジェクトの設置，要綱改正，制度のスクラップアンドビルド，新たなサービスや資源づくりなど地域課題の解決に向けて具体的に取り組むことを求めている（特定非営利活動法人日本相談支援専門員協会 2011：30，41）。

　以上のように，自治体における福祉実践と政策を結びつけるため，国が政策

形成やソーシャルアクションの要素を相談支援の機能の中に位置づけていることについては，特質すべきことであり，相談支援の特徴であると筆者は考えている。

　一方で，わが国においてケアマネジメント導入の先駆けとなった高齢者分野の介護保険制度では，厚生労働省老健局長通知「介護支援専門員実務研修受講試験の実施について」（平成18年5月22日老発第0522001号）などにおいて，介護支援サービス（居宅介護支援サービス及び施設介護サービス）や介護予防支援サービスをケアマネジメントと同義語として扱うとされた。また，ケアマネジメント（介護支援サービス）の手順については，介護支援専門員（ケアマネジャー）の行う業務として「指定居宅介護支援等の事業の人員及び運営に関する基準」（平成11年厚生省令第38号）等に基づき，① 利用者の状態の把握（アセスメント），② ケアプランの原案作成，③ サービス担当者会議の開催，④ 利用者，家族に対する説明，文書による同意，⑤ モニタリングとその流れが示されている。この中では，社会資源の開発のためのソーシャルアクションや自立支援協議会による政策形成など障害者相談支援（障害者ケアマネジメント）が持つ視点は含まれておらず，サービスの利用調整や統合化を図ることだけが主な目的となっており，ここに高齢者分野の介護保険制度と障害者相談支援の法的位置づけの違いが見出せる。

　しかしながら，高齢者分野においても，最近ではケアマネジメント（ケースマネジメント）について，広義と狭義という整理（図3-3参照）の中で，広義においてはソーシャルワークを意識した実践が主張されるとともに，地域包括支援センターは，ネットワークの構築や総合相談，虐待防止，権利擁護などをソーシャルワークとして実施する機関として位置づけられている（明文化は平成24年3月30日付課長通知）。また，地域包括支援センター等において設置・運営される「地域ケア会議」では，平成25年2月14日付の厚生労働省老健局振興課課長通知により個別課題解決機能，ネットワーク構築機能，地域課題発見機能，地域づくり・資源開発機能，政策形成機能の5つの機能が改めて確認されている。これは障害者の地域自立支援協議会と同様の仕組みであり，高齢者分野においても介護保険制度を超えた地域包括ケアシステムの実現が求められる

第3章 「実践課題の政策化」に関する理論的枠組みの整理

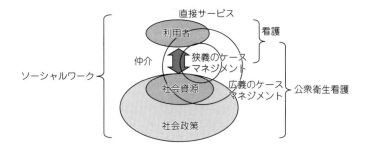

直接サービスや社会資源開発を含むか否か？
図 3-3　ケースマネジメントの位置づけ
出典：厚生労働省「介護支援専門委員（ケアマネジャー）の資質向上と今後の
　　　あり方に関する検討会」第2回（平成24年5月9日）野中猛構成員提出
　　　資料。

状況となっている。

　本研究では，ここまで相談支援という用語とケアマネジメントという用語を混在して，論述してきた。また，障害者相談支援については，障害者ケアマネジメントと言い換えられることもあり，用語の使われ方が統一的に定まっているわけではないが，本研究を進めるにあたり，用語の使用について次のとおり整理しておく。

　ケアマネジメントは，対象者を取り巻くネットワークを活用，連結，拡大していくという意味では，人と環境を取り結び社会的なネットワークを分析・活用するネットワーク介入法の一形態であり，ソーシャルワークの一部である。

　現代社会において，伝統的な家族や地域社会の崩壊が進む中，障害者の自立生活を支援するためには，生活を困難にさせている生活問題の理解とその解決を図るための実践が重要となる。しかしながら，利用者の生活問題が，経済的問題，疾患，貧困，家族問題，近隣とのトラブルなどの複数の要因によって重層的に形成されている場合，制度の谷間や関係機関相互の連携不足，ケース発見が遅れ福祉サービスにつながらないなどの理由も含め様々な要因により，必ずしも適切に解決されるわけでもなく，現場の支援者は苦悩している。こうした状況においてケアマネジメント（相談支援）を行うには，「人」と「環境」の接点に生じる生活問題の解決を目指して展開されてきたソーシャルワークの

91

視点が必要であり，その意味では，ケアマネジメント（相談支援）とソーシャルワークは不可分の関係である。

　植田は，ソーシャルワークの領域ですでに行われてきたケアマネジメントの技法とは，介護保険や障害者自立支援法の範囲に限らず，様々な医療や福祉・保健の制度，フォーマル，インフォーマルなサービスを活用しながら自立支援のための援助を行うものである。単に，利用者の生活ニーズと社会資源とを結びつけるだけでなく，本人が主体的に生活課題を解決していく力を高めたり，心理的，社会的，経済的問題に個別的に対応したり，家族関係へ働きかけることなども含まれると重要な視点を指摘している（植田 2008：178）。

　そもそもケアマネジメントについては，アメリカではケースマネジメントと称され展開された。20世紀に入り精神病院が大規模な収容施設と化し，そこでの劣悪な生活状況が問題となったことや，1950年代末以降に進められた精神障害者の脱施設化政策，そして，何のサポートもないまま大量の精神障害者を在宅生活に送り出すことになったその脱施設化への対応として，様々な機関から提供される細分化された社会サービスの充実がケースマネジメント導入の最大の要因である。

　1970年代初頭以降，ケースマネジメントはさらに注目を集め，急速に発展していったが，その内容は変化している。副田の整理によると，1970年代半ばまでに誕生した「第一世代のケースマネジメント」，あるいは「仲介モデル」「利用者指向モデル」と呼ばれ，サービスへのアクセスを高め，断片化しているサービスを統合的に供給することに対して，より焦点を当てるモデルと，1970年代後半から80年代に展開されたもので，「第二世代のケースマネジメント」，あるいは「サービス管理モデル」，「システム指向モデル」と呼ばれ，サービスの効率的運営や費用抑制に対して，より焦点を当てたモデルとに分類され，それぞれに「サービスへのアクセスと利用可能性の向上」と「費用統制と効率的資源配分」とその指向性の違いが見られる。こうした展開を経て，現在，公的セクターでは，メディケイドや老人福祉法，州の長期ケア領域においてケースマネジメントが取り入れられ，ケースマネジャーは主にそれら事業の費用抑制の役割遂行を担わされる中，低所得層を中心とした利用者のアドボカシーとの関

第3章 「実践課題の政策化」に関する理論的枠組みの整理

係において葛藤状態に置かれている。他方，私的セクター（民間ケースマネジメント会社や開業ケースマネジャーたち）では，ケースマネジャーは経済的にゆとりのある層を中心に，サービスへのアクセスを支援している。こうしたケースマネジメントの状況は，国家役割の縮小や経済効率性の重視という新自由主義思想の中心原理がもたらした帰結である（副田 2008：3，7）。

　一方，イギリスでもアメリカと同様に1950年代頃に精神病院の拡大とともにケースマネジメントの考え方が登場し，その後高齢者にも広がっていった。1988年のグリフィス報告はサッチャー政権により１年以上にわたって棚上げされたが，1989年にようやく政府は報告を白書として「人々をケアする─次の10年，および将来におけるコミュニティケア」を発表した。その主な点として「① 地方自治体は個人のニードを評価して一連のケアの組み合わせを計画し，供給し，そのためにケアマネジャーを任命する。② 地方自治体はケアの直接提供だけではなく，民間セクターのケアの購入者となる。③ 民間入所施設入所者の費用負担システムを改正し，一般の社会保障給付額を越える部分は地方自治体が負担する。④ 公営・民営の入所ホームのチェック機関を設立する」と示された（デイヴィス 1991：363）。

　そして，1990年には「国民保健サービスおよびコミュニティケア法」が制定された。その中でケースマネジメントはケアマネジメントという名称で正式に制度化されたが，言い換えられたケアマネジメントはサービス調整方法として規定されたことにより，ケアマネジャーは標準化した手順やツールを用いてアセスメントを行い，定められた予算枠内でサービスの優先順位を決めるというサービス調整を求められるようになった。これらのケアマネジメントの運用は自治体により差異があり，ケント州では熟練したソーシャルワーカーによる柔軟なサービス調整による集中的な援助が試みられていたが，そのモデルを採用する地方自治体は1993年以降なくなり，民間への依存を強めるシステムへと移行していった。このように，この法律では，それまでサービスの独占的供給機関であった国家は，サービス提供者の役割から民間サービスの開発促進およびその質の管理という役割に転換することとなった（副田 2008：8）。その結果，地方自治体では国からの十分な財源委譲がないまま，サービス提供主体から条

93

件整備主体へと役割を移行することになり，費用負担を軽減するなど財源を意識した社会サービスを運営するため，民間資源の活用とケアマネジメントによる予算管理に取り組むようになったのである。

　アメリカやイギリスで登場してきたケアマネジメントは，1980年代中頃にソーシャルワーク研究者によって日本に紹介された。そして，1994（平成6）年の在宅介護支援センター実施要綱改正により，公的な用語として初めてケースマネジメントが使用され在宅介護支援センターがケースマネジメント機関として位置づけられた。同年12月には厚生省の高齢者介護・自立支援システム研究会の報告書「新たな高齢者介護システムの構築を目指して」において，介護保険とケアマネジメントの一体的な導入が提唱されたのである。このことで日本のケアマネジメントは介護保険利用者の要介護度によって決定される介護給付費に関連して制限されるものとなってしまうなど，介護保険制度におけるサービス管理・調整方法としての役割が強調され，生活支援と切り離される位置づけになってしまったのである。

　以上述べてきたケアマネジメントと歴史的展開を踏まえ，次に障害者相談支援とケアマネジメントの関係について整理する。障害者相談支援とケアマネジメントの関係について，木全は，「社会福祉士及び介護福祉士法」（1987年成立）で，社会福祉士という職種の主要な役割を規定する概念として使用されてきた「相談支援」について，『テキスト』（障害者相談支援者初任者研修テキスト編集委員会，2006）では，「相談支援（ケアマネジメント）」と端的に表現され，「相談支援」と「ケアマネジメント」は同じ意味で使われているが，サービスを調整し，足りない資源を作り上げていくというプラスの側面だけではなく，サービスの給付を制限し，かつ管理をするマイナスの側面が持っている「ケアマネジメント」と「相談支援」を同義に扱うことは誤りであると指摘している。つまり，ソーシャルワーク＝ケアマネジメントの考え方はソーシャルワークの定義から「社会変革」を意図的に外した体制順応的な発想であると批判している（木全 2007：102-103，117，120-122）。一方，職能団体である日本相談支援専門員協会は国が示した「障害者ケアガイドライン」に示された理念に沿って相談支援をケアマネジメントと同義とする立場を取っている。

第 3 章　「実践課題の政策化」に関する理論的枠組みの整理

　この両者の違いはケアマネジメントに対する現時点の評価とあるべき姿への期待感という視点の違いによるものであり，ケアマネジメントについて「マネジャリズムを行政運営に取り入れ，効率性重視，費用対効果を高めるニューパブリックマネジメントの手法の一つ」（副田 2008：9）と捉えるのか，障害者ケアマネジメントは，社会資源の改善および開発を推進することであり，それを具体的に行うのが，相談支援事業であるとした国の基本的な考え方を積極的に捉え，政策形成やソーシャルアクションの要素が障害者ケアマネジメント（相談支援）にあると捉えるかの違いである。しかしながら，木全がいう相談支援でも，日本相談支援専門員協会がいう相談支援（障害者ケアマネジメント）でも，その中には，ソーシャルワークが持つ社会変革機能が内在することは否定していないのではないだろうか。

　本研究は自治体障害福祉の政策形成に焦点を当てたものであり，政策的な視点から研究の根拠を「障害者ケアガイドライン」や「相談支援の手引き」，関係法令等により，社会資源の改善・開発や障害福祉計画への反映などの取り組みを相談支援機能の一つと位置づけた国の基本的な考え方に求めている。つまり，相談支援でもケアマネジメントでも，名称はともかくとして，その機能の中に政策形成やソーシャルアクションが含まれ，結果，当然のこととして相談支援（障害者ケアマネジメント）はソーシャルワークを基底にした実践であり，そのことを国が法的に位置づけていると解し，本研究の根拠とした。このように，国の基本的な考え方を根拠とすることは，政策主体者である国の体制に順応し，違う思惑に導かれる危険性はあるが，むしろ，国の考え方を拠にして，行政の積極的な関与を誘引し，自らの住む地域において住民自治に立脚した相談支援（障害者ケアマネジメント）を展開することで，地方自治体の意識や体制の変革を進める近道になるのではないかと考えている。

　以上のことから，本研究では障害者相談支援と障害者ケアマネジメントは同義とするが，障害者ケアマネジメントや管理手法としての「ケアマネジメント」など，ケアマネジメントという言葉の使われ方が，目的に対する重点の置き方やそれぞれの立場によって，曖昧な状況にあることから，障害者相談支援に統一し，使用するものとする。

95

そして，その障害者相談支援については「障害者本人のニーズに寄り添い，安心して地域生活を営めるよう，様々な情報提供のほか，自己決定に必要な助言や支援をするもので，本人のエンパワメントや社会的，経済的問題への対応，家族への働きかけなども含む自立のための支援を行うものである。そして，本人のストレングスを出発点として，制度ありきではなく，フォーマル，インフォーマルを問わず，地域の社会資源を活用して利用者の願いや望みの実現に向け支援を行うとともに，地域のネットワークと社会資源を評価し，その改善・開発を行い，政策実現まで含めた重要な役割を果たす実践である。このことは，ソーシャルワークを基底にした実践であり，地域におけるソーシャルワークでもあり，社会システムの変革を促す実践である」と整理し，論を次に進めることとする。

4　福祉専門職の専門性と公務労働のあり方

　障害者相談支援における「実践課題の政策化」の実践原理として，実際の運用を行う場合には，その作用に関係する体制や仕組みのあり方のほか，具体的に実践操作を行う「人」がどのような行動形態を取るのかが重要となる。特に，そうした活動の中核となる福祉専門職の専門性が鍵となる。それについて，真田は，以下のようにまとめている。社会福祉労働の目的は「人間を対象とし，人間らしい生活と人間の全面的な発達・成長を阻む様々な障害をとり除いて人間本来の全面発達を可能にしようとすることにあり，とりわけ，この障害物のうち，貧困と様々なハンディキャップに焦点をあわせたものである」(総合社会福祉研究所 2012c：30) という特性を持っており，その特性ゆえ誤った価値観を目的にする自己矛盾におちいってしまうことから，その労働は，常に，正しい価値観を深め，追求しなければならないのである。

　福祉労働の範囲についても，基本的には法や制度に定められており，具体的な内容が通達や要綱，要領などにより細かく指示されるなど，対象者に対して無限定な労働を展開するのではなく，法や制度により限定された労働を行うことが求められている。しかしながら，福祉労働は，社会問題に巻き込まれて人権・生存権を侵害されている状態にある人々を対象にし，その回復を図ること

第 3 章 「実践課題の政策化」に関する理論的枠組みの整理

を目標に置いた労働であることから，労働の展開は法・制度に沿うものであっても，人権・生存権を図る労働としては，対象者の状態全体を捉える視野が必要であり，たとえ社会福祉以外の場面でその支援結果について責任がなくても，そこに甘んじることなく他の部面の社会資源に確実につなぐことが求められるのである（総合社会福祉研究所　2012c：125-126）。

　労働力の内容は，援助過程と呼ばれるように，対象者が自らの心身の力によって，社会問題に対抗して人権・生存権の回復を追求するのを支援するものであり，「人間らしい感情，共感性，洞察力，他者理解，受容力，知的教養」，という人格性と，「対象者を怠け者の欠陥人間と捉えているか社会問題の受難者で人権・生存権を侵害されている人間と捉えるか」という対象者観が労働内容の良し悪しを決める決定的なものとなるのである（総合社会福祉研究所　2012c：122-123）。

　そして，福祉労働の専門性については，「制度を理由に対象者の一面を切り取って済ます」（総合社会福祉研究所　2012c：126）のではなく，「障害の除去による人間らしい生活と人間の全面発達の保障という福祉労働の目的の達成を困難にしていくもの」（総合社会福祉研究所　2012c：32-33）である。つまり，専門性として，問題の解決に当たっては，対象者のストレングスやエンパワメントに依拠することを踏まえると，本質的な問題を捉えることが極めて重要であり，問題の処理や解決の技術だけに専門性を限定するような専門教育を技術訓練のようにしてはいけないのである。

　このような専門性を具体化するには，真田が指摘するように，専門性を阻む要因にたいして主体的に行動することが必要である。専門性を阻む要因としては，職場内のマンネリ化や経験主義的風潮，権力的なスーパーバイズ，専門性を維持し発展させる研修制度や職場体制の欠如，福祉の立法・制度の適用から排除したり廃止したりするために専門性の発揮を利用しようといった専門性の腐食現象が国の政策としてとられることなどがある（総合社会福祉研究所　2012c：110）。そして，これらを取り除き克服していく原動力も福祉労働の中に求められる。具体的には，職場を共同性と連帯性にみちた場に変えようと努力すること，福祉労働者の労働条件を改善するために奔走すること，管理・運

97

営方針の民主化をは図ること，国の福祉政策を国民本位のものに変えようと運動することは，福祉労働が持つ，本来の対象に対してのみにとどまらず，徹頭徹尾の能動性・変革性に基づく発露であり，ことのとは運動が福祉労働に基本的につながっているものであり，労働の属性にほかならないことを意味している（総合社会福祉研究所 2012c：111）。

　他方，政策形成において主体者側にいる行政職員のあり方は「実践課題の政策化」の実現に影響を及ぼす。行政職員の主体的な取り組みを導き出す民間レベルのアプローチや働きかけも重要であるが，それには限界があり，やはり，ダイナミズムな展開に向けて，行政職員自身が力動的な主体形成者として行動することが必要となってくる。

　福祉に関わる公務労働については，戦後の官僚機構と公務労働の対決関係の中で「社会福祉労働の現実態は，社会的有用労働と寄生的労働という二つの側面の対立の統一にほかならない」（芝田 1977：314）との考え方があるが，現在でも，基本的にはその当時と社会システムが変わっているわけではない。二宮もまた，「公務労働の二重性」として，一方では住民自治に依拠しつつ，他方では官僚機構の統制を受けることで，官僚機構と住民自治の対抗関係の中で，公務労働が住民自治に依拠する方向に向かうときに，官僚機構を掘り崩す力を発揮することになる（二宮・田中 2011：250）と指摘する。したがって，公務労働者としての福祉専門職は，「資本主義国家の意図としての政策の力と，国民の生活要求としての運動の力との相互規定関係の中で，福祉労働が客観的にもたらされている二面性」（総合社会福祉研究所 2012c：6）の中で，社会科学・人間科学にもとづく技術，および社会的な立法・制度・諸機関・諸団体を手段・方法として，個別のケースを構造的に把握し，社会福祉を変革する実践に取り組むとともに，日常的な労働を実践として展開することが求められる。また，住民の人権や生存権の保障の確保に向け，「現代の住民自治というのは，なんでもかんでも自分たちでやるといった狭いものではなく，むしろ専門家の力を自由に使いこなして地域のもつ力を高めるという点にある」（二宮・田中 2011：81）と示唆される中で，住民主体で住民自治が実現できるよう，公務労働としての福祉専門職が様々な場面で実践することが期待されている。

第3章 「実践課題の政策化」に関する理論的枠組みの整理

第3節 「実践課題の政策化」の実践展開

1 「実践課題の政策化」を支える条件とは

　本研究のテーマである「実践課題の政策化」を推進して自治体障害者福祉政策を発展させるためには，前節までに述べた「基本原理」や「実践原理」を踏まえ，障害者相談支援における「実践課題の政策化」の「実践展開」を進めなければならないが，具体的な方法論を規定する場合には，考慮しなければならない条件がある。その前提となる条件については，「実践課題の政策化」が力動的であることから，ソーシャルワークが持つ発展の機能に着目し，それを参考に以下のとおりとする。

　植田は，ソーシャルワークの発展条件について，生活の質的な側面も取り入れたアセスメントの視点と方法，常時，社会資源の拡充・強化・開発に取り組む姿勢，住民自身が主体となる保健予防事業から専門的医療や看護などを含めた地域での生活を総合的に支えるシステム，そして，それらと並んで，機関にもちこまれてきた人だけを対象にしてサービスを提供するのではなく，潜在的なニーズやうもれている生活問題を把握する仕組みの必要性を指摘している（植田 2002：205）。こうしたことを踏まえて，「実践課題の政策化」における「実践展開」の前提条件を地域性，包括性，公共性の3つの要素に整理した。

　まずは，「地域性」である。本研究で対象としているのは基礎自治体であることから，その地域が置かれている環境状況は「実践課題の政策化」を推進する際には，大きな影響を及ぼす。参考となる考え方としては，第1節で示した基礎理論となる「三元構造」に触れて，真田が示した「地域の福祉力」を基底とする。「地域の福祉力」の指標としては，① 住民の福祉活動であり住民の組織的な活動，② 地域における一定水準の民主主義。③ 住民の地域福祉活動に必要なイニシアチブ，④ 地域の住民運動の水準，⑤ 社会資源を含めた総合的な力，⑥ 地域の福祉力を誰がどのように掌握しているかの6点が挙げられる（総合社会福祉研究所 2012b：151-153）。また，地域の福祉力の規定因としては，客観的な規定因として，物質的基盤である地域の経済力や地域の産業のあり方

が示されている。このあり方は地域の人口構成，職業構成，人口の流動性に影響を与えるものである。一方，主体的な規定因としては，地域住民の意識・社会関係・集団活動が示され，その中核となるのが地域住民の組織体制であり，それを通じて具体化されることは「地域の福祉力」にとって意義のあることである（総合社会福祉研究所 2012b：157-160）。さらには，地域における住民の人権・生存権を保障するため，計画や施策に住民の意思が反映出来なくてはならないし，そのために住民は力をつけなくてはならない。それが「主権者主体」は住民であるということである。一方で，計画や施策に責任を持つのが公的機関であり，こちらは「責任主体」である。地域福祉で住民が重視され，中心になればなるほど，住民の自助・互助が増え，状態が悪くなるという逆説は，主権者主体と責任主体を区別しないためであり，社会問題としての認識こそが誰が責任を負うかという問いであり，責任主体の把握に導くのである（総合社会福祉研究所 2012b：244-245）。

原田は，地域を基盤としたソーシャルワークの観点から「共に生き，相互に支えあうことができる地域」をケアリングコミュニティと呼称し，「問題の共有性と双方向性」「地域住民が主体であること」「地域特性を踏まえた援助をすること」，「地域を重層的にとらえる視点」「コミュニティアセスメントを大切にすること」「個別支援から地域支援へつなげて考えること」，を大切にする視点として示している（岩間・原田 2012：139-148）。また，コミュニティソーシャルワークは，「地域自立生活支援」を目標とし，「個別アセスメント」「潜在的ニーズの把握」「地域アセスメント」の3つの視点からアセスメントを行うもので，その支援過程では，「環境醸成」「地域福祉の主体形成」「福祉教育」などが地域の福祉力を高める要素として挙げられている（大橋・田中・宮城 2005：図3）。一方，藤松は，「地域福祉は責任主体，住民主体，実践主体の重層的な取り組みの中でダイナミズムを生み出すものとして認識している」とし，用いるべき技術のみを列挙するだけで矮小化するのではなく，「地域構造」や「地域生活問題の特殊性」「地方自治体の社会福祉水準」「地域住民の認識」等を重要な視点として指摘している（藤松 2012：47）。

以上のことから，「実践課題の政策化」における実践展開の環境条件である

第3章 「実践課題の政策化」に関する理論的枠組みの整理

地域性については，その地域における経済状況の基盤となる産業のあり方やその産業の形成の源となる自然環境や歴史，市政運営の状況などを見据える必要がある。「住民主体の原則」を踏まえた，「実践課題」とは，つまり，住民の要求であり，それは住民の共通な要求と住民のたとえ一部であっても現在の資本主義社会において，最も過酷な社会問題に根ざす要求である。それは，その地域の経済力や産業のあり方から導き出されるもので，地域経済や地域産業のあり方は，地域の福祉問題のあり方やサービス力などを規定する人口構成や，コミュニティ性や福祉の権利意識を規定する職業構成を左右し，地域福祉活動の客観的条件・制約をつくる人口の流動性にも影響を与えるからである。

また，近代資本主義社会では，自然発生的で地域の構造に一義的に規定されるようなものではなく，社会や国家のあり方・制度・政策に規定されるものなので，「実践課題の政策化」の指標としては，社会資源の質・量とその調整・組織化も大切な要素であり，当該地域における福祉関連の財政や計画策定などの福祉水準も見極めなければならない。

さらに，住民主体の原則とは，住民自治が前提であり，もともと住民から出て，住民に密着したものであり，住民が地域の支配機構のもとで自主・自立を確保するために自治組織をつくり育て，住民の自治組織が社会福祉にも注目したり取り組んだりすることや独自の住民組織を必要とする場合もあることから，当該地域における福祉環境の特性として住民自治のあり方や事業活動，福祉発展の原動力となる組織の状況等についても「実践課題の政策化」の環境条件として押さえておく必要がある。

次に，2つ目の条件となるのが，実践課題を捉えるための「包括性」である。「実践課題の政策化」というテーマではともすると，ハウツー的なものに焦点が当てられがちであるが，三塚が「課題を構造的な一つの仕組みとして，しかも法則性をもったものとしてトータルにとらえるということが重要」（三塚2000：51）と示唆したように，テーマを科学的かつ理論的に整理するには課題を明確にする必要がある。本研究では，社会福祉を「国家責任に基づく国民の人権・生存権を保障する制度」と前述したが，これらに対する課題は社会問題として炙り出される個々の生活問題である。こうした生活問題をバラバラにし

て単独で捉えるのではなく，生活保障の視点を根底にすえて構造的なものとして捉えることが重要である。

　植田は，障害者福祉実践では，支援内容が介護に特化したものだけでなく，療育・教育・労働・余暇・社会活動の参加と広範囲にわたる。障害者のライフステージやライフサイクルにより援助課題に重点は変化するし，家族についても同様のことがいえる。こうした変化に対応して，長期的な視点に立って，利用者の将来を見据え，その人らしい生活の実現のために何が必要かを考えることが大切である（植田 2008：178）とし，合わせて，前述したように，機関にもちこまれてきた人だけを対象にしてサービスを提供するのではなく，潜在的なニーズやうもれている生活問題を把握する仕組みの必要性についても指摘している。

　宗澤は，「生活困難を構造的に把握するためには，ご本人だけでなく，ご家族の構成や就労・経済状況・当事者団体へのかかわり・生活史等も含めてアセスメントすることが大切である」（宗澤 2008：108）とし，対象となる生活問題を捉える際の包括性を重要視している。

　窪田は，生命活動，日々の暮らし，生涯の三つを十分に含み，その人の人生の歩みすべてと，日常生活の中の課題を取り除き，日々の暮らしを成立させ発展させていくことを「生活」と定め，社会福祉の対象となる生活問題を「生の営みの困難」と表した（窪田 2013：5-7）。そして，疾病とか，教育問題とか，それぞれの領域に限定して援助を展開するのではなく，生活を，また人間を，その多様性を十分に意識しながら，しかも一つの全体として全面的にこれを見渡して援助すると主張することが，ソーシャルワークを関連職種から区別する特質であると述べている（窪田 2013：3）。つまり，「実践課題の政策化」の対象となる生活問題は，構造的なものとしてトータルに把握し，総合的に対応しなければならない課題であり，そうした包括性については，ソーシャルワークの特質として「実践課題の政策化」の前提となる条件である。

　最後に，「実践課題の政策化」を実現するための重要な条件となる「公共性」について指摘しておきたい。

　地方自治体が権力機構として地域社会をコントロールする力も持つとともに，

一方で住民や勤労者の地域生活問題の解決に関わる社会資源・サービス・制度の水準を優先的に規定する権限も有している。すべての住民の地域社会における生存権を保障することをはじめ，住民の地域社会生活に関わるすべての自治体施策の計画立案，意思決定，執行，運営過程に住民や勤労者のコントロールが確立されるような住民に開かれた自治体づくり，加えて，自治体への抵抗や批判だけではなく広域的に立った政策提案能力，政策形成能力を持つこと，あるいは，ときには政策に優先順位をつけ総合調整する能力を高めること等，主体的な力量の形成としての「民主的な自治体形成」が求められる（高森 2006：113-114）。そして，その動きを促進する意味でも行政の責任と役割は重要である。「実践課題の政策化」の対象が社会問題としての生活問題であると前述したが，そうした観点からも行政責任や公共性は厳しく問われなければならないのである。

　宗澤は，相談支援体制と地域自立支援協議会の全システムにおいて，行政が果たすべき役割として，公益性の確保，組織層への市の関与と責任の明示，ネットワークと社会資源に関する改善・開発課題の包括性の担保の3点を示し，行政と民間事業者と当事者・地域住民が協働することによって，地域生活保障を可能とする支え合いの公共圏を創造することを課題として指摘している（宗澤 2008：77-79）。また，利用者主体の個別支援計画の管理と社会資源開発を含む地域支援システムの管理を分かちがたいものとするためには，これらの土台に，参画と自治に立脚した協働の発展を捉えなおし，とりわけ社会資源の開発の課題については，協働が当事者・事業者・市民・自治体職員という広範なパートナーシップを発展させ，自治体施策に具体的な結実を生むシステムの構築とその民主的コントロールが要件となると合わせて提起している（宗澤 2008：122）。

　このことは，障害者相談支援の「実践課題の政策化」においても発生から解決までのシステム全体で公共性を確保することの大切さを意味するとともに，展開過程のすべての段階で政策主体者として行政の果たすべき役割と機能を位置づける必要性を示している。行政があらゆる場面において組織の中に蓄積している情報や人的資源，ネットワーク，調整力を活用し，他の主体と協働する

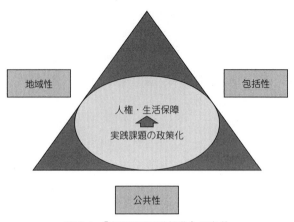

図 3-4 「実践課題の政策化」の条件
出典：筆者作成。

環境が整ってこそ「実践課題の政策化」は実現するのである。そのための実践や運動に当事者、地域住民、行政職員も含めた関係者一人ひとりが取り組むことが期待されている。

2 「実践課題の政策化」の展開過程

次に、障害者相談支援における「実践課題の政策化」を実現するには、どのようなプロセスを踏めば良いのか、述べることとする。

前述したコミュニティソーシャルワークの展開過程については、① アセスメント（事前評価）、② 実践のプランニング、③ プランの実行、④ モニタリング、⑤ 評価に分けられている。① アセスメントについては、ニーズの充足や実践のプランニングのために地域の社会資源の状況、地域社会の特性などを明らかにするもので、ストレングス・モデルの視点に、「個別アセスメント」「潜在的なニーズの把握」「地域アセスメント」の視点を加えて、常に「個人」と「地域社会」との相互関連性とその関係改善を視野に置くアプローチが必要とされる。② 実践のプランニングでは、特定化されたニーズや問題に対して、充足または解決すべき目標を設定するとともに、どのような方法や社会資源を用いるかについて、具体的な展開過程やスケジュールなどを明らかにする段階

第3章 「実践課題の政策化」に関する理論的枠組みの整理

である。留意点としては，最終目的に近づくための，より短期・中期的な段階の目標を設定することや地域の状況に即した実践方法を設定する必要性が挙げられている。また，③ プランの実行では，参加者や利用者の意見を反映させ，ある程度柔軟に対応するほか，その後の活動のために記録しておくことも重要な要素である。最後の④ モニタリング，および，⑤ 評価は，実践方法を分析したり，目標の達成度や方法内容を評価する作業を行うことで，誰が行うか，また，どのような視点で行うかが重要となってくる。ニーズを持っている個人に焦点をあてつつも，関係者や関係機関・団体間の関係性の深まりなどの側面からの評価も求められる（宮城 2005：30-35）。

　以上のコミュニティソーシャルワークの展開過程と障害者相談支援における「実践課題の政策化」の展開過程は基本的には同様の流れである。また，生活問題の把握，集積から地域課題の分析，明確化による社会資源の改善・開発という障害者相談支援の一連のプロセスは，① 問題の把握，② 問題の共有，③ 課題の明確化，④ 施策案・事業案の創造という段階ごとに市民と行政が共に既成概念にこだわらず，課題解決に向け新たな施策や事業を作り出すために協力して展開する「協働による政策形成」とも重なるものである。こうしたことを踏まえ，政策形成を焦点化し，「実践課題の政策化」を推進するための展開過程とその内容を整理すると以下のとおりである。

　推進機能の内容としては，まずは「① 問題把握プロセス」においては，「一般的な相談やそのための相談支援体制のあり方」として，身近な場所で，気軽に幅広く相談に応じることができて，社会福祉の対象となる個人の生活問題が的確に把握できる相談支援体制のあり方が重要な要素となる。つまり，最も過酷な社会問題はもとより，生存と人権を脅かす社会福祉の対象となる問題に対して，的確に把握し，対応するとともに，持ち込まれてきた人だけを対象にしてサービスを提供するのではなく，潜在的なニーズやうずもれている生活問題の掘り起こしや，将来課題を予測する仕組みづくりが重要となる。ソーシャルワークが持つ特性に鑑み，「人間のくらしといのちは一体のもの」（三塚 2000：53）として，「くらしのことは地域でくらしている人から直接聴いて考える」（同：52）姿勢で，利用者や家族からくらしの生の声を聞き取って共通課題を

明らかにすることが必要である。具体的に障害者相談支援においては，相談支援の入り口となる「一般的な相談」の取り組みが焦点となる。

　障害者総合支援法では，基本相談支援として行われるものであるが，基本相談支援は既存の制度やサービスに固執することなく，生活問題等に困っている人から気軽に相談に応じ，必要な情報の提供や助言を行い総合的な支援に結びつけるもので，障害者総合支援法では指定相談支援事業所の役割と位置づけられている。したがって指定相談支援事業所において「一般的な相談支援」が基本相談支援として的確に取り組まれ，さらには，その基本相談支援とサービス提供のプランづくりを行う計画相談支援が一体的に展開される相談支援体制が整備されているかどうかが「実践課題の政策化」を推進するための一つの指標となる。

　第二の「② 問題共有プロセス」については，「緊密なネットワークによる生活問題の共有」として，問題把握プロセスで抽出された生活問題について，関係機関間で情報や支援に対する意識を共有するためのネットワークのあり方が重要な要素である。地域課題を集約する際の前提となる問題の共有化に関しては，関係機関等の間でのネットワークの連携・強化を図るための場・機会の設置・運営や，具体的な方策や技術の普及・習得の熟度が問題となる。

　障害者相談支援においては，当事者や関係者等で構成される地域自立支援協議会がネットワークの基盤として障害者総合支援法に位置づけられているが，その中で問題共有の中核となる場は個別支援会議である。個別支援会議は，サービスの利用調整のために本人，家族，相談支援事業者およびサービス事業者等の関係者が集まって協議するほか，すぐに解決できない個人のニーズを課題として共有し，それを集積して地域の課題とし，新たなサービスや施策に結び付けていく役割も担うものであり，こうした場の運営状況は推進度合の目安となる。また，政策形成に向けて説得力のある論理展開の根拠となる一元的かつ統一的な情報の整理やデータ収集を地域内の相談支援事業所等関係機関間で行うことや，それを行う相談支援専門員の技術向上と標準化に向けた取り組み状況も「実践課題の政策化」の指標となる。

　第三の「③ 地域課題の集積・明確化プロセス」については，「地域課題の調

査研究と政策化の仕組み」として，前段階の中で導き出された生活問題を，地域における共通の課題に集積し，専門的かつ実効的な観点から磨き上げ，政策化の対象として明確化する仕組みが重要な要素になる。地域課題の把握・認識だけではなく原因の解明が必要であり，直接的な原因と間接的な原因，社会全体の原因や個人レベルの原因，歴史的な原因か最近の原因かなど様々な視点から原因を探るとともに，住民ニーズについても質的ニーズか量的ニーズかによって対応が変化する。量的であれば統計データの収集やその分析・検討で一定程度の結果が予測できるが，質的なものでは住民参加により議論を進める中で考え方や価値観のぶつかり合いの結果としてニーズが明らかになってくる。したがって，地域踏査や事業・相談活動を通してのニーズ把握，話し合いによるニーズ把握，統計調査によるニーズ把握など様々な取り組みが必要となる。また，社会や経済の傾向を踏まえることや，先進的な情報や理論の検討も行わなければならない。この地域課題の集積・明確化プロセスの段階では，より良い方法を模索することが優先されるが，隘路に入った場合には，むしろ，関係者間で目的や理念を再確認し，原点に立ち返ることも政策化につながるポイントである。

　障害者相談支援の具体例としては，地域自立支援協議会における定例会で，現場の実務者レベルが中心となって，地域の実態や課題，社会資源の状況等を集約し，評価することで，政策化すべき課題の明確化に道筋をつけることや，専門部会（プロジェクト）の場で，比較的少人数で検討を深め，課題ごとに検討し，課題解決のための調査研究や政策提言等に取り組むことが挙げられる。こうした活動を含め関係者の意識の醸成や組織体制，運営方法の工夫など，実効ある仕組みとして地域自立支援協議会が活性化しているか，どうかが「実践課題の政策化」の進み度合を計る指標の一つとなる。また，この地域自立支援協議会と共に，中核となる基幹相談支援センターの果たしている役割も判断材料として重要である。

　第四の「④ 企画立案の実行・運用プロセス」については，「企画立案と施策化・事業化の合意形成」として，生活問題を解決するための企画立案や障害福祉計画への反映，計画化・事業化・施策化に向けた合意形成の方法やそれを支

えるルール化のあり方が重要な要素となる。つまり，地方分権が進行する中では，住民自治をベースにして当事者や関係者，地域住民が政策形成過程に深く関わる住民主体の力により，効果的な計画策定や事業推進が実現するのである。岡崎は，「異質性や多様性を相互に尊重しあい，個人の尊厳を重視しながら住民として認めあい，自主的・自発的な組織を形成し，民主的な討議を保障しながら，共同の力で地域問題に対応する力量が求められる」（岡崎 2002：70）と住民主体の力の必要性を示したが，こうした公論空間における共同性の確立，いわゆる公論形成が自治体の責任や公共性を導くのである。こうしたことに加えて，さらに施策化，事業化に向けて合意形成を円滑に行うには，やはり政策主体者となる行政が行動原理としての協働をどの程度理解しているのかにかかっている。また，計画への位置づけや事業化へのルール化などに行政の積極的な関与があるかどうかが手掛かりとなる。

　具体的には，やはり，地域自立支援協議会における組織運営が挙げられる。全体会では，施設長や各機関の管理者，団体の代表者等が協議会活動全体の内容を整理し，地域課題については解決案の政策提言や福祉関連計画への位置づけを行う。また，それを支える組織として，事務局会議（運営会議）は，行政，相談支援事業者を中心に地域のコアなメンバーが中心となって，自治体の予算編成など行政管理システムや地域住民の意向等を意識して，「実践課題の政策化」に係わる戦略を検討する場であり，そこに関わる行政職員の姿勢や行動，政策形成能力などが鍵を握るとともに，実質的な責任者が関与するルールの有無など組織としての行政の関わり方も問われるのである。

　以上，障害者相談支援における「実践課題の政策化」を実現するための，展開過程ごとの推進機能の内容について述べてきたが，改めて整理すると，表3-1のとおりである。

3　「実践課題の政策化」の核心的推進基盤

　障害者相談支援における「実践課題の政策化」を推進するためには，前述の展開過程でも触れたように，地域の潜在的ニーズまでをキャッチする相談窓口や課題の集積，分析，企画立案までを行う総合的な相談支援の体制整備と合わ

第 3 章　「実践課題の政策化」に関する理論的枠組みの整理

表 3-1　「実践課題の政策化」推進機能の内容

展開過程	「実践課題の政策化」の推進機能の内容
①問題把握プロセス	**■一般的な相談やそのための相談支援体制のあり方** 　身近な場所で，気軽に幅広く相談に応じ，当該地域において社会福祉の対象となる個人の生活問題が的確に把握できる相談支援体制のあり方について
②問題共有プロセス	**■緊密なネットワークによる生活問題の共有** 　抽出された生活問題について，関係機関間でその情報や支援に対する意識を共有するためのネットワークについて
③地域課題の集積・明確化プロセス	**■地域課題の調査研究と政策化の仕組み** 　導き出された生活問題を，地域における共有の課題に集積し，専門的かつ実効的な観点から磨き上げ，政策化の対象として明確化する仕組みについて
④企画立案の実行・運用プロセス	**■企画立案と施策化・事業化の合意形成** 　生活問題を解決するための企画立案，障害福祉計画への反映，計画化・事業・施策化に向けた合意形成やルール化について

出典：筆者作成。

せて，計画化や事業化を進めるための行政の積極的な関与による仕組みづくりなどが重要であるが，これらの体制や仕組みはもとより，その中で実際に実践する「人」の存在もまた推進するための基盤である。「実践課題の政策化」に向けて展開されるケアマネジメントや組織化支援，公論形成など様々な方法や技術は独立して存在するのではなく，媒介する「人」がいて生きてくるのである。その「人」，つまり，人材がどのように作用するかによって実践する方法が有効か否かということになる。人材は「実践課題の政策化」における核心的な推進基盤である。

　こうしたことを踏まえ，この核心的推進基盤について，行動原理となる「協働」の視点に立って，行政，市民という主な活動主体における人材に焦点をあて，その行動形態やあり方を探ることとする。

　協働事例に関わる調査を行った高橋は，協働の成功理由について，住民と行政とが協働の場を設けて，信頼関係を築いた上で，徹底的に議論することだけではなく，協働に関する行政内での意思統一や，行政職員個人の協働に関する知識を深めることが重要であると示している（高橋 2012：55）。このことから，行政職員の役割について述べることとする。

　行政が住民自治や住民主体のまちづくりの中で，「民主的な自治体形成」や

地域生活保障を可能とする支え合いの公共圏の創造に向けて責任ある機能を果たすことは言うまでもなく，行政職員は組織の一員として「実践課題の政策化」に向け適正かつ的確な行動を取ることが求められ，あわせて，それを可能にする知識・技術も備える必要がある。

　具体的には，「実践課題の政策化」の入り口となる問題把握や問題共有の場面では，問題発見を的確に行うための知識と情報を保持することと，住民ニーズを踏まえた問題分析を行うことが求められる。この住民ニーズには，科学的なデータの収集とその分析により導き出される量的なニーズに加えて，協働型の政策形成においては様々な立場と考え方を持つ人たちが議論して導き出す質的なニーズが必要となる。また，社会や経済の動向の分析も重要であり，特に障害者福祉分野については取り巻く環境が近年，劇的に変化していることもあり十分かつ慎重に対応しなければならない。

　「実践課題の政策化」の場に関わる行政職員は資料等で基礎的なデータを把握するだけではなく，「現場の声を聴き，現場を見て，問題を共有する」必要が出てくる。住民ニーズを把握するためには個別の事例を基に詳細に事情を調べ，問題を整理しなければならないが，その際，様々な分野や立場の違う人の意見を汲み取ることも含め，具体的かつ総合的に問題を捉える必要がある。まさにこのことが「協働」による政策形成の取り組みとなる。こうしたプロセスを地域自立支援協議会に当てはめると，当事者や地域住民，そして福祉はもとより，保健，医療，教育，労働と様々な分野の関係者が集う場である個別支援会議において，既存の社会資源で解決するものから政策課題となる事案を議論，検討することが必要であり，そこに行政職員が積極的に参加することが重要である。

　次に，課題を明確化する場面では，問題の本質を解明し，解決しようとする課題が，すべて行政サービスとして行う必要があるかどうかを見極めることが求められる。現状を正確に把握し，その現状と関係者間で共有できたこうあるべきだと思う状態とを比較すると，そこにあるギャップが課題の中身となるわけであるが，その課題が現在ある制度・サービスや地域の社会資源では解決できない，あるいはそれでは不十分であることを科学的に明らかにすることが

「課題の明確化」の主眼である。例えば，地域自立支援協議会など実際の検討の場面では，会議や話し合いが円滑かつ効果的に進むように，行政職員には，既存制度の状況，他市町村での同様な取り組みの情報等の行政情報を提供することや，地域の様々な意見を調整，集約，整理し，判断の材料として提供することが役割として求められる。

　最後は，計画化や事業化に向けた取り組みである。この場面では，行政職員は施策化・事業化のために必要な情報を関係者に提供することが重要である。施策案・事業案を立案しても，それが実現しなければ，関係者の意欲は後退してしまう。現在，地方自治体を取り巻く福祉環境は非常に厳しく，福祉予算を削減される中では，施策化・事業化の実現が難しい状況にある。施策化・事業化の達成は，既存制度の状況や財政事情が最大の要因として考えられると同時に，事業の熟成度や効果，公共性など事業計画自体の検討が行われているかどうかが施策化・事業化の成否に関わってくるのである。

　具体的には，計画の意義や策定の在り方，予算編成の時期など行政運営の仕組みに関わる基本的な情報を提供すること，また，住民ニーズの捉え方，既存施策・事業との整合性，予算規模や補助金などの財源確保策，他市町村，特に同規模および近隣の自治体での同種事業の事業化の状況など，事業化や予算化を図るための鍵となる情報を提供すること，さらには，まずは調査事業から着手するとか，検討会を設置するとか，取り組みやすい方策を提案したり，行政の継続性を念頭において段階的に実現化を試みたり，年数やエリアを限定するモデル事業として展開したり，首長のマニフェストと関連付けたりするなど，施策化・事業化を図るといった共通の目的のために，様々なアイデアや戦略的なアドバイスを提供することが期待される。

　また，行政の担当職員には上司への説得や関連部門職員への働きかけなど施策化・事業化のための組織内「協働」の関係構築を行う「組織の限界を熟知し，柔軟な活用を図る戦術性」（谷本 2001：107-108）という能力も不可欠になってくる。

　このように，問題把握から施策案・事業案の創造までの「政策形成」の場面においては，共有した目的を達成するために，基本的な行政情報の提供から戦

略的なアドバイスまでを協働の視点に立って使いこなす行政職員の存在が必要である。その際の取り組み姿勢としては、マニュアルを見て判断したり、前例を参考に決定するという固定的で、受動的な行政スタイルではなく、先に本研究における「協働」として示したように、行政のこれまでの考え方や仕組みにとらわれず、必要があれば行政が変わることを否定せずに新しいものをつくるという協働的手法を取ることが求められている。

　なかでも、福祉行政職員の役割は重要である。行政職員の性質から政策主体者側として政策意図の遂行という業務を担わされるが、一方で福祉労働の思想性から民主主義の考え方や人権の尊重というものを重要視し、その実践においては、福祉労働の良心を全面に出して人格、認識と一体となった技能、いわゆるソーシャルワークを活用し、積極的に政策形成を図ることが期待される。しかしながら、現実には問題把握や課題認識は十分にできていながらも、政策形成のための行政職員としての能力やネットワークを持っていなかったり、積極的にアクションを起こさなかったりして施策化・事業化できないことを了とすることもあるのではないか。企画や財部部門の部署の理解のなさを主張するに留まったり、あるいは、政策形成は自らの役割ではないとして放置しているというような状況も少なくないのではないか。福祉行政職員も政策形成能力を高めることが今、必要とされている。行政が変わることを否定せずに新しいものをつくるという協働の実践である地域自立支援協議会などの「実践課題の政策化」の場は、福祉行政職員を含めた行政職員が目指すべき住民自治の実現や自治体福祉政策の発展という目標に向けて、行政人材を成長させる場でもある。

　ところで、「実践課題の政策化」の実現には、自治体の計画等への位置づけや財政措置が必要である。つまり、当然のこととして、行政の持つ公権力の問題は避けられない課題である。宗澤は、公権力の民主的統制を議論の前提条件に据えて、「自治体民主化」の意味を踏まえた職場からの「集団的力量形成」、つまり、福祉事務所ケースワーカーの主体形成論を示した白沢久一の所論と、ソーシャルワーカーの専門性の向上と他の専門職を交えて社会開発機能を集団的に果たすという白澤正和の主張を比較して、両者は発想を異にするもので、白澤正和の主張のように、「自治体民主化」や「市町村の役割」という公権力

第3章 「実践課題の政策化」に関する理論的枠組みの整理

問題を抜き去り，マネジメントの専門性と機能の問題に収斂させてしまっては，ケアマネージャーが専門性を高めてケースアドボカシーからクラスアドボカシーへの集団的な努力を展開しても，公権力を有する行政の前では政策提言にとどまるであろうと指摘している（宗澤 2008：119-120）。こうした指摘を踏まえて，行政職員は障害者の地域生活保障を実現するため，「実践課題の政策化」に向け，参加と自治に立脚した協働の歩みを牽引することが使命であると自覚しなければならない。

　一方，住民あるいは，民間サイドの役割も重要である。行政と関わる際に，自らの要求を主張するだけ，あるいはその要求が実現しない場合には批判を繰り返すだけではなく，行政と一緒に現状を把握し，何ができるかを一緒に考え，そこから共通の目標を導き，そして動くという行動基準が必要である。その基底として，地域というフィールドに立脚し，生活目線から課題を感情的ではなく科学的に捉え，主体的に解決策を探るという姿勢と，そのことを地域の様々な分野の人や団体・グループと連携し，日頃，形成したネットワークの中で実践することが重要である。住民・民間サイドにいる者も行政情報をできる限り収集するとともに，政策立案・形成や予算編成など行政運営システムを学び，理解し，長期的な視点を持って実現的な提案をすることも肝要である。また，その実践の中では，先進自治体で行われているように，地域自らのネットワークの中で先行的に問題提起や課題整理を行うためのインフォーマルな活動を主導し，そこに行政職員を参加させるような動きや，C市の事例のように，政策形成のための根拠となるデータや分析すべき資料を科学的に提示し，説得力のある論理を展開することも必要である。これらのことは，住民主体で地域のネットワークを動かし，そこに関わる行政組織の縦割りの弊害をなくし横につなげ，政策形成に寄与するものとなる。

　このように行政の協働の相手方として，住民・民間サイドにおいても一定程度の能力が求められる。住民や関係者の個々の能力はもとより，地域における組織力や組織全体の力量も問われるのである。住民は実体験に基づく貴重な意見やアイデア，専門家的な力も潜在的にもっていることは否定しないが，反面，感情が優先されがちになることもあり，視野の範囲にも限界がある。したがっ

113

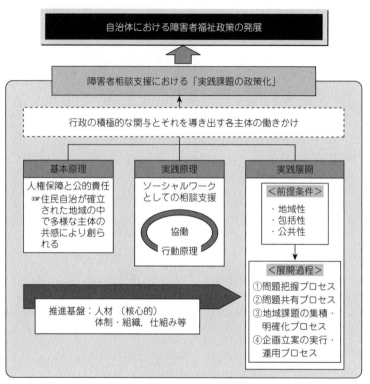

図 3-5 「実践課題の政策化」概念図
出典：筆者作成。

て，住民・民間サイドにも協働に必要な能力を備えることが求められる。協働の前提となる能力は，一朝一夕に身につくものではない。成功や失敗を繰り返しながら実体験を積み重ねることで成長し，獲得するものであり，その過程は住民自治の実現への歩みでもある。

最後に，改めて理解しておかなければならないことは，本章第2節でも述べた行動原理となる「協働」の本質である。河原は，当事者組織と行政が互いに関わり，知れば知るほど，住民・民間サイドが「自らの主張を逡巡」してしまうと指摘する。この感覚は，日常生活における対人関係での感覚に通じるもので，相互理解が進み，コミュニケーションが成立し，「信頼」関係が日常化し

た相手への配慮である。相手を理解することは，相手への配慮を理由とする自己規制をするようになり，「信頼」関係は，日常生活では，時に配慮を期待されているという「圧力」に転化することがある。行政にとっては，「信頼」関係は，意思決定の自律性を左右する「圧力」とはならないし，行政は一貫して「行政」であるのに対して，市民・民間サイドは「運動体」，「権利擁護者」の役割と，「パートナー」の役割とを分けて，行政に対応せざるを得ないし，複雑で高度な戦略的判断という新たな負担を課していることにもなる（河原2010：58-59）。したがって，行政職員は，こうした行政の優位性があることを自覚し，対等な関係を築く努力をすることを前提に協働を進めなければならいないのである。

注

(1) 首都圏にあるC市では，解決方法や施策化・事業化の根拠とするため，障害者相談支援業務サポートシステム（ミラクルQ）を活用し，各法人や各相談支援専門員間でバラバラになりがちな相談支援の標準化・共通化を図り，地域課題を数値的に捉えようと努めている。（平成23年11月22日，相模原市自立支援協議会第7回検討会議資料「相模原市自立支援協議会平成23年度視察報告」より）

第4章

「実践課題の政策化」を推進するための仕組み

　第3章では，障害者相談支援における「実践課題の政策化」の基本原理や実践原理に加え，実践展開における前提と考えられる条件や展開過程ごとの推進内容を明らかにするとともに，推進基盤の核心的な要素となる人材のあり方について示すなど，「実践課題の政策化」に関わる理論的枠組みを整理した。

　次に，本章では，この理論的枠組みを踏まえ，障害者相談支援システムの現状を把握，分析することで，「実践課題の政策化」の推進に効果的であると思われる仕組みについて明らかにする。また，その前段として，現行の相談支援事業の中で中心となる計画相談支援の実態を探究し，多角的に「実践課題の政策化」の課題と方向性に迫ることを試みる。

　以上の研究手法としては，Ａ市障害者自立支援協議会の運営を受託しているＡ市基幹相談支援センター（運営主体：社会福祉法人Ａ市社会福祉事業団）がＡ市の協力を得て実施した2つの「アンケート調査」《調査1》,《調査2》を分析，考察する。

第1節　計画相談支援の実態から「実践課題の政策化」の課題と方向性を探る

　「実践課題の政策化」の展開過程において，その出発点となる問題把握プロセスの取り組みの良し悪しは，「実践課題の政策化」の目的や意義の考え方に影響を与え，その後の支援の方向性や如いては施策化・事業化の実現の可否に関わってくる。このため，現行法の中で中心的な業務である計画相談支援の実

第4章 「実践課題の政策化」を推進するための仕組み

態を探り，「実践課題の政策化」の課題と方向性を明らかにする。

　方法としては，Ａ市の基幹相談支援センターが行った以下の《調査１》を活用し行う。なお，本調査は，かつて筆者が委員を務めていたＡ市地域自立支援協議会の運営を担っているＡ市基幹相談支援センターが実施したもので，同センターが集計したものを同センターの依頼により筆者が分析し，考察を行ったものである。

《調査１》

１　調査概要

(1)調査主体

　Ａ市基幹相談支援センター（運営主体：社会福祉法人Ａ市社会福祉事業団）

(2)調査目的

　障害者総合支援法における特定相談支援事業としての計画相談支援について，自治体から「障害者相談支援事業」を受託していない指定相談支援事業所の業務実態を把握するとともに，その課題を明らかにするため調査を実施する。

(3)調査内容および実施期間・方法

　調査内容としては，指定相談支援事業所における職員体制，相談状況，相談支援専門員業務時間の状況，相談内容に関わる項目で，全６問となっている。

　調査の実施期間は，平成26年３月20日から平成26年３月28日である。

　調査は，質問紙を電子メールで送信し，電子メールで回答を受け取る方法で行う。

(4)調査対象

　調査対象は，Ａ市内の指定相談支援事業所

(5)回答結果

　調査対象23か所のうち，15か所より回答を得た。回答率は65.2％であり，回答者は当該指定相談支援事業所の相談支援専門員である。

2　調査結果および考察

(1)職員体制

　「相談支援事業所の職員体制」（問１）について，内訳としては，全体（28人）のうち，専任の常勤職員が４人（14.3％）だけで，その他の24人（85.7％）は兼務職員か非常勤職員である。兼務職員ついては18人（64.3％），中でも週の勤務時間が20時間を超える者が16人（57.1％）と多数を占めている。また，非常勤職員は６人（21.4％）で，週の勤務時間が20時間を超える者は６人中１人と少数である。なお，１事業所当たりの平均職員数は1.87人である。

　　問１　貴相談支援事業所（以下「事業所」）の職員体制についてお答え下さい。
　　　（回答数：15事業所）

	勤　　務　　条　　件	人　数
1	専任の常勤職員	4人
2	他業務との兼務職員で週の勤務時間が20時間を超える者	16人
3	他業務との兼務職員で週の勤務時間が20時間を超えない者	2人
4	非常勤職員で週の勤務時間が20時間を超える者	1人
5	非常勤職員で週の勤務時間が20時間を超えない者	5人
	合　　　　　　　　　計	28人

(2)相談状況

　「相談支援事業所の相談状況」（問２）について，平成25年度１年間の事業所全体の相談件数は1,495件（１事業所当り平均約107件／年）となっている。また，相談の実人数は579人（１事業所当り平均約41人／年）で，そのうち新規ケースの人数は351人（１事業所当り平均約25人／年），実人数全体の約61％を占めている。

　計画相談につながらなかったケースに限れば，合計で137件（１事業所当り

第4章 「実践課題の政策化」を推進するための仕組み

平均約10件／年），割合としては全体の相談件数の9.2％となっている。また，実人数から見ると，計画相談につながらなかったケースは71人（1事業所当り平均約5人／年）で12.3％，新規ケースにおいては62人（1事業所当り平均約4人／年）で17.7％となっている。なお，実人数71人のうち新規ケースは62人で87.3％と新規ケースの割合が高くなっている。

問2　貴事業所の相談状況（25年度1年間：平成25年4月1日から平成26年3月20日まで）についてお答え下さい（回答数：14事業所）

	計画相談につながったケース	計画相談につながらなかったケース	合　計
相談件数	1,358件（90.8％）	137件　（9.2％）	1,495件
実人数	508人（87.7％）	71人（12.3％）	579人
うち新規人数	289人（82.3％）	62人（17.7％）	351人

　また，「計画相談につながらなかったケースのその後の状況」（問3）について，実際の相談者ごとにみると，実人数の状況で計画相談につながらなかったケース全体71人のうち，他機関への紹介など終結に至ったものが39人（55.0％），不安解消も含め信頼関係醸成等に向けて継続しているものが32人（45.0％）となっている。そのうち新規のケースについても，全体62人のうち，終結したものが37人（59.7％），継続したものが25人（40.3％）となっており，計画相談につながらなかったケースの傾向としては，概ね半数を少し超える割合で終結しているが，一方で終結に至らずに継続しているケースも半数近い状況となっている。

問3　問2で「計画相談につながらなかったケース」のその後の状況についてお答え下さい。（回答数：11事業所）

	終結（他機関への紹介など）	継続（不安解消も含め信頼関係の醸成等）	合　計
相談件数	52件（55.9％）	41件（44.1％）	93件
実人数	39人（55.0％）	32人（45.0％）	71人
うち新規人数	37人（59.7％）	25人（40.3％）	62人

119

⑶相談支援専門員業務時間の状況

　「相談支援専門員の業務プロセスごとに要した時間」（問４）について，１人の相談支援専門員が10日間で関わった時間は，事業所によって差はあるが，平均時間では約32時間となっている。業務プロセス別では，「2.契約に関して要した時間」や「3.計画作成のための情報収集に要した時間」など，２〜８までの計画相談支援業務に要した時間は，合計で28.26時間，約28時間（87.0％）となっている。それ以外に基本相談支援として行われる「契約前の一般的な相談」と「契約後に不定期に相談される一般的な相談」の合計は，4.23時間，約４時間（13.0％）となっている。

　問４　以下，貴事業所の中で主に計画相談支援に関わった相談支援専門員の方にお尋ねします。「直近の６か月」の間の標準的な業務を行った任意の14日間のうち，10日間を選択し，その間にあなたが相談支援全体に関わった時間について，下記の１から８までのプロセスごとに平均の時間を計算し答え下さい。（30分単位で，例えば業務に２時間30分要した場合は2.5時間とお書き下さい。また，移動時間も該当する業務プロセスごとに含めて積算して下さい。）（回答数：15事業所）

	業 務 プ ロ セ ス	平均時間	最　小	最　大
1	契約前の一般的な相談	2.73時間	0.50時間	8.00時間
2	契約に関して要した時間	2.71時間	0.50時間	8.00時間
3	計画作成のための情報収集に要した時間	5.29時間	1.00時間	14.00時間
4	サービス等利用計画（案）作成に要した時間	7.36時間	1.00時間	16.00時間
5	サービス担当者会議及び開催準備に要した時間	2.79時間	0.50時間	7.50時間
6	サービス等利用計画作成に要した時間	2.86時間	0.50時間	10.00時間
7	継続サービス利用支援（モニタリング）に要した時間	4.18時間	0.50時間	21.00時間
8	計画相談に係る請求事務，ケースカンファレンス，関係機関との調	3.07時間	0.50時間	13.00時間

	整等			
9	契約後に不定期に相談される一般的な相談	1.50時間	0.50時間	4.50時間
	合　　　　　　　　計	32.49時間	5.50時間	102.00時間

(4)一般的な相談に関する内容

　基本相談支援としての「契約間前の一般的な相談の内容」（問5）については，「福祉サービスの利用援助に関すること」が12件（42.9%）と最多であり，「サービス等利用計画の基本的な事項に関すること」の9件（32.1%）と合わせると全体の75%を占めている。他方で不安解消や就労関係・経済面に関わる相談も一定程度あるものの余暇支援やひきこもりなどの社会生活力を高める支援や権利擁護，障害理解・受容等に関するものはなかった。

　「契約後に不定期に相談される一般的な相談を受ける理由」（問6）については，「サービス等利用計画に対する苦情だから」が1件あったが，作成した当該計画相談支援に直接的に関わるもの以外が11件（91.7%）とほとんどを占め，その理由としては相談内容により他に引き継ぐことが相応しくないとする事業所の判断や本人の意向に伴うケースが主な理由として示されている。

　問5　問4の1「契約前の一般的な相談」のうち，最も多いケースを下記の中から2つお選び下さい。（回答数：15事業所）

	相　　談　　内　　容	件　数
1	不安解消，情緒安定に関すること	4
2	福祉サービスの利用援助に関すること	12
3	サービス等利用計画の基本的な事項に関すること	9
4	金銭管理や余暇支援，ひきこもりなど社会生活力を高める支援	0
5	権利擁護や虐待等に関すること	0
6	就労や経済面に関すること	2
7	家族関係など人間関係に関すること	1
8	専門機関の紹介	0
9	障害への理解や認知に関すること	0
10	その他	0
	合　　　　　　　　計	28

問6　問4の9「契約後に不定期に相談される一般的な相談」を受ける理由を
下記の中から一つお選び下さい。（回答数：12事業所）

	相　談　内　容	件　数
1	サービス等利用計画に対する苦情だから	1
2	計画相談の範囲ではないが，他に引き継ぐ適当な事業所等の社会資源がないから	1
3	計画相談の範囲ではないが，他に引き継ぐ適当な事業所等の社会資源はあるが，日常的な連携がないから	0
4	計画相談の範囲ではないが，本人が引き続きの相談支援を強く望むから	5
5	計画相談の範囲ではないが，相談支援は連続性が必要であり，簡単に他の機関や事業所に引き継ぐことは相応しくないと思うから	5
	その他	0
	合　　　　　計	12

〈考　察〉

　相談支援事業所の職員体制については，A市では，前述したとおり1事業所当たりの職員数の平均は1.87人で，常勤職員の割合も14.3％とほとんどの事業所が兼務職員での対応となっている。一方，全国の状況は，「先行調査」[1]によると，1事業所当たりの職員数は，最多の5人以上の24.3％を含め3人以上が全体の67.7％を占めており，2人体制は22.8％，1人体制は10.2％となっている。また，常勤の専任職員の割合は55.2％，常勤の兼務職員は35.9％，非常勤職員の割合は8.5％と常勤職員を複数配置する職員体制が主流となっている。このことは，「先行調査」では，回答した指定相談支援事業所のうち81.3％が市町村から「障害者相談支援事業」を受託している委託相談支援事業所であったことが大きな要因と考えられる。

　また，相談支援専門員の実際の業務時間を考察すると，A市において，相談支援専門員1人が10日間に計画相談支援業務に要した時間は28.04時間であり，

第 4 章　「実践課題の政策化」を推進するための仕組み

同様の条件で行われた「先行調査」の24.23時間を上回っている。これは，A
市における相談支援専門員１人にかかる負担が多く，業務体制が不十分である
ことを表している。また，計画相談支援以外の業務に要した時間について，A
市の状況は，4.23時間と，「先行調査」の4.56時間と比較してもほぼ同様であ
る。このことは，委託相談支援事業所でも委託を受けていない相談支援事業所
でも基本相談支援の比重は変わらないことを示している。つまり，体制整備の
状況にかかわらず，実態は計画相談支援とそれ以外の業務である基本相談支援
が一体で運用されているのである。

　次に，相談状況について，A市では１年間の１事業所当りの平均実人数は約
41人となっているが，「先行調査」では50人未満は14.0％，50〜100人未満
15.7％，100〜200人未満が26.6％，200人以上が31.5％となっておりA市の状
況は全国的にも少ない方である。また，A市において，計画相談支援につなが
らなかったケースは実人数で12.3％と１割程度であり，概ね計画相談支援につ
ながっているが，つながらなかったケースの87.3％は新規ケースである。つま
り，必要な情報の提供や障害福祉サービスの利用支援など，専門的かつ総合的
な援助を行う一般的な相談を丁寧に行う体制がなければ，新規ケースを計画相
談支援に結びつけることは難しいことを示している。さらに，計画相談支援に
つながらなかったケースでは，終結に至らずに継続しているケースも半数近く
あることから，相談支援機関間の連携による効果的な支援や，それを可能にす
る職員の資質の向上も課題となっている。このことは，「先行調査」において
も，相談支援専門員の経験が少なく，また１事業所当たりの人数が少ない事業
所では相談する同僚がいない，もしくはスーパーバイザーの不在等が示されて
おり，相談支援専門員を支える体制づくりの必要性という同様の課題が指摘さ
れている。

　基本相談支援となる一般的な相談に関する内容としては，A市では「福祉サ
ービスの利用援助に関すること」や「サービス等利用計画の基本的な事項に関
すること」が中心となっているが，「先行調査」では，サービス等利用計画の
作成まで至らない困難事例として，金銭・財産管理や不安解消，情緒の安定，
人間関係等といった生活問題への対応も挙げられている。A市においてもこう

した生活問題に対する相談ニーズがないわけではないが，すべての事業所が「障害者相談支援事業」の委託を受けていない指定相談支援事業所であることから，地域の中では相談支援事業所が生活問題全般の相談場所とは理解されておらず一貫性を持った総合的な相談支援が十分に展開されていないものと推測できる。

3 まとめ

以上のことを踏まえて，「実践課題の政策化」に寄与する計画相談支援の実効的な強化の方向性について述べることとする。

第一には，基本相談支援と一体化した計画相談支援を行うための体制の整備である。基本相談支援は既存の制度やサービスに固執することなく，生活問題等に困っている人の相談に気軽に応じ，必要な情報の提供や助言を行い，総合的な支援に結びつけるもので，障害者総合支援法では指定相談支援事業所の役割と位置づけられている。しかしながら，指定相談支援事業の財政状況は厳しい。委託を受けない指定相談支援事業所への対策を講じ，十分に機能する体制づくりに取り組む必要がある。

第二には，相談支援専門員の質の向上である。アセスメントを繰り返す中でニーズを見極め，福祉サービスの提供や社会環境との調整を行い，必要な支援につなげる。さらにはそのプロセスの中で発見した問題を地域課題として集約し施策化・事業化に結びつけるなど相談支援専門員が担う役割は重要である。このため，相談支援技術の開発や習得，初任者研修や現任研修，専門研修を組み合わせた体系的な研修の実施，個別事例への助言などが必要である。

第三には，相談支援体制全体のネットワークの強化が挙げられる。少人数職場に置かれる相談支援専門員の苦悩や精神的負担を受容し，サポートするとともに，情報共有や教育機能，社会資源の改善・開発機能を発揮する場として地域自立支援協議会の活性化が求められる。

A市では，相談支制に関わる「ビジョン」を策定し，それに基づいて官民協働の相談支援体制の整備を図るとともに，共通アセスメントシートや研修ガイドブックの作成など標準化に向け取り組みも進められている。また，今回の調

第 4 章 「実践課題の政策化」を推進するための仕組み

査結果を踏まえ，指定相談支援事業所に対して，国の報酬が見込めない中，運営強化策としてモニタリング加算や専任職員加算の実施に向けた検討にも着手している。各市町村においても基本相談支援と計画相談支援を一体的に運用できるよう，指定相談支援事業所の位置づけや行政機関と委託相談支援事業所，基幹相談支援センターの役割，それぞれの連携のあり方など相談支援体制全体について再整理が必要である。

　そもそも計画相談支援は，困りごとや悩みに向き合い，感情に寄り添い，複雑に絡み合う事情を解きほぐしながら，障害者や障害者を取り巻く環境が持つ強みを基本にして，その人の想いに沿って将来を描き，一緒に日々の生活の見通しを立てるものであり，「サービスを利用する当事者やそこに携わる計画相談支援事業者・サービス提供事業者が，ケアマネジメントの過程，特にモニタリングや再アセスメントにおける協働作業に相応の時間を積み，互いが備える役割や専門性を生かし計画の質を高めていくことを目的として切磋琢磨するという予測不能な時間の上に成り立つ」ものである。また，サービス等利用計画案を作成するまでの準備に多くの時間を要したり，そこまでに至らない困難ケースも多く，相談支援の入り口となる一般的な相談とサービス等利用計画案作成の間には連動性が求められ，切り離せないものである。つまり，基本相談支援と一体化した計画相談支援が求められるのであり，そこが相談支援の核心である。しかしながら，一般的な相談を行う「基本相談支援」には報酬算定がされておらず，また，一般的な相談を担うとされる「障害者相談支援事業」は一般財源（交付税措置）であり，財源としては不安定であり，地域間格差も生じるなど，「基本相談支援」を広範に推進し，それと連動した計画相談支援を展開するには厳しい状況となっている。

　基本相談支援と一体化しない計画相談支援では，単にサービス等利用計画案を作成するだけになってしまい，介護保険と一体的に導入されたケアマネジメントのように介護保険制度におけるサービス管理・調整方法としての役割が強調され，生活支援と切り離される位置づけとなってしまう危惧がある。このため，今後については，「障害者相談支援事業」の委託を受けていない指定相談支援事業所でも十分に一般的な相談ができるよう，基本相談支援に対する財源

の確保を制度化することが必要である。

　障害者相談支援は，国際ソーシャルワーカー連盟の新たな「ソーシャルワークのグローバル定義」では，ソーシャルワークは，生活課題に取り組みウェルビーイングを高めるよう，人々や様々な構造に働きかけるとされているが，障害者における相談支援もまた，個人の尊厳と社会，経済，文化活動への参加の機会を保障するために，サービス調整や社会資源の改善，開発等を行うものであり，障害者がより豊かに地域生活を送ることができるように，個別の生活課題から個別のニーズを見つけ出し，それを解決するために支援することである。その意味においては，ソーシャルワークそのものである。したがって，計画相談支援はサービスの利用調整やサービス等利用計画案の作成を単に行うだけではなく，身近な生活問題を把握し，それを踏まえて地域課題を明確化し，新たな事業や施策を創造するという相談支援が持つソーシャルワークとしての社会変革機能のスタートとなる取り組みとしても重要な役割を担うものである。

　本節では，こうした視点を踏まえ，Ａ市が実施した調査の分析や，その調査結果と「先行調査」の同様の項目との比較により計画相談支援の現状と課題を明らかにした。Ａ市は，委託相談支援事業所を設置せずに，指定相談支援事業所を中心とした仕組みで相談支援体制を整備しており，Ａ市における調査から導き出された検証は，事例が限定的ではあるが，今後，委託を受けない指定相談支援事業所が増えてくることが予測される中では，計画相談支援自体の実態を把握するには相応しい対象であり，計画相談支援をソーシャルワークとしての相談支援の中核機能として充実・強化するための一助になるものと考える。

第2節　「実践課題の政策化」を推進する効果的な仕組み

　前節では，現行の相談支援事業の中で重要な役割を果たす計画相談支援の実態を探究し，多角的に「実践課題の政策化」の課題と方向性に迫ることを試みた。

　本節では，障害者相談支援システムの現状から「実践課題の政策化」に関する効果的な仕組みを導き出すため，Ａ市基幹相談支援センターが実施した《調

査2》を利用して，筆者が整理した「実践課題の政策化」の理論的枠組みに基づき，分析枠組みを設定し，考察する。

《調査2》

1　調査概要

(1)調査主体

　A市基幹相談支援センター（運営主体：社会福祉法人A市社会福祉事業団）

(2)調査目的

　地域における相談支援体制の充実・強化に向け，中核となる基幹相談支援センターについて，機能や他の相談支援事業所・行政機関等との連携など現状を把握するとともに，地域課題の集積や計画化・事業化の取り組みなど，相談支援のあり方を検証するため調査を実施する。

(3)調査内容および実施期間・方法

　調査内容としては，各自治体の概要をはじめ基幹相談支援センターの体制・機能・運営などに関わる項目，指定相談支援事業所や行政等機関間の連携に関わる項目，アセスメントや地域課題の集積，計画化・事業化など相談支援の展開過程に関わる項目により構成され，全部で28の設問となっている。

　調査の実施期間は，平成26年3月25日から4月28日である。

　調査は，質問紙を郵送し，郵送または電子メールで回答を受け取る方法で行われた。

(4)調査対象

　調査対象は，自治体から地域自立支援協議会の運営を受託している基幹相談支援センターを要件とし，調査主体が電話等で問合せて要件を確認し，抽出した。

表 4-1　回答市の人口別状況

区　分	自治体数	A群およびB群の自治体数
10万人未満	5（19.2%）	5（25.0%）
〜20万人	5（19.2%）	4（20.0%）
〜30万人	3（11.6%）	2（10.0%）
〜40万人	1（3.8%）	1（5.0%）
〜50万人	5（19.2%）	4（20.0%）
〜70万人	2（7.7%）	0（0.0%）
〜100万人	2（7.7%）	1（5.0%）
100万人以上	3（11.6%）	3（15.0%）
計	26（100.0%）	20（100.0%）

表 4-2　回答市の地域別状況

地域名	自治体数	A群およびB群の自治体数
北海道地域	4（15.4%）	3（15.0%）
東北地域	2（7.7%）	2（10.0%）
関東地域	6（23.1%）	4（20.0%）
中部地域	5（19.2%）	4（20.0%）
近畿地域	4（15.4%）	3（15.0%）
中国地域	1（3.8%）	1（5.0%）
四国地域	1（3.8%）	1（5.0%）
九州地域	3（11.5%）	2（10.0%）
計	26（100.0%）	20（100.0%）

(5)回答結果

　抽出した調査対象52か所のうち，26か所より回答を得た。回答率は50％であり，回答者はすべて基幹相談支援センターの職員である。

2　分析枠組みの設定

　本研究の目的は，障害者相談支援システムにおける「実践課題の政策化」の現状とその効果的な推進方法を明らかにすることである。このため，第3章の理論的枠組みの整理の中で「実践課題の政策化」の構造として示した，① 問題把握プロセス，② 問題共有プロセス，③ 地域課題の集積・明確化プロセス，④ 企画立案の実行・運用プロセスという展開過程ごとに，生活問題の把握か

第 4 章 「実践課題の政策化」を推進するための仕組み

表 4-3　分析枠組みと内容

①問題把握プロセス	社会福祉の対象である個人の生活問題に対して，身近な場所で，気軽に幅広く相談に応えるための体制が整備され，その中で的確に問題把握ができるシステムとなっているのか（接近性）
②問題共有プロセス	相談として持ち込まれた生活問題について，関係する機関の間で情報伝達や支援に対する意識・技術の共有を図るとともに，迅速かつ適切に連携し，地域全体で必要な支援を途切れなく提供するシステムとなっているのか（連続性）
③地域課題の集積・明確化プロセス	生活問題を専門的な観点から分析し，社会福祉政策の対象となる地域課題を集積できるシステムとなっているのか（統合性）
④企画立案の実行・運用プロセス	生活問題を解決するために企画立案，障害福祉計画への反映，計画化・事業化が実行できるシステムとなっているか（責任性）

出典：筆者作成。

表 4-4　分析枠組みと質問項目の関係

分析の枠組み	質　問　項　目
①問題把握プロセス	問12 市民意識における一番身近な相談窓口 問13 「一般的な相談」の対応のための体制構築 問14 「一般的な相談」の体制整備に必要な条件
②問題共有プロセス	問 6 相談支援事業所間の連携，相談支援事業所と基幹相談支援センターとの連携 問 7 相談支援事業所と行政等関係機関との連携 問 8 統一的なアセスメントシートの使用 問 9 相談支援の手引きの作成 問15 サービスを統合した総合的な相談支援の実施 問16 総合的な相談支援の実施に必要な条件
③地域課題の集積・明確化プロセス	問10 研修体系の整備状況 問11 事業評価の実施状況 問17 地域課題の集積状況 問18 地域課題の集積のための必要要素
④企画立案の実行・運用プロセス	問19 施策・事業案を立案する仕組みについて 問20 政策形成に対する意識 問21 計画化・事業化に対する基幹相談支援センターの関わり 問24 計画化・事業化の際の行政情報の提供状況 問25 計画等への反映や事業化等のルールの状況 問28 計画化・事業化の実現のための必要な条件

出典：筆者作成。

ら課題の抽出，その解決のための計画化・事業化という，障害者相談支援システムの一連の内容を分析枠組みとして，設定した（表4-3）。

　また，この分析枠組みを踏まえ，「アンケート調査」の全質問28問の中から関連する設問を15項目選択し（表4-4参照），各設問について回答全体の結果分析と，設問の「企画立案の行政への提案及び計画化・施策化の状況」（問26）において，「提案し，計画化・事業化された」と回答したグループをA群と，また，「提案したが，計画化・事業化されなかった」および「提案自体していない」と回答したグループをB群とに分類した結果分析を行い，考察を試みた。

　なお，A群およびB群に該当する自治体は，回答があった26自治体のうち，20自治体であった。

　　問26　地域課題を分析し，解決方法を企画立案し，行政に提案したことはありますか，また，それは計画化・施策化されましたか，あてはまるものを一つ選択して下さい。

	回 答 項 目	全体
1	提案し，計画化・事業化された	6 （ 23.1%）
2	提案したが，計画化・事業化されなかった	6 （ 23.1%）
3	提案自体していない	8 （ 30.7%）
4	その他	6 （ 23.1%）
	合　計	26 （100.0%）

3　調査結果および考察

① 問題把握プロセス

　相談支援において，「実践課題の政策化」を実現するには，まず，起点となる生活問題を発見するための体制整備の有無が重要である。調査では，「市民意識における一番身近な相談窓口」（問12）は，「行政機関の窓口」が15件（57.7%）と半数を超え，「委託相談支援事業所」の6件（23.1%）と合わせる8割に達している。一方で，「民生委員など地域の社会資源」が0件となっており，福祉サービスの総合的な情報提供や申請の窓口となる行政機関と，その行政機関との関係が深い委託相談支援事業所が身近な相談窓口となっている。

第4章　「実践課題の政策化」を推進するための仕組み

また，分類上で特徴的なのは，A群において「行政機関の窓口」が2件（33.3％）と平均的であるのに対して，B群においては，10件（71.4％）と大きな割合を占めている。

問12　貴市域において，市民の意識では，一番身近な相談窓口はどこだと感じていますか，あてはまるものを一つ選択して下さい。

	回 答 項 目	全体	A群	B群
1	行政機関の窓口	15	2	10
		57.70%	33.30%	71.40%
2	基幹相談支援センター	3	1	2
		11.50%	16.60%	14.30%
3	委託相談支援事業所	6	2	1
		23.10%	33.30%	7.1
4	指定相談支援事業所	1	0	1
		3.80%	0%	7.10%
5	民生委員など地域の社会資源	0	0	0
		0%	0%	0%
6	その他	1	1	0
		3.80%	16.60%	0%
	合　　計	26	6	14

　また，生活問題の把握には，最初のアプローチとなる「一般的な相談」が重要となるが，その「一般的な相談の対応のための体制構築」（問13）については，「構築されている」が2件（7.7％），「概ね構築されている」の15件（57.7％）とを合わせると全体の3分の2の回答となり，体制としては概ね構築されていると言えなくもない。しかしながら，「構築されている」の回答が少数にとどまり，「一部しか構築されていない」も8件（30.8％）あることから，多様なニーズに的確に応えられる体制づくりのさらなる必要性が示されていると解すべきであろう。

ここでも，A群では，回答のすべてで「構築されている」，あるいは「概ね構築されている」となっているが，B群では，9件（64.3%）にとどまっており，体制整備は不十分な状況となっている。

　問13　貴市域の相談支援について，生活問題等に困っている人（関係者も含め）が身近で，かつ，気軽に相談できる体制，サービス等利用計画作成だけではなく，いわゆる，一般的な相談や基本相談支援等（以下「一般的な相談」という）に対応する体制は構築されていると思っていますか，あてはまるものを一つ選択して下さい。

	回　答　項　目	全体	A群	B群
1	構築されている	2	1	0
		7.70%	16.60%	0%
2	概ね構築されている	15	5	9
		57.70%	83.30%	64.30%
3	一部しか構築されていない	8	0	5
		30.80%	0%	35.70%
4	全く構築されていない	0	0	0
		0%	0%	0%
	合　　計	26	6	14

　次に「一般的な相談の体制整備に必要な条件」（問14）としては，回答全体では，「相談支援専門員の知識と技術」が12件（23.1%），「一般的な相談の重要性に対する関係者の意識」が9件（17.3%），「一般的な相談に対応するための行政の支援」が7件（13.5%）と平均的な割合で専門職の資質の向上や関係者の意識，行政への取り組みへの期待が示されるとともに，「相談支援体制に対する全体的なビジョン」が15件（28.8%）と最多であることから地域の相談支援体制そのものを根本的に考え，構築することが重要であるといえる。こうした傾向は，A群，B群に分類した回答でも同様となっている。

　問14　「一般的な相談」に対応する体制を整備するには，必要なものは何であると思いますか，あてはまるものを選択して下さい。（2つ以内）

第4章 「実践課題の政策化」を推進するための仕組み

	回 答 項 目	全体	A群	B群
1	「一般的な相談」の重要性に対する関係者の認識	9	3	4
		17.30%	25.00%	14.30%
2	「一般的な相談」に対応するための行政の支援	7	2	4
		13.50%	16.70%	14.30%
3	相談支援専門員の知識と技術	12	3	7
		23.10%	25.00%	25.00%
4	行政窓口の充実	2	1	0
		3.80%	8.30%	0%
5	相談支援体制に対する全体的なビジョン	15	3	9
		28.80%	25.00%	32.10%
6	その他	2	0	1
		3.80%	0%	3.60%
	未回答	5	0	3
		9.60%	0%	10.70%
	合　計	52	12	28

〈考　察〉

　以上，当事者や地域住民が困難な場面に直面した時は，まず行政の窓口や行政と関係の深い委託相談支援事業所に足を運ぶものと実感されており，この傾向は，B群で顕著であった。このことは，「実践課題の政策化」のスタートとして，生活問題を顕在化させるには，行政が一番身近な窓口となり，相談支援体制全体を調整，管理し，重要な役割を果たすことが一義的に期待されることを示している。しかしながら，地域で埋もれている個人の能力ではどうしようもできない生活問題を的確に把握するには，行政だけではなく，「一般的な相談」を行う各指定相談支援事業所の機能強化を含めA群のように，地域全体で相談支援を展開する体制の構築が必要である。将来にわたって安定的な相談支

援体制を構築するには，各地域において，それぞれの歴史や文化，社会資源の状況などを踏まえて，関係者と検討，協議し，地域全体の「ビジョン」をつくることが肝要となる。

　加えて，「一般的な相談」を含めて相談を直接受ける相談支援専門員のスキルについても，全体として，また分類した回答においても課題として認識されており，「実践課題の政策化」のスタートとなる生活問題の把握において不可欠な要素であることを示唆している。

② 問題共有プロセス

　障害者本人のニーズに寄り添い，本人のストレングスを出発点にして，制度ありきではなく，フォーマル，インフォーマルを問わず，自立に向けた支援を行うには，地域における相談支援システムにおいて，関係機関間で情報を共有し，さらに必要な支援を途切れなく提供する緊密な連携が必要である。

　調査では，「相談支援事業所間の連携，相談支援事業所と基幹相談支援センターとの連携」（問6），そして，「相談支援事業所と行政等関係機関との連携」（問7）については，両回答とも全体としては，「緊密な連携が図れている」が12件（46.2%），「まあまあ連携が図れている」が14件（53.8%）となっており，大枠では，回答したすべての地域で行政機関も含めた連携が行われている状況が示されている。その中でA群は，「相談支援事業所間の連携，相談支援事業所と基幹相談支援センターとの連携」（問6）において，5件（83.3%）と全体やB群の結果と比べてその割合が高くなっていることは特筆される。

　問6　相談支援を行う際に相談支援事業所間，あるいは相談支援事業所と基幹相談支援センターとの関係について緊密な連携は図られていますか，あてはまるものを一つ選択して下さい。

	回　答　項　目	全体	A群	B群
1	緊密な連携が図れている	12	5	5
		46.20%	83.30%	35.70%
2	まあまあ連携が図れている	14	1	9
		53.80%	16.60%	64.30%

第4章 「実践課題の政策化」を推進するための仕組み

3	あまり連携が図れていない	0	0	0
		0%	0%	0%
4	全く連携が図れていない	0	0	0
		0%	0%	0%
	合　計	26	6	14

問7　相談支援を行う際に相談支援事業所と行政等関係機関との関係について
緊密な連携は図られていますか，あてはまるものを一つ選択して下さい。

	回　答　項　目	全体	A群	B群
1	緊密な連携が図れている	12	2	7
		46.20%	33.30%	50.00%
2	まあまあ連携が図れている	14	4	7
		53.80%	66.70%	50.00%
3	あまり連携が図れていない	0	0	0
		0%	0%	0%
4	全く連携が図れていない	0	0	0
		0%	0%	0%
	合　計	26	6	14

　また，具体的に支援する段階においては，「サービスを統合した総合的な相
談支援の実施」（問15）について，「概ね行われている」が9件（34.6％），「一
部ではあるが行われている」が14件（53.8％）との結果から，相談支援の目的
に向けて，望ましい取り組みが概ね行われていると考えられる。このことにつ
いても，A群の割合は，全体やB群の結果と比較しても高い。

　問15　貴市域では，専門的な助言や支援，地域のインフォーマルな社会資源な
どをメニューに入れて，その上でサービスを調整，統合した総合的な相談支
援が行われていると思っていますか，あてはまるものを一つ選択して下さい。

135

	回 答 項 目	全体	A群	B群
1	概ね行われている	9	3	3
		34.60%	50.00%	21.40%
2	一部ではあるが行われている	14	3	10
		53.80%	50.00%	71.40%
3	行いたいと思っているが，現状では行う環境にない	2	0	1
		7.70%	0%	7.10%
4	わからない	0	0	0
		0%	0%	0%
5	その他	0	0	0
		0%	0%	0%
	未回答	1	0	0
		3.80%	0%	0%
	合　計	26	6	14

　しかしながら，相談支援をさらに充実させるためには，複数回答ではあるが，「総合的な相談支援の実施に必要な条件」（問16）として，「各機関や相談支援事業所間の実効的な連携」を挙げているのが全体では18件（34.6％），A群では6件（50.0％），B群では10件（35.7％）といずれも最多の回答を得ていることから，形だけではなく，関係機関間における実効的な連携が継続的な取り組みとして根付くことが求められている。特に，A群において，その回答が半数に達していることは，「実践課題の政策化」の実現に向けても重要な要素となることを示唆している。

　　問16　サービス調整が効果的に行われ，総合的な相談支援となるための必要な条件をどのように考えていますか，あてはまるものを選択し，該当する番号に○をつけて下さい。（2つ以内）

第4章 「実践課題の政策化」を推進するための仕組み

	回答項目	全体	A群	B群
1	専門機関の積極的な関わり意識と具体的な取り組み	7	0	4
		13.70%	0%	14.30%
2	行政窓口の積極的な関わり意識と具体的な取り組み	4	2	1
		7.70%	16.70%	3.60%
3	相談支援事業所（基幹相談支援センター, 委託相談支援事業所含む）の積極的な関わり意識と具体的な取り組み	9	2	4
		17.30%	16.70%	14.30%
4	各機関や相談支援事業所（基幹相談支援センター, 委託相談支援事業所含む）間の実効的な連携	18	6	10
		34.60%	50.00%	35.70%
5	相談支援に関わる行政施策の充実	6	1	4
		11.50%	8.30%	14.30%
6	その他	1	0	0
		1.90%	0%	0%
	未回答	7	1	5
		13.70%	8.30%	17.90%
	合　計	52	12	28

　また，指標となる「統一的なアセスメントシートの使用」（問8）については，「統一的なアセスメントシート作成の課題認識は持っている」が9件（34.6%）と最も多く，「行政の窓口を含め使用している」2件（7.7%）と「相談支援事業所すべてで使用している」7件（26.9%）を合わせても3割程度となっているが，A群では，それが合わせて3件（50.0%）と半数に達している。

　問8　貴市域では，相談支援について，統一的なアセスメントシートを使用していますか，あてはまるものを一つ選択して下さい。

	回 答 項 目	全体	A群	B群
1	行政の窓口も含め使用している	2	1	0
		7.70%	16.60%	0%
2	相談支援事業所（基幹相談支援センター，委託相談支援事業所含む）全てで使用している	7	2	4
		26.90%	33.30%	28.60%
3	一部の相談支援事業所で使用している	3	0	2
		11.50%	0%	14.30%
4	統一的なアセスメントシートの作成に向けて検討中	2	0	1
		7.70%	0%	7.10%
5	統一的なアセスメントシート作成の課題認識はもっている	9	2	5
		34.60%	33.30%	35.70%
6	統一的なアセスメントシートを作成する予定は全くない	1	2	1
		3.80%	33.30%	7.10%
	未回答	2	1	1
		7.70%	16.60%	7.10%
	合　計	26	6	14

　さらに，「相談支援の手引き（ガイドライン）の作成」（問9）については，「作成している」が4件（15.4%）と少数であり，「作成を検討している」1件（3.8%）と「作成の意向はある」7件（26.9%）を合わせても，全体の半数程度にとどまっている。一方，「作成する予定は全くない」は10件（38.5%）となっており，B群に至っては，7件（50.0%）と半数に達しており，相談支援の手引き（ガイドライン）の作成について消極的な状況となっている。

　問9　貴市域の相談支援の標準化のために，相談支援の手引き（ガイドライン）を作成しておりますか，あてはまるものを一つ選択して下さい。

	回 答 項 目	全体	A群	B群
1	手引き（ガイドライン）を作成している	4	2	2

		15.40%	33.30%	14.30%
2	手引き（ガイドライン）の作成を検討している	1	0	0
		3.80%	0%	0%
3	手引き（ガイドライン）作成の意向はある	7	2	3
		26.90%	33.30%	21.40%
4	手引き（ガイドライン）を作成する予定は全くない	10	1	7
		38.50%	16.60%	50.00%
5	その他	2	1	0
		7.70%	16.60%	0%
	未回答	2	0	2
		7.70%	0%	14.30%
	合　計	26	6	14

〈考　察〉

　「実践課題の政策化」に必要な情報の共有化や行政機関も含めた関係機関の連携については，目的は理解され，枠組みとしては概ね出来上がっている状況である。しかしながら，具体的に実効的かつ技術的な視点からみると，アセスメントの段階で有効となる統一的なシートの使用については，その重要性は認識しているものの，実績は道半ばである。相談支援業務全体を標準化するためのツールであるガイドラインの作成については，少数にとどまっていることからも，全体としては問題共有プロセスの段階での取り組みは，現時点では十分とはいえない状況である。こうした中で，「実践課題の政策化」を実現しているＡ群では，統一的なアセスメントシートの使用やガイドラインの作成について，「実践課題の政策化」が実現できていないＢ群よりも高い割合で行われていることが示されている。

③　地域課題の集積・明確化プロセス

　「実践課題の政策化」について，個々の生活問題を解決できない場合には，

そのケースを地域課題として集積し，課題を専門的な観点から分析するシステムが必要である。調査では，「地域課題の集積状況」（問17）について，「地域の課題を集積する組織やツールがあり，うまく機能している」と「地域の課題を集積する組織やツールはあるが，うまく機能していない」を合わせると，全体としては，それぞれ4件（15.4％）と16件（61.5％）で8割近くの地域で，A群ではすべての地域で，また，B群でも7割を超える地域で仕組みが整備されている。しかしながら，その働きについては，「地域の課題を集積する組織やツールはあるが，うまく機能していない」が全体の回答では最多であり，組織やツールが実効的なものとなっていない状況である。

問17　貴市域では，相談支援から導き出された個々の課題が，地域の課題として集積されていると思いますか，あてはまるものを一つ選択し，該当する番号に○をつけて下さい。

	回 答 項 目	全体	A群	B群
1	地域の課題を集積する組織やツールがあり，うまく機能している	4	2	1
		15.40%	33.30%	7.10%
2	地域の課題を集積する組織やツールはあるが，うまく機能していない	16	4	9
		61.50%	66.70%	64.30%
3	地域の課題を集積する組織やツールがないため，うまく機能していない	3	0	2
		11.50%	0%	14.30%
4	わからない	1	0	1
		3.80%	0%	7.10%
5	その他	0	0	0
		0%	0%	0%
	未回答	2	0	1
		7.70%	0%	7.10%
	合　計	26	6	14

「地域課題の集積のための必要要素」（問18）については，2つ以内の選択で

第4章 「実践課題の政策化」を推進するための仕組み

あるが，「行政職員と相談支援事業所職員との協働」が12件（23.1％），「地域の中にある個々の生活問題の丁寧な現状把握」が11件（21.2％），「個々の生活問題を科学的に分析し，地域課題として集積する能力」が9件（17.3％）と並んでいる。また，地域課題の集積・分析の場としては，具体的には問17の自由回答で，多くは「自立支援協議会」が挙げられている。また，A群では，「行政職員と相談支援事業所職員との協働」が4件（33.3％）と最多であり，「地域課題を集積する組織の構成員の意識」の2件（16.7％）と合わせると半数に達し，その必要性を示している。B群では，「地域の中にある個々の生活問題の丁寧な現状把握」と「個々の生活問題を科学的に分析し，地域課題として集積する能力」が共に最多の回答となっており，課題集積の前提となる問題把握能力やそれを科学的に分析する能力の向上を求めている地域が多くあることを明示している。

問18　地域の課題を集積するには，何が必要であると思いますか，あてはまるものを選択して下さい。（2つ以内）

	回 答 項 目	全体	A群	B群
1	地域の中にある個々の生活問題の丁寧な現状把握	11	2	6
		21.20％	16.70％	21.40％
2	個々の生活問題を科学的に分析し，地域課題として集積する能力	9	1	6
		17.30％	8.30％	21.40％
3	行政職員の積極的な関わり	2	1	1
		3.80％	8.30％	3.60％
4	相談支援事業所（基幹相談支援センター，委託相談支援事業所含む）職員の積極姿勢	4	1	2
		7.70％	8.30％	7.10％
5	行政職員と相談支援事業所（基幹相談支援センター，委託相談支援事業所含む）職員との協働	12	4	5
		23.10％	33.30％	17.90％
6	地域の課題を集積する組織の構成員の意識	4	2	2
		7.70％	16.70％	7.10％

7	その他	2	1	0
		3.80%	8.30%	0%
	未回答	8	0	6
		15.90%	0%	21.40%
	合　計	52	12	28

〈考　察〉

　地域課題の集積・分析を行う場や機会については，地域自立支援協議会が効果的な役割を果たすことが期待されている。地域自立支援協議会は法定化の影響もあり多くの自治体で整備されているもののうまく機能していない現状がある。その原因としては，特にB群の自治体の結果に見られるように，各地域自立支援協議会で十分に問題把握の積み重ねが行われず，携わる関係者にも分析力も含めた必要な能力が備わっていないなど，運営方法等も含めた仕組み自体が成熟していないことが考えられる。A群のように，合意形成を図るには，行政職員と相談支援事業所職員との協働や，構成員の意識の醸成に取り組むことが効果的であり，そのことを一層強化することが「実践課題の政策化」を実現することにつながるのではないかと考える。

④　企画立案の実行・運用プロセス

　「実践課題の政策化」の最終段階となる地域課題を解決するための企画立案や障害福祉計画への反映，計画化・事業化などの現状はどのようになっているのか。

　それぞれの地域の相談支援システムにおいて検討された企画案の「障害福祉計画等への反映や，事業化等のルールの状況」（問25）については，全体として「計画化・事業化に関し，検討項目として扱われている」が11件（42.3%）と最多で，続いて「参考意見として受け止められている」が8件（30.8%）となっている。しかしながら，確実な計画化・事業化が見込める「前提として取り扱われている」は2件（7.7%）で最少である。こうした中で，A群におい

第4章 「実践課題の政策化」を推進するための仕組み

ては，「計画化・事業化に関し，検討項目として扱われている」が5件
（83.3％）と大部分を占めていること，また，B群では，「参考意見として受け
止められている」が8件（57.1％）と半数を超えていることが特筆される。

問25　地域課題の解決方法について，障害福祉計画への位置づけや事業化のル
ール化は図られていますか，あてはまるものを一つ選択して下さい。

	回 答 項 目	全体	A群	B群
1	計画化・事業化することを前提に扱われている	2	0	1
		7.70％	0％	7.10％
2	計画化・事業化に関し，検討項目として扱つかわれている	11	5	3
		42.30％	83.30％	21.40％
3	計画化・事業化に関しては，参考意見として受け止められている	8	1	8
		30.80％	16.60％	57.10％
4	計画化・事業化に関しては，想定されていない	2	0	1
		7.70％	0％	7.10％
5	その他	3	0	1
		11.60％	0％	7.10％
	合　計	26	6	14

　また，「計画化，事業化の検討の際の行政情報の提供状況」（問24）について，
全体としては，「ある程度提供されている」が15件（57.7％）と半数以上を占
めてはいるが，「求めたもののみ提供されている」が5件（19.2％），「全く提
供されていない」も2件（7.7％）あることから，政策形成を進めるために行
政が積極的かつ十分に情報提供しているとまでは言えない状況である。特に，
A群では「ある程度提供されている」が5件（83.3％）と大部分を占めている
が，B群では，「求めたもののみ提供されている」が4件（28.6％）と3割近
くあり，しかも「全く提供されていない」と回答している地域もあるなど異な
った状況となっている。

　問24　貴市域において，地域課題の計画化や事業化を検討する際に，財政や企

143

画立案に関する行政情報が提供される仕組みやルールなどの環境基盤はありますか, あてはまるものを一つ選択して下さい。

	回 答 項 目	全体	A群	B群
1	行政情報が的確に提供されている	1	0	1
		3.80%	0%	7.10%
2	行政情報はある程度提供されている	15	5	6
		57.70%	83.30%	42.90%
3	行政情報は求めたもののみ提供されている	5	1	4
		19.20%	16.60%	28.60%
4	行政情報は全く提供されていない	2	0	2
		7.70%	0%	14.30%
5	その他	2	0	0
		7.70%	0%	0%
	未回答	1	0	1
		3.80%		7.10%
	合　計	26	6	14

　こうした中で, 計画化・事業化など「政策形成に対する意識（問20）」については,「常に必要である」が19件（73.1%）と7割を超え,「一定程度必要である」7件（26.9%）を加えるとすべての地域でその必要性が認識されている。中でもA群においては,「常に必要である」が5件（83.3%）と8割を超えており, 日々の業務においても社会資源の改善・開発につながる政策形成を意識する重要性が明らかとなっている。

　問20　日々の実践の中で, 社会資源の改善・開発につながる計画化・事業化（政策形成）を意識することは必要だと思っていますか, あてはまるものを一つ選択して下さい。

	回 答 項 目	全体	A群	B群
1	計画化・事業化（政策形成）を意識する	19	5	8

			73.10%	83.30%	57.10%
2	計画化・事業化（政策形成）を意識する ことは，一定程度必要である	7	1	5	
		26.90%	16.60%	35.70%	
3	計画化・事業化（政策形成）を意識する ことは，どちらかというと必要ではない	0	0	0	
		0%	0%	0%	
4	計画化・事業化（政策形成）を意識する ことは，全く必要ない	0	0	0	
		0%	0%	0%	
	合　計	26	6	14	

　また，「計画化・事業化の実現のための必要な条件」（問28）としては，３つ以内の回答であるが，地域課題の集積から問題解決のための企画立案や合意形成まで一連の政策形成の場として位置づけられる「自立支援協議会の充実と活発な活動」が全体としては22件（28.2%），A群では４件（22.2%），B群では13件（31.0%）といずれも最多の回答であり，続いて「日頃からの相談支援事業所と行政との官民協働」が全体の回答でも，分類した回答でも多数となっており，これらが「実践課題の政策化」の実現のための必要な要素として示されている。

　問28　今後，地域の課題解決のための計画化・事業化を実現するには，どのようなことが必要だと思いますか，あてはまるものを選択して下さい。（３つ以内）

	回　答　項　目	全体	A群	B群
1	自立支援協議会の充実と活発な活動	22	4	13
		28.20%	22.20%	31.00%
2	事業の必要性の周知	3	0	2
		3.80%	0%	4.80%
3	当事者の声や働きかけ	5	1	4
		6.40%	5.60%	9.50%

4	住民や民生委員など地域全体の理解や後押し	7	1	3
		9.00%	5.60%	7.10%
5	当該テーマの計画化・事業化に対するその対象者以外の障害者の理解	0	0	0
		0%	0%	0%
6	民間サイドにおける中心となる人材	0	0	0
		0%	0%	0%
7	相談支援事業所（基幹相談支援センター，委託相談支援事業所含む）の意識と行動	7	3	3
		9.00%	16.70%	7.10%
8	窓口となる行政職員の熱意と高い政策形成能力	4	2	2
		5.10%	11.10%	4.80%
9	首長や担当部署の所属長など，責任のある行政職員の理解	6	1	4
		7.70%	5.60%	9.50%
10	ケース対応や情報交換等など日頃からの相談支援事業所と行政との官民協働	12	3	5
		15.40%	16.70%	11.90%
11	地域住民や相談支援事業所，行政機関など間での福祉に対する価値観の共有	5	3	2
		6.40%	16.70%	4.80%
12	その他	2	0	0
		2.60%	0%	0%
	未回答	5	0	4
		6.40%	0%	9.50%
	合　計	78	18	42

〈考　察〉

　地域課題を解決するための企画立案や障害福祉計画への反映，計画化・事業化などの現状については，計画化・施策化の実績のないB群と計画化・事業化の実績のあるA群との比較から，当然のことではあるが「実践課題の政策化」の実現のためには障害福祉計画への位置づけや事業化へのルール化の必要性が

第4章 「実践課題の政策化」を推進するための仕組み

明らかとなった。また，計画化・事業化の検討の際には，財政や企画立案等の政策形成に関わる行政情報が重要となるが，その提供状況は各地域でまちまちである。A群とB群との比較では，やはりA群の方が丁寧に行政情報を提供している現状があり，相談支援専門員など関係者においては，日々の業務の中で社会資源の改善・開発につながる政策形成を意識する重要性も指摘されている。

　さらに，計画化・事業化の実現のための必要な条件としては，相談支援における一連の政策形成の場である地域自立支援協議会の活性化と，そのための行動原理として官民協働の推進が求められている。

4　ま　と　め

　障害者相談支援システムにおける「実践課題の政策化」の現状については，同システムの基盤となる地域自立支援協議会は「障害者総合支援法」の第88条第8項では，市町村障害福祉計画を定め，又は変更しようとする場合において，あらかじめ，地域自立支援協議会の意見を聴くよう努めなければならないと政策形成の場面の中で重要な役割を任されていることもあり，「実践課題の政策化」を実現する仕組みとして多くの地域で整備されている。しかしながら，「実践課題の政策化」となる計画化・施策化の実績としては冒頭の問26の結果のように現状では確実なものとはなっていない状況にある。

　こうしたことを踏まえ，前章の理論的枠組みの中で示した展開過程に基づき，「実践課題の政策化」を推進するための仕組みについて以下のとおり整理する。

　まず，問題把握プロセスの段階においては，「一般的な相談やそのための相談支援体制のあり方」が重要な構成要素となる。「実践課題を政策化」には，そのスタートとなる問題把握のプロセスにおいて，炙り出される課題に真摯に向き合い，既存の制度や枠組みに固執せずに社会変革の視点から，問題解決の方策として計画化・事業化について意識し，取り組むことが重要であり，その際の対応次第によってその後の相談支援プロセスでの展開が異なってくるのである。それには，相談支援の入り口となる「一般的な相談」の場やあり方が重要となる。調査結果では，「一般的な相談」を充実させ安定的な相談支援体制を構築するには，行政の深い関与が不可欠であると示されたが，各地域におい

て，よりニーズを踏まえた障害者福祉施策や事業を展開しようとするならば，行政は相談支援の入り口となる「一般的な相談」の位置づけを強化する必要がある。そして，その「一般的な相談」を含め安定的な相談支援体制を構築するためには，各地域，市町村における相談支援体制のあるべき姿となる「ビジョン」を策定することが肝要であり，地域づくりを担う関係者や行政が集い，ソーシャルワークとしての相談支援をどのような形で実現するのか，真剣に検討しなければならないのである。

　次に，2つ目として，問題共有プロセスの段階では，「ネットワークの構築・連携による地域課題の共有化」が重要な構成要素となる。つまり，地域課題を集約する際の前提となる問題共有化の具体的な方策や技術の普及・習得の熟度が問題となる。障害者相談支援において「実践課題の政策化」を実現しようとするならば，問題を関係者間で情報として共有するだけでは不十分であり，一元的かつ統一的な情報の整理やデータの収集など，政策形成のための根拠となる科学的視点に立った取り組みが必要である。調査結果では，情報の共有化や関係機関の連携については，目的は理解され，各地域においては概ね枠組みは出来上がっているが，「実践課題の政策化」を実現するための実効的な取り組みについては，現時点では不十分であると示されている。他方，統一的なアセスメントシートの使用やガイドラインの取り決め等により，ネットワークの連携強化を図り，計画化・事業化に成果を挙げている地域もある。今後は，それぞれの地域で，民間の事業所間で目的意識の共通化を踏まえた緊密な連携を図れるよう，福祉専門職である相談支援専門員には，環境づくりや技術向上への意識，行動が期待されるところである。

　3つ目の地域課題の集積・明確化プロセスの段階においては，地域課題の集積・分析を行う場となる地域自立支援協議会の活性化が重要な要素となる。地域自立支援協議会は法定化の影響もあり多くの地域で整備されているもののうまく機能していない現状がある。原因としては，各地域自立支援協議会で十分に問題の把握ができていないこと，また，問題把握はできていても個別ケース事情にとどまり地域課題としての整理や積み重ねが行われないことが挙げられる。このため，地域自立支援協議会の中で「実践課題の政策化」に対する関係

者の意識の醸成や組織体制，運営方法の工夫などに取り組み，実効ある仕組み
として活性化させることが求められている。また，障害者相談支援システムに
おいては，地域自立支援協議会と共にその中核となる基幹相談支援センターの
役割も重要である。基幹相談支援センターは，現時点では，設置されている地
域は少なく，果たしている機能も様々であるが，各地域において「実践課題の
政策化」を戦略的かつ総合的に推進する拠点となることは間違いない。基幹相
談支援センターの充実強化も必要である。

　最後の企画立案の実行・運用プロセスの段階においては，当然のことではあ
るが政策主体者としての行政の関与の度合いと，行動原理としての「協働」の
理解と実践が重要な要素となる。地方分権が進行する中，当事者や関係者，地
域住民が政策形成過程に深く関わる住民主体のまちづくりの成否は協働の推進
にかかっており，特に福祉領域における政策形成は，問題発見から解決への専
門的かつ技術的な見通しが必要となるため，権利主体である当事者や福祉専門
職などの関係者，専門家，地域住民などによって検討を加えられた施策・事業
がより効果的となる。こうした視点に立つと，協働により政策形成を進めると
いう行政の意識を前提にして，さらには障害福祉計画への位置づけや事業化へ
のルール化など行政の確実的な関与，そして，それを支える政策形成能力の高
い行政職員の存在が「実践課題の政策化」には不可欠となる。

　以上の結果をもって，一般的な傾向として捉えるには不十分であることは否
めないが，障害者相談支援システムの現状から「実践課題の政策化」を推進す
るための効果的な仕組みについて多少なりとも明らかに出来たのではないかと
考えている。そして，その中で炙り出された課題を手掛かりに，次章では，
「実践課題の政策化」を推進するための方法として，人材像やその行動形態な
ど，力動的な主体形成への接近を試みる。

注

(1)　特定非営利活動法人日本相談支援専門員協会が平成25年度厚生労働省総合福祉
　　推進事業として，計画相談支援および地域相談支援の実態を明らかにすることに
　　より相談支援の標準化を図り，相談支援体制の構築に資することを目的に実施し

た「相談支援に係る業務実態調査」。

　調査対象は日本全国の相談支援事業所，調査票発送数421件のうち回収数は235件（回収率は55.8％），調査時期は平成25年11月15日〜平成25年11月30日（回収期限）である。

(2)　同上，76ページ。

第5章

「実践課題の政策化」に関する
核心的推進基盤のあり方

ここまで第3章では，障害者相談支援における「実践課題の政策化」について，政策形成の視点から障害者相談支援を捉え，依って立つ基本原理の特性を明らかにするほか，実践原理としてのソーシャルワークを基盤にした相談支援や，実践展開における展開過程ごとの推進機能について示すなど，理論的枠組みを整理した。

続く，第4章では，2つの「アンケート調査」を分析，考察し，現行の相談支援事業の中で中心的な事業である計画相談支援の実態を探るとともに，課題を指摘した。さらには，第3章で示した理論的枠組みを援用し，障害者相談支援システムの現状を把握，分析することで，「実践課題の政策化」の推進に効果的であると思われる仕組みを探求した。結果としては，「実践課題の政策化」が仕組みとして，確立し，普及していると言えるまでには至っていない状況であったが，そうした中で，計画化，事業・施策化を実現した地域体では，地域の生活問題を把握するための「一般的相談支援」の重要性の認識や，相談支援機関間の緊密な連携，行政情報の提供，事業化のルールの確立などを重要視していることが示された。

そこで，本章では，次の段階として，こうした仕組みを実効的に運用するために，先進自治体の状況や取り組み事例の調査から，推進する基盤となる人材像やその行動形態への接近を試みる。

第1節　事例研究の進め方

1　事例研究の目的

　自治体障害者福祉政策の継続的な発展のため，ソーシャルワーク実践である障害者相談支援を政策的に捉え，そこに内在する機能である「実践課題の政策化」について，実践と政策が結びついた先進事例を取り上げ，展開過程における取り組みや，その核心的推進基盤である，携わった「人」の行動形態やスキルについて探るものとする。

2　事例研究の調査方法

　本章では，「実践課題の政策化」を実現する方法論を少しでも具体的なものとして示そうとする意図から，先進自治体の実践事例を調査し，分析，考察することとした。調査方法については，半構造化面接を用い，質問は自治体の概況，障害者や障害福祉サービス等の内容，先進事例の概要・特徴，事例形成の経緯・課題，事例実現化の要因，関係者の意識・行動等についてインタビューを行うほか，関係資料を拝受した。調査の実施については，以下の表5-1のとおりである。

　なお，倫理的配慮として，所属に「人を対象とする研究計画等の審査」を申請し，承認（平成26年4月7日付，承認番号H25—45）を受け，インタビューにあたっては，研究の目的および話せる範囲で構わないこと，プライバシーの厳守，データの取り扱い，（記録，分析手順と方法，結果の公開・論文化）について文書で説明し，相手方の同意書により研究協力の了解を得た。

　調査事例の選択については，身近で取り組みやすいものから大きな財源を必要とするものまで様々な実践事例が全国の各自治体で展開されており，それぞれ興味深い取り組みも多いが，本研究は「実践課題の政策化」の具体的な方法論を地域の特性や環境を踏まえた上で，各主体の取り組みと関わった人材の行動原理を明らかにしようとする意図から，次の理由により事例の選択を行った。

　理由の1つは，人口規模，財政力など客観的な条件の差異に関して，過疎が

第 5 章　「実践課題の政策化」に関する核心的推進基盤のあり方

表 5-1　調査の実施概要

	日　時	場　所	相　手　方
京都府与謝野町	平成26年7月4日 午後1時～午後5時	与謝野町加悦庁舎	与謝野町職員 相談支援事業所職員
神奈川県相模原市	平成26年12月5日 午後5時～午後9時	障害者支援センター 松が丘園	相談支援事業所職員 自立支援協議会事務局職員

出典：筆者作成。

進む小規模な自治体と，現在でも人口が増加している大規模な自治体を選択した。

　2つ目としては，自治体で培ってきた福祉推進の原動力の特色や福祉の水準，そして，障害者相談支援の基盤となる地域自立支援協議会の活動などの視点を考慮し，選択した。

　3つ目としては，福祉を地域の新たな産業やまちづくりとして捉えるなど，障害者福祉が福祉文化として地域に根ざすことに自覚的であり，現実に実践を試みている自治体および事例を取り上げた。

　理由の最後としては，インタビュー調査の限界を補うため，事例に関わる文献や資料があることも事例選択の要因とした。なお，事例2については，筆者が当該自治体に長年，勤務し少なからず関係者として当該事情に精通していることから選択した。

3　分析枠組みの設定

　次に，事例研究の分析枠組みについては，第3章で示した障害者相談支援における「実践課題の政策化」の理論的枠組みを援用し，設定した。

　具体的には，「実践課題の政策化」の実践展開の中で前提となる条件として示した地域性，包括性，公共性の3つの視点から導き出した，① 環境条件と，「協働による政策形成」を踏まえて整理した，② 展開過程における「実践課題の政策化」の推進機能の内容を表5-2のとおり設定した。

153

表 5-2 「実践課題の政策化」の推進機能の内容

① 環境条件

項　　目	内　　　　容
地域の状況	当該地域の物質的な基盤となる経済力や産業のあり方，その産業の形成の源となる自然環境や歴史，市政運営など，総体的に住民の暮らしを支える状況等について
福祉の水準	当該地域における福祉関連の財政状況や，障害福祉政策を総合的に推進するための計画や取り組み状況等について
福祉環境の特性	当該地域における住民自治のあり方や，広範な視点からとらえた住民の暮らし全般と行政，地域との関係，事業活動や福祉発展の原動力となる組織の状況等について

② 展開過程における「実践課題の政策化」の推進機能の内容

展開過程	「実践課題の政策化」の推進機能の内容
① 問題把握プロセス	■一般的な相談やそのための相談支援体制のあり方 　的確に問題把握ができるよう，社会福祉の対象である個人の生活問題に対して，身近な場所で，気軽に幅広く相談に応えるための体制等について
② 問題共有プロセス	■緊密なネットワークによる生活問題の共有 　生活問題について，その情報や支援に対する意識等を共有するための，関係機関の間でのネットワークについて
③ 地域課題の集積・明確化プロセス	■地域課題の調査研究と政策化対象の明確化 　生活問題を地域課題として集積し，専門的かつ実効的な観点から磨き上げ，政策化の対象として明確化する仕組みについて
④ 企画・立案の実行・運用プロセス	■企画立案と施策化・事業化の合意形成 　生活問題を解決するための企画立案，障害福祉計画への反映，計画化・事業・施策化に向けた合意形成やルール化について

出典：筆者作成。

第2節　先進事例から──力動的な主体形成に向けて

1　京都府与謝野町

〈環境条件〉

(1)地域の状況

　2006（平成18）年3月1日，加悦町，岩滝町，野田川町が合併し誕生した与謝野町（よさのちょう）は，京都府の北部，日本海に面した丹後半島の尾根を

154

背景とし，南は福知山市，東は宮津市，西は京丹後市などに接している。大江山連峰をはじめとする山並みに抱かれ，野田川流域には肥沃な平野が広がり，天橋立を望む阿蘇海へと続いている。総面積108平方キロメートルの範囲に約２万4,000の人が暮らしており，南北約20キロメートルの間に町並みや集落が連なるというまとまりの良い地域である。

　人口の特徴としては，２万5,853人だった2006（平成18）年の合併時から，直近の国政調査（平成22年10月）では２万3,454人で大幅に減少していることがわかる。さらに，高齢化率は29.9％で，日本全国の平均と比較してもかなり高く，地域の大きな課題となっている。この原因は，かつて賑わった織物業の衰退と共に地域の雇用が減少したものと考えられる。また，障害者人口の状況は，2012（平成24）年３月末時点では，身体障害者手帳所持者が1,451人，療育手帳所持者が229人，精神障害者保健福祉手帳所持者が118人，全体で1,798人となっており，人口比では約７％を占めている。

　産業について，与謝野町は，古くから「丹後ちりめん」を主とする織物業を中心に農林業や商工業などにより地域が発展していたが，長引く不況や就業者の高齢化，技術の伝承ができないなどの原因もあり，零細な個人経営と家内労働で支えられてきた産業は衰退化している。1990年頃までは，織物業を主とした第２次産業の就業者の割合が高かったが，それ以降は第三次就業者の割合が増加している状況にある。こうした中，「与謝野町産業振興ビジョン」（2010年～2019年度）を策定し，「経済活力が地域内を循環する産業振興」を実現するため，2012（平成24）年には「中小企業振興基本条例」を制定し，「まちぐるみ」で地域循環型経済への取り組みが行われている。この条例は「町民みんなの条例」と言う基本理念のもと与謝野町の産業特性を踏まえて，対象主体に農林業者も含めるとともに，「人づくり」を重視し，人材の確保と育成の条項が盛り込まれている。現在では，生産から加工，販売まで手掛ける「第６次産業」を展開する農業生産法人と行政との連携により地域農業を活性化するなど，地域全体を支える取り組みが行われている。

(2)福祉水準

　与謝野町は，三町合併からほぼ9年を経て，旧三町のそれぞれの系譜を踏まえながら新しいまちづくりを行っている。与謝野町の財政状況は，平成24年度決算における財政力指数は0.30であり，経常収支比率は87.3，実質公債費比率は14.4である。また，平成26年度当初予算によると歳出全体で111億5,500万円のうち民生費は31億1,844万円（全体の28.0％），さらに障害福祉費は7億4,425万円（全体の6.7％）である。

　障害福祉については，2007（平成19）年3月に「与謝野町障害者計画及び障害福祉計画」が，その後，2012（平成24）年3月には「与謝野町障害者基本計画」が策定されており，これらの計画は，障害者基本法に基づく「市町村障害者計画」と障害者総合支援法に基づく「市町村障害福祉計画」を一体的に策定したものとして位置づけられている。内容としては，「すべての町民が生活しやすい福祉のまちづくり」の推進に向けて，「障害のある人一人ひとりのニーズに対応するため，個々の障害に応じたニーズ」を的確に把握するとともに，「ライフステージの全段階を通じた総合的かつ適切な支援施策」の充実を基本にしている。そして，この計画は計画所管課において，毎年進行状況の取りまとめを行うとともに，必要に応じて地域自立支援協議会等の町設置の委員会や，障害者団体，サービス提供事業所，社会福祉協議会等の関係団体・機関から意見を聴取し，評価・点検が行われている。また，地域自立支援協議会も実質的に機能し，三つの専門部会が毎月のように定期開催され，全体会も年数回開催されており，「計画の策定方法と進行管理のあり方は福祉水準を表す」（岩間・原田 2012：154）ことを考えると，福祉水準は高いものと評価できる。

　また，これまで培ってきた高齢者，障害者のネットワークを基盤に，平成25年3月に開所した地域共生型福祉施設「やすらの里」は，関係する4つの異業種の法人（高齢者福祉，NPO，看護協会，障害者福祉）が連携して運営しており，特別養護老人ホームとデイサービスセンター，ショートステイ，サービス付き高齢者向け住宅からなる在宅複合型施設や，障害者就労支援施設，訪問看護ステーション，事業所内保育所が同一敷地内に整備され，高齢者や障害者，児童が自然に交流でき，施設内で地域のような関わりを感じることができる場

第5章 「実践課題の政策化」に関する核心的推進基盤のあり方

となっている。このことも含め，与謝野町は，高齢者・障害者・児童・医療の各分野の垣根を超えて，地域の中で多面的なサービスを行うため，行政と民間事業者，地域が連携する新しい形の福祉事業を展開する先進的な自治体で，全国から多くの見学者，視察者が訪れる福祉水準が高い地域である。

(3)福祉環境の特性

　歴代の町長は，「福祉のまちづくり」の考え方を基本に，福祉を重視する政策を先進的に進めてきた。特に，1994（平成6）年に野田川町長に就任し，その後，合併により与謝野町長となった太田渥美町長は高齢者，障害者だけではなく児童福祉や女性政策にも力を入れて，中学校卒業までの医療費無料化などの政策を進めるとともに，福祉を一つの産業として考え，雇用創出と産業振興の一翼として位置づけた。与謝野町全体で福祉の仕事に従事する人は約800人，そして，施設利用者の食事や生活のための支出経費，職員人件費などが地域に還元されており，その経済効果は数億円と見込まれている。

　具体的には，「福祉はまちづくりの原点であり，新たなまちおこしと振興の力」を町の基本姿勢に掲げ，「与謝野町地域福祉空間整備『安心どこでもプラン』」を策定して，積極的な町独自施策を展開してきた。このプランは，事業所が一定のリスクを負うのであれば，一定の補助金（社会福祉法人等に対して一法人につき1,500万円を上限）を町が交付するものであり，場所の選定や交渉，地域との説明にも町の職員が出席するなど町と事業所が共同歩調で事業を進めるもので，この制度により平成19年度から23年度にかけて，数多くの社会資源，基盤が出来上がった。例としては，町の元保健センターの改修による弁当工房とグループホームの整備をはじめ，町地域農産物活用交流施設をパン工房に，交通の便の良い元交番を相談支援事業所に，お寺を小規模多機能施設にというものが挙げられる。そして，京都府の建物を町が交渉し，間に入ることで共同作業所も整備された。

　以上の仕組みは，町のコンセプトから生まれたものである。そのコンセプトは「協働によるまちづくり」であり，基本的な考えとしては，汗をかく住民や事業所にはできるだけ支援することを掲げている。また，政策的な判断に対し

て迷いが出てきたときには必ず「住民懇談会」を町の隅々でを開催し，住民に相談するという住民を主人公にした地域づくりが実践されている。

　このような取り組みを基盤として，障害者福祉と自治体の連携による地域再生の活動も行われている。代表的な例としては，よさのうみ福祉会の2つのプロジェクトである。これらは，町民本位の福祉行政の強力な支援と地域の理解と後押しがあってこそ実現したものである。一つは，前述した地域共生型福祉施設「やすらの里」の取り組みであり，もう一つは前指定管理者（民間会社）の倒産によって閉鎖されていた町立宿泊型保養施設「リフレかやの里」の再生である。

　こうした取り組みの源流としては，養護学校開設の運動がある。与謝野町がある京都府北部地域は，障害者福祉・教育の歴史のある地域の一つで，なかでも与謝野町地域は，十数年にわたる運動により，1970（昭和45）年に京都府立与謝の海養護学校を開設し，国に先駆けて学齢障害児の就学保障に取り組んだ地域である。最初の行動は，「できない子どもをできないまま放っておいて，できる子どもだけ手厚く教育をしていくようなことで本当に民主教育といえるだろうか」という考え方に立った障害児学級増設の運動から始まった。そして，障害児学級の実践の中で，担任の先生が学習会等を開いて理解を深める場をつくるとともに，悩みや相談し合う場として親の会を設けて，親との団結も図るなど，学習活動を通した意識醸成が行われた。このような障害児学級の担任と親たちの活動に加えて，養護学校設置連絡会議という幅広い協力や運動があり，さらに学習を進めると同時に，1,000人を超える大規模な集会を開催したり，労働組合への働きかけ，地域の活動，京都府教育委員会との交渉など様々な取り組みにより養護学校の開設が実現した。設立にあたっては，① すべての子どもにひとしく教育を保障する学校をつくろう，② 学校に子どもを合わせるのではなく，子どもに合った学校をつくろう，③ 学校づくりは箱ではない，民主的な地域づくりである，という3つの基本理念が掲げられ，人権を守り，発達保障を前提として，地域と共に歩む学校づくりが行われたのである。

　以上のように，与謝野町地域は十数年にわたる養護学校開設運動を得て，「学校づくりは地域づくり」を合言葉に，1970年に京都府立与謝の海養護学校

第5章 「実践課題の政策化」に関する核心的推進基盤のあり方

の開設を実現した先駆的な地域である。その後，こうした運動や取り組みが基盤となって，学校卒業後の重度障害者や在宅障害者に働く場を保障する共同作業所の設置につながるとともに，「親亡き後」の生活施設の開設など障害者の労働，発達，生活の保障を目指す「福祉のまちづくり」が進められたのである。

〈実践事例1〉　福祉のまちづくりと指定管理施設「リフレかやの里」の再生

(1)実践事例の概要

　与謝野町としては，多くの先進的な実践があるが，代表的なものとしてリフレかやの里の取り組みを紹介する。この事例の中心となるのが，社会福祉法人よさのうみ福祉会である。よさのうみ福祉会は，1970年代の共同作業所づくり運動を基礎にして，1980（昭和55）年に社会福祉法人として設立された。その設立理念は「① 障害者の労働・発達・生活を保障し，生きがいを持って生活できることをめざす」，「② 与謝の海養護学校づくりの理念と運動の教訓を引き継ぎ，さらに発展させる，③ 京都北部地域での障害者福祉事業をすすめる母体となる」となっている。1983（昭和58）年には，障害者の総合的施設の開設をめざす「野田川町に障害者の労働生活施設をつくる会」を発足させ，その後，14年間の粘り強い運動により，1997（平成9）年には，与謝野町岩屋に障害者福祉センター夢織の郷（知的障害者通所授産施設「つむぎ」，知的障害者入所更生施設「いきいき」，設置経営，在宅知的障害者デイサービスセンター「ひまわり」を受託経営）を開設し，法人運営の基礎を固めた。2001（平成13）年頃には，利用者の増加傾向が顕著となった。特徴としては就労経験者が多いことであった。背景には，不況による丹後ちりめんなど地場産業の衰退で障害者から働く場を奪っていったのである。よさのうみ福祉会は「障害の種類や程度に関係なく利用者を受け入れる」という方針を踏まえ，そうした方の仕事と給料というニーズに応えるため，弁当事業やハウス栽培，ジュース加工など，地域産業との連携によって事業を拡充していった。そして，その経過の延長として「リフレかやの里」の指定管理者に指定申請したのである。

リフレかやの里は，与謝野町合併前の1998（平成10）年に，農林水産庁の認可を受けて，旧加悦町が地域おこしを目的に建設したもので，レストラン，浴場，ホテル，ハーブ園を備えた宿泊型保養施設である。合併後の与謝野町においても，町が出資する第三セクターによって引き続き営業が続けられたが，2008（平成20）年には利用者減等により閉鎖され，同セクターも自己破産した。2009（平成21）年，地域住民の再開を望む声に応えて与謝野町は新たな指定管理者を公募した。それによさのうみ福祉会が応募したが，赤字の原因である浴場の廃止を提案したため，一旦は与謝野町議会で否決された。しかしながら，翌年，浴場の再開と農作物加工場の新設の提案により町議会で指定管理者の指定議案が可決された。これは，これまでのよさのうみ福祉会の障害者や地域への活動が評価された結果である。

　リフレかやの里には毎年多くの見学者が全国各地から訪れるが，運営の特徴は地域活性化と障害者雇用である。経済的利益をあげることよりも地元農業の活性化という地域の願いを叶えるために，例えば，レストラン利用者や宿泊客への食事には地元の農家が育てた米や野菜を使用したり，その米などを駐車場の直売所で販売したり，米を使用したパンを製造するなど農家の活性化を促進している。また，障害者の雇用の場としては，レストラン・浴場・ホテルの営業・清掃等の仕事を定員10名の就労支援Ａ型事業として，パン・菓子・ジャム・ジュースの製造販売の仕事を定員20名の就労支援Ｂ型事業として位置づけており，障害者と障害のない職員が協力して働いている。

　地域連携を支える仕組みとしては，リフレかやの里運営協議会がある。この組織は地元自治会，農業者団体，周辺観光施設，バス会社，与謝野町農林課・商工観光課などによって構成されており，ひまわりフェスティバルの開催等町おこしのために連携を図っている。また，もともと農林水産省指定事業であるリフレかやの里を障害者の就労支援事業として位置づけることに京都府が理解を示したこと，福祉を重要な産業とする与謝野町がリニューアオープンの改修費を支援したことなど，行政の積極的なバックアップによって事業が展開されている。

第5章 「実践課題の政策化」に関する核心的推進基盤のあり方

(2)調査結果

　障害者相談支援における「実践課題の政策化」のスタートとなる問題把握プロセスにおいては，相談場所へのアクセスが物理的にも心理的にも身近であり，そして，個人の力では何ともできない個々の生活問題を的確に受け止めることができる体制づくりが求められる。

　与謝野町の場合は，障害者雇用というすでに抱えている地域課題への対応であり，問題把握に関しては，日頃の取り組みの中から明らかになっていたものであるが，そうした事情の中で強調される特徴は，地域の環境状況により見出される。与謝野町は総面積108平方キロメートルの範囲に約2万4,000の人が暮らし，南北約20キロメートルの間に町並みや集落が連なるというまとまりの良い地域であるため，住民同士が顔の見える関係であり，様々な個々の生活問題についても，日常生活の中での何気ない会話や関わり，イベント等の集まりの機会を通じた情報交換などから，把握されることが多い。こうした中では，対象となる人の範囲や事象についても，障害者問題に限らず高齢者問題，生活困窮問題，あるいはそれら複合的な問題として，必然的に既存の制度や仕組みに囚われないものとなる。町の幹部職員も，「介護保険の居宅介護支援事業所と障害者の相談支援事業所と，いま町に置いている地域包括支援センター，これが1か所になるのが一番理想的だと思っているんです，…（中略）…複合的に問題化している部分を一緒に解決していこう」（黒田・よさのうみ福祉会 2012：182）という課題認識を持っている。

　また，問題を捉える基本的な部分としては，法人の理念を現実に実現しようと，長年，作業所の取り組みにおいて，自分の力で生きていきたいという当事者と共に活動し，その中で学んだ「障害があっても生まれ育った土地で暮らしたいと思う人たちが安心して暮らせる，仕事もあって生活もできるようにしていきたい」（黒田・よさのうみ福祉会 2012：47）という職員の想いや，「きょうされん」の全国的な仕事起しの研修会に参加するなど，法人理念の実現化に向けて貪欲に学ぶ職員の姿勢が原点となっている。

　次に，問題を地域の中でいかに共有するかという課題については，日常の活動により問題の共有化が図られるとともに，自らの生活問題を地域の課題と重

ね合わせて行動することで地域全体の課題として収斂させている。

　例えば，「リフレかやの里」の事業の柱の一つである農産物加工事業は，利用者に高い工賃が支払える仕事を求めるとともに，地域の特性を考え，取り組まれた作業であり，それを日々，着実に活動し続けた結果，地域の理解を得て実現したものである。農家から農園やハウスを借りたり，農産物を収穫して給食への提供やお弁当事業の開始，規格外野菜の農産加工などを行う中で，農家との連携や，町農林課とJAからの支援などを通じて，そこに携わる職員が人脈を広げ，地元から信頼されるようになったことが実現化の大きな要因である。こうしたことは，自治会や農業団体，バス会社，近隣の観光施設，町の農林課や商工観光課も加わった「リフレかやの里運営協議会」の設置・運営につながっており，「リフレかやの里」の問題共有や問題解決の基盤となっている。

　続いて，共有化された問題を事業化・施策化の対象となるよう，地域課題として集積し，明確化する仕組みとしては，地域自立支援協議会の活性化が挙げられる。

　与謝野町では，リフレかやの里の取り組みのほか，地域共生型福祉施設「やすらの里」の開設や中高生の障害者に対する放課後支援，障害児も含め3歳になった子ども全員に配布する「ひまわりノート」の作成，入院時コミュニケーション事業など地域のニーズに合わせた様々な事業が先駆的に行われているが，その事業化に大きな役割を果たしているのが与謝野町の地域自立支援協議会である。以下は，相談支援専門員が示した地域自立支援協議会の運営内容と特徴である。まず，その名称については，障害者に限定しないで地域における様々な相談支援を行うということから，敢えて障害者を入れない名称としており，部会運営は1か月に1回開催となっている。そして，運営の核となっているのが運営会議であり，事務局である行政と相談支援事業所，協議会全体会の会長（身体障害当事者）で構成され，町の中にある課題について協議会で話し合うもの，現実的に対応できるものをこの運営会議に諮り，行政のフィルターを通して検討する論点の整理を行う，この際には行政職員には話を聞くだけではなく，企画立案能力を求める。そして，部会に引き継ぎ，現場の意見を聞きながら，具体的な制度や事業案を作成する。このようなプロセスを経て，協議会で

第5章　「実践課題の政策化」に関する核心的推進基盤のあり方

議論したことは全体会で前向きに議論し，その先の政策化につながっていくのである。こうした政策化への仕組みをつくるには協議会の価値を高める必要がある。与謝野町では首長が変わっても協議会の位置づけが変わらないように，首長に研修会に顔を出してもらったり，町の有線テレビでの首長と関係者との対談など協議会の活動をアピールすることを戦略的に行うなど，協議会がどのような取り組みをしているかを地域に広く知らせている。

　また，かつて労働生活施設をつくる運動では，京都府の「基本的に施設入所のニーズは充足している」という主張に対して，よさのうみ福祉会が中心となって結成した「野田川町に障害者の労働生活施設をつくる会」は，共同作業所や与謝の海養護学校の協力を得て「入所希望実態調査」を実施した。その結果，「いますぐ」という早期入所希望者が60名を超えていることが判明し，施設設置の正統性を裏付けた。このように，科学的根拠を地域課題の明確化の方策として活用するとともに，寄付金集めや行政・議会への要望書の提出などの行動も政策形成を図る上で有効な取り組みであった。

　「実践課題の政策化」の最後の段階である施策化・事業化の企画立案や合意形成の中心となる行政の取り組みとしては，与謝野町では，共同作業所時代の事業主負担の意味合いでの町独自の補助制度の創設のほか，2007年度から，公共施設の有効活用を図り福祉施設の整備を推進する目的で実施した「安心どこでもプラン」が挙げられる。この「安心どこでもプラン」は社会福祉法人の事業に対して，町が一法人につき1,500万円を上限とする補助金を交付するものであるが，補助金の支出だけではなく，町の姿勢としては，「場所の選定も，いっしょに足を運んでみつけましょう。場合によってはいっしょに交渉しましょう。地域との説明会にも，必要であれば町も出席します」（黒田・よさのうみ福祉会 2012：159）とお互いの役割分担の中で，行政は基盤確保を担い，民間事業所と行政がタイアップして，リスクを分かち合いながら，一緒に考えて進めるものとなっている。

(3)「実践課題の政策化」の核心的推進基盤のあり方
　「実践課題の政策化」を進めるためには，施策化・事業化するための体制や

163

仕組みが推進基盤として重要であることは言うまでもないが，推進基盤の中でも核心となるのは，それらを実際に企画し，運営する「人」，つまり人材のあり方が重要となる。

　与謝野町においては，地域の「人」の意識については，14年にも及ぶ労働生活施設づくり運動の中で培われたものである。それまで3回断念した後の4か所目の岩屋地区では，住民同意について「有志の方々が中心になって，それも他人ごとではなくまさに我がこととして，地権者だけでも34人おられましたが，それらの方々を説得する活動に日夜がんばっていただきました」（黒田・よさのうみ福祉会 2012：140），「中心となった人たちは役員ではない一住民で7人で集まられて，障害者のためにということもありますが，もう一方では，岩屋地区を活性化させる，人の行き来がある場所にしていきたい，という思いがあったのだと思います」（同：141）と地域の将来を重ね合わせての行動であり，それを生んだのは，「障害があって家に閉じこもっていた人たちが作業所に来るようになり，生き生きと働き活動している姿が積み重なったこと。そこを岩屋の人たちも見てくれていただろうと思います。」と（同：144），施設づくりが障害者の人間的な発達保障と，地域の活性化や村おこしにつながることを示唆している。

　また，リフレかやの里の場合については，よさのうみ福祉会が最初に指定管理に応募したときは，町議会（平成21年6月定例会議）での反対意見が多く，否決されたが，その1年余り後に，町が非公募でよさのうみ福祉会への指定管理を再提案し，承認された。その経緯について，よさのうみ福祉会の担当職員は，「地域の人たちといっしょに成功させていこうという気運づくりが，議会で最初否決されたことによってできたかな」（同：118）とそうした活動が決して無駄ではなく，むしろ，ブレない地道な活動こそが重要であることを語っている。

　一方，行政側の理解については，否決された最初の町議会で，町長は，リフレかやの里が福祉施設になってしまうのではないかという質問に対して，「決して福祉施設ではなく，その雇用される方の中に障害を持った方が健常者の方と一緒におられるという，…（中略）…人に対する補助制度」（同：111）と答

弁し，また，副町長は，ホテルやレストランの経営経験がない点などを不安視する質問に対して，「この法人は長きにわたっての経験，活動実績を見ると，途中で音を上げてしまうというか，そんなことない」（同：111）とこれまでの30年間の実績と絶対にこの地域から逃げない，地域と共に歩む法人であることを紹介している。

　また，町の幹部職員は，労働施設生活づくりの４度目の岩屋地区での取り組みにあたって，「初めて自分でやってみたいと感じた仕事だったと思います」（同：139），そして「リフレに関しては私には，特別な思いがあります。…（中略）…普通の生活のなかに福祉があるということにならないと，福祉をやっています，と強調する町が本当にいいのかなと，一方では疑問を感じています。リフレの存在はその見方を変えていく一つの素材になってほしいとは思っています」（同：172-173）また，「福祉課の職員たちは一生懸命やってくれていると思います。いろんな提案も出てくるようになってきましたし，いろんな事業所に出向いて調整しようという努力もするようになってきたと思います」（同：184）と担当部署の仕事ぶりや雰囲気を述べている。

　このような行政のあり方は首長の姿勢と密接に関係している。1994（平成６）年から野田川町長を３期，そして初代の与謝野町長として，2006（平成18）年から2014（平成26）年３月まで勤めた太田貴美町長は，「街角町役場」という投書箱の設置や「町政懇談会」の開催に加えて，全職員参加による全世帯の20％にあたる700世帯を訪問する生活実態調査を実施した。この調査は役場職員の貴重な研修の機会にもなり，「このような行政スタイルは，時間がかかります。でも，そのプロセスが大切だと思っています。住民の視点に立った行政をめざすのであれば，まずは自分たちの視点や意識を見直してみることが重要です。手間はかかるかもしれないけれど，もう一度ゼロから考え直してみることが必要です」（太田・岡田 2013：82）と，その地域に暮らす住民や職員自身が一緒に地域づくりを担い自治をつくっていく，まさに，筆者が主張する「協働」によるまちづくりを実践したのである。

　一方，福祉専門職として，前述の相談支援専門員は，ヒアリングにおいて，自らの行動から民間サイドでの取り組みと行政への期待について以下のとおり

述べている。

「実践課題の政策化」の推進力となる官民協働を進めるには，民間サイド，特に相談支援専門員にはどのようなことが求められるのか，まず，行政は敵ではなく一緒に考える相手という意識を持つとともに，相談支援専門員も予算要求の時期など行政のルールや方法，制度を勉強すること。また，当然のこととして現場に行って，直接支援を理解し，当事者の視点で制度を活用することが重要であり，相談支援は，各種団体が個人の問題を個人の課題としていたところを，地域全体を見渡して課題として整理するために地域の人や環境をよくリサーチし，知っておくことである。相談支援専門員の活動の場としては地域自立支援協議会も有効である。相談支援専門員は「翻訳家」として，ケースや現場の問題を行政に対して通訳し，行政スキルを活用して政策化に導くことを期待されている。その中で大切なことは，どこで，どのくらい，どのようにして検討したかという議論のプロセスである。リフレかやの里の例でもわかるように，福祉の窓口以外である農林課との取り組みのように，福祉分野を超えて行政と連携するなど，町の課題に対して，地域づくり，まちづくりの観点から行政とコミュニケーションを取ることが大切であり，障害者だけではなく，高齢や児童などの分野も含めて，少ない社会資源をうまく活用することで，より良い地域づくりができるのである。地域が抱えている課題を見通し，それに対しても効果的であるという視点，与謝野町の場合は地域活性化という総合的な視点から障害者の問題も捉え，幅広い連帯により解決に向けて取り組むことが重要である。

　また，よさのうみ福祉会の法人役員は，与謝の海養護学校づくり運動が障害者の発達保障や権利保障の原点として，「私たちは，障害がある人たちの，どんなに障害が重くとも人間として当たり前に暮らしたい，との願いを何よりも大切に考え，その実現をめざしてきた。願いがどんなに切実であっても，上から棚ぼた式にできたものは一つもなく，住民の理解と協力の輪を広げる粘り強い地域運動をもとに行政の援助を受け，一つひとつの事業を関係者が文字通り手づくりで推進してきた」（黒田・よさのうみ 2012：222）と述べて，その展開の延長線上に「リフレかやの里」の再生事業もあり，そして，「町民本位の町

第 5 章 「実践課題の政策化」に関する核心的推進基盤のあり方

行政の基本姿勢と住民自治の力の発展を土台としたまちづくりは，全ての町民が生活しやすい福祉のまちづくり，へと引き続き発展していかねばならない」（同：222）と自治体における地域づくりや福祉のあり方，その実践について重要な方向性を指摘している。

2　神奈川県相模原市

〈環境条件〉

(1)地域の状況

　相模原市は，神奈川県の北西部，東京都心から概ね30〜60km に位置しており，北部は東京都，西部は山梨県と接している。

　2006（平成18）年 3 月には津久井郡津久井町および相模湖町と，2007（平成19）年 3 月には同郡城山町および藤野町と合併し，面積は328.84平方キロメールとなった。東部の相模原地域は，相模川に沿った河岸段丘からなり，段丘の間に連なる斜面緑地が，市街地の貴重な緑地としてみどりの骨格を形成している。台地の上段では，戦前から進められた大規模な区画整理による基盤整備や充実した交通網などにより，密度の高い土地利用が進んでいる。西部の津久井地域は，県民の水がめである相模湖，津久井湖，宮が瀬湖を有し，その周囲や相模川，道志川，串川の流域に広がる穏やかな丘陵地には，自然とみどり豊かな街並みが形成されている。また北西部は比較的急峻な山々が連なり，南西部は丹沢大山国定公園に指定されている森林地帯が，標高1,500m を超える山々となって貴重な自然環境を形成している。

　人口は，直近の国政調査（平成22年10月）では71万7,544人となっており，1955（昭和30）年から約 6 倍と急増したが，1970年代前半を人口増加のピークとして，その後1990年代になると人口増加は緩やかになった。さらに，バブル崩壊により都心の地価が下落すると，東京都市圏において都心回帰の動きが顕著となり，現在では，人口は微増の傾向となっている。その中で，高齢者人口の伸びは大きく，2010（平成22）年 1 月時点での高齢化率は19.5％で，今後はさらに伸び，いわゆる団塊の世代がすべて65歳以上となる平成27年度になると，

高齢化率は23.4%となることが予測される。また，昼夜間人口比率は87.8と政令指定都市の中で一番低く，ベットタウンとして発展してきた経緯もあり，地域コミュニティの形成が課題の一つとして挙げられる。一方，障害者人口の状況は，平成23年度末の時点では，身体障害者手帳所持者が1万8,451人，療育手帳所持者が4,207人，精神障害者保健福祉手帳所持者が4,761人，全体で2万7,419人となっており，人口比では約4%を占めている。

　産業については，戦前は軍都計画に基づき，基地を中心とした都市施設の整備が行われ，軍に関連した工場が徐々に進出し工場立地が始まった。戦後の成長期に入った1955（昭和30）年に工場誘致条例を制定するとともに，1958（昭和33）年には首都圏整備法に基づく市街地開発区域の第1号都市としての指定を受け，工場誘致に拍車がかかり，現在では，組立型加工業を中心に高い技術力を有する全国有数の内陸工業都市として，その地位を確立している。また，バブル崩壊による経済低迷の中，産業の空洞化に対応するため，新事業創出法に基づいて拠点施設となる「さがみはら産業創造センター」を開設するとともに，工場跡地への住宅建設など工業の空洞化に対応するため，2005（平成17）年には相模原市産業集積促進条例を制定し，新たな工場の立地等に対する奨励金の交付や固定資産税等の軽減措置を講じることにより，強固な産業集積基盤の形成に取り組んでいる。

　商業については，鉄道が市域の外縁を通っていることなどにより商店街が各地に分散しており中心的な商業地がなく，人口規模に比べて商業の拠点性が低い状況である。1996（平成8）年には「さがみはら産業振興ビジョン」を策定し，商業地形成事業を展開するとともに，2007（平成19）年には「相模原市商店街の活性化に関する条例」を施行して商店街の組織強化や地域との連携を促進し，商店街のにぎわいづくりや個店の魅力アップ，商業ベンチャー創出等の支援を行っている。

(2)福祉水準

　相模原市は首都圏の南西部の拠点都市として神奈川県の北部に位置し，2010（平成22）年4月からは政令指定都市として市政運営が行われている。相模原

市の財政状況は，平成25年度決算における財政力指数は0.94であり，経常収支比率は97.0，実質公債費比率は10.6である。平成26年度当初予算によると歳出全体で2,576億円のうち民生費は1,101億1,294万円（全体の42.7%），さらに障害福祉費は164億7,648万円（全体の6.4%）である。

　障害者福祉については，2010（平成22）年度から2020（平成32）年度までの10年間の計画として障害者基本法に基づく第2期相模原市障害者福祉計画を策定し，「主体性・自立性の尊重」「ノーマライゼーション及びエンパワーメントの推進」「リハビリテーションの充実」および「生活の質の向上」の4つを基本理念として，福祉，保健・医療，教育，労働，まちづくりなどの諸分野の連携を図り，誰もが安心して快適に生活できる福祉社会づくりのための施策を展開している。また，2014（平成26）年には，その実施計画となる中期実施計画と，障害者総合支援法に基づく第4期相模原市障害福祉計画が策定されている。地域課題の施策への反映については，市附属機関である障害者施策推進協議会で総合的な視点から労働や教育なども含めた必要な施策や事業の推進に努めている。また，障害者団体との意見交換会を定期的に開催し，障害特性に応じた生活問題を把握するとともに，総合的かつ重層的な相談支援体制と地域自立支援協議会を活用し，複雑困難ケースなどの横断的な地域課題を炙り出し，それらの課題解決を図るなど，多角的な視点で事業化・施策化に取り組んでいる。さらには，日頃から感じる公共的な課題について，市民からの事業提案を受け，市との協働により事業実施を行う「協働事業提案制度」については，平成26年度新規事業の7件中4件が福祉分野の提案であることから官民協働で福祉のまちづくりを展開しようとする市民意識が醸成されていると考えられる。

(3)福祉環境の特性

　相模原市の障害者福祉に大きな影響与えたものの一つとして地域作業所が挙げられる。1979（昭和54）年の養護学校の義務教育化以降，毎年，養護学校から多くの卒業生が出ることとなったが，その受け皿となったのが無認可の地域作業所である。1978（昭和53）年に親の会が最初の地域作業所を設立し，その後，増え続け12年後の1990（平成2）年には28か所となった。当時，市内には

市立施設が1か所（知的障害者の通所更生施設：定員30名）と民間社会福祉法人立の入所施設（知的障害者）が1か所あるだけで，日中活動の場としては地域作業所が大きな役割を果たしていた。その運営は当初，親やボランティアが担っていたが，市単独補助制度の創設など補助金等が年々増額されたことに伴い常勤職員として関わる者も現われ，活動も利用者ニーズや地域における福祉サービス全体の視点から展開されるなど，地域作業所は私的サービスの場から公的福祉サービスの供給体として重要な位置を占めるようになっていった。

　こうした状況の中，活動の中核になったのは相模原市障害者地域作業所等連絡協議会（以下，「市障作連」という）である。市障作連は，1980（昭和55）年に市の要請により設立されたもので，補助金の支出やその他行政情報を一本化して伝達する役割を持ち，組織運営についても事務局は市の障害福祉課が担っていた。また，活動の主な内容はバザーや地域イベントへの参加など懇親会的なものであった。しかしながら，その後，市の障害福祉政策の中で，公的福祉サービスの供給主体として地域作業所の役割が大きくなるにしたがって目的も変化していった。契機となったのが，1989（平成元）年からの取り組みである。この年，市は施策として，地域作業所への家賃補助，地域作業所の法内施設への移行促進などに取り組んだが，その流れに呼応する形で，市障作連は1991（平成3）年に「市障作連あり方検討委員会」を設け検討を進め，翌1992（平成4）年には，規約改正をし，市内の地域作業所等の運営安定を図るだけではなく，ノーマライゼーションの理念に基づき，障害者の地域福祉を推進するという目的を掲げるなどの組織改革を行った。その中では，官民協働によるソーシャルワークが行動原理として示され，行政も民間事業者も関係なく，また，法人や事業主体の垣根をつくらず，当事者のエンパワメントを起点として，当事者の視点で福祉実践を行い，障害者の地域生活を支えることが目標として掲げられた。

　その後，地域作業所の拠点として相模原市障害者支援センター松が丘園が整備され，そこを中心に地域内の各主体の連携により，様々な取り組みが進められてきた。現在では，支援費制度や障害者自立支援法など法・制度改正の影響を受け，市内には地域作業所の枠組みで事業を行っているところは1か所もな

第5章 「実践課題の政策化」に関する核心的推進基盤のあり方

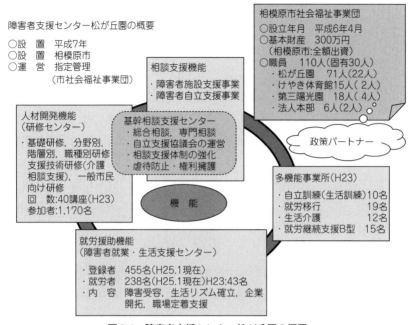

図5-1　障害者支援センター松が丘園の概要
出典：筆者作成。

いが、「地域全体として官民協働によりソーシャルワークを実践する」という障害福祉の行動原理は地域の福祉文化・土壌として残っており、今日の相模原市の障害政策の運営に影響を与えていると考えられる。

ここで、相模原市の障害者支援の拠点である相模原市障害者支援センター松が丘園（以下「松が丘園」という）について触れておく（図5-1参照）。松が丘園は、平成7年に設立された相模原市立の施設であり、設立当初から社会福祉法人相模原社会福祉事業団（相模原市の100％出資団体）が運営を受託しており、現在は指定管理制度で運営されている。機能としては、基幹相談支援センターや地域自立支援協議会の運営などを行う相談支援機能のほか、研修センター事業を行う人材開発機能、障害者就業・生活支援センターの運営を行う就労援助機能、先駆的な事業に取り組む多機能事業所機能を備えている。

松が丘園は、当時、市障作連が要望を重ね実現したものであり、地域作業所

など民間の事業活動を下支えする拠点として設立され，地域内のネットワーク
の連携強化や職員資質の向上など実践レベルでの支援に加えて，実践から炙り
出された地域課題の解決に向けて行政の政策パートナーとして，施策化・事業
化を進める役割を担っている。事業展開についても民間事業所等の妨げになら
ないように，むしろ，事業自体が相模原市の福祉環境の充実を図るという視点
に立って，研修センター事業や基幹相談支援センター事業など，地域の福祉環
境の基盤となるものを基本に，将来の課題解決の礎となる先駆的事業を手掛け
ている。例えば，多機能事業所では，まだ，運営制度が現行法では十分でない
医療的ケアが必要な方の日中活動支援を先駆的に行い，運営に関わる課題の抽
出や基礎データの整理など，新たな制度構築に寄与する観点も含め取り組みを
行っている。

　以上のように，相模原市における福祉環境の特性は，市障作連の活動を原点
として，そこに関わった人材が，その後の障害者福祉事業を推進，発展させ，
現在では，松が丘園を中心に地域自立支援協議会などの組織を活用し，地域ネ
ットワークを基盤とした連携強化により，市域全体で官民協働による福祉実践
を展開しようとしているところにある。

〈**実践事例2**〉　地域自立支援協議会の活性化と官民協働の相談支援の構築

⑴実践事例の概要

　障害者の相談支援については，2006（平成18）年4月に施行された障害者自
立支援法により，市町村および都道府県の責務として位置づけられ，その後の
法改正により，充実強化が図られたが，こうした国の動向に先立って，相模原
市においても，相談支援の強化に向け，検討が始まっていた。

　相模原市における相談支援の課題については，相談支援事業所の多くが施設
に附置されていることから，市民への認知度も低く，相談支援が主にその施設
の利用調整にとどまっている現状があった。また，相談支援事業所どうしの横
のつながりが弱いことや，相談支援技術のレベルにバラツキがあり，障害の状

況や相談内容が多様化する中で様々なニーズに応えきれていない状況にあった。

相模原市障害者自立支援協議会（以下，「市自立支援協議会」という）は，平成19年度の発足以来，市の相談支援体制のあり方を検討してきた。平成20～21年度には「身近でわかりやすい窓口づくり」「３障害への対応」「専門性の確保・向上」「官民協働による連携した支援」の視点から，政令指定都市移行に向けた区役所単位での３障害対応の相談窓口の設置を想定し，官民協働による相談支援体制のあり方や相談支援の質の向上のための研修の体系化等を提案してきたが，提案内容が細部まで詰め切れていないこともあり，具体的な取り組みや成果に至らなかった。また，平成22年度も継続して検討を進め，具体的な事業についてさらに踏み込んで提案したが施策化・事業化には結びつかなかった。

こうした状況を打開するため，2011（平成23）年５月，市自立支援協議会は，新たに，組織内に「相模原市相談支援体制検討会議（相談支援を考えるワーキング）（以下「検討会議」という）」を立ち上げた。構成員は，市自立支援協議会の副会長（障害福祉サービス事業所協会の代表者）や相談支援事業所長など市自立支援協議会のメンバーに加え，市療育センターの担当者や市障害福祉相談課のケースワーカー，民間の相談支援専門員など11名で組織し，集中的に検討を進めた。検討会議は，2011（平成23）年６月から2012（平成24）年２月まで全12回開催するとともに，市自立支援協議会の会長（学識経験者）や市障害福祉課長もメンバーとなっている調整部会に計７回にわたって報告するなど緊密に連携を図り検討を進めた。また，市内相談支援事業所へのアンケートや意見交換会，先進自治体への視察，有識者からの意見聴取などを行い，2013（平成24）年４月に報告書として「相模原市の相談支援体制のあり方について（以下「報告書」という）」をまとめた。

まとめた内容については，相談支援が地域において一定の社会的地位を築き，専門性のある相談支援員による実践活動から得られた価値基準を普遍化・一般化していくことが障害者の権利の保障につながるものとの認識に立って，①官民協働による相談支援体制の構築，②身近な地域に応じた重層的な支援体制の構築，③保健，医療，教育，雇用，介護との連携による支援体制の構築，

④ 子どもから大人までの一貫した支援体制の構築，⑤ 相談支援の資質の向上と中立性・公平性・専門性の確保，⑥ 地域生活を支えるための情報連携と行動連携，を基本的な考え方とし，基幹相談支援センターや障害者相談支援キーステーションの設置による重層的かつ総合的な相談支援体制の構築を具体的な取り組みとして示すなど，「どの場所に投げかえられた相談も，相模原市に寄せられた相談としてしっかり受け止め最後まで責任を持つ」という命題を掲げ，地域全体を一体的に捉えた官民協働による相談支援の展開を目指したものとなっている。

　一方，この間の2011（平成23）年1月から10月にかけて，行政サイドでは，新しい相談支援体制の構築に向けて，「障害者相談支援体制検討ワーキング」を組織し，検討を進めた。3区にある障害福祉相談課はもとより，障害者更生相談所や精神保健福祉センター，3区の子ども家庭相談課，児童相談所，療育センター陽光園などの窓口担当職員を構成員として，現状の相談状況の把握・分析や，課題の整理を行った。手法についても討議検討のほか，民間事業所との役割分担や関係性に関わる担当職員の意識について，アンケート調査を実施するなど，多角的な検討が行われた。その結果，① 障害者基本法の趣旨に則り，ケアマネジメントによる相談支援を実現する体制の構築をめざす，② 相談支援事業所の機能を強化する，③ 初回相談・サービス利用決定・継続訪問など支援段階ごとに行政組織と相談支援事業所との基本的な役割分担を行うが，むしろ連携を強化し重層的な相談支援体制を構築する，④ 情報交換も含めた定期的な場が必要である，などの方向性が示された。

　こうした，市自立支援協議会の取り組みや行政内部における検討を踏まえ，市では，2012（平成24）年5月に，「報告書」どおりの内容で「障害福祉における相談支援体制に関わる全体構想（障害者相談支援体制グランドデザイン）」を定め，図5-2のとおり相談支援体制を構築した。

　相模原市の相談支援体制の特徴は，圏域および対象分野ごとに相談支援機関を位置づけたところにある。市全体を圏域とする大圏域，区をその対象エリアとする中圏域，そして身近な相談の地域を小圏域として定め，他方で療育相談や障害福祉相談，精神保健の分野毎に相談支援機関を位置づけている。大圏域

第5章 「実践課題の政策化」に関する核心的推進基盤のあり方

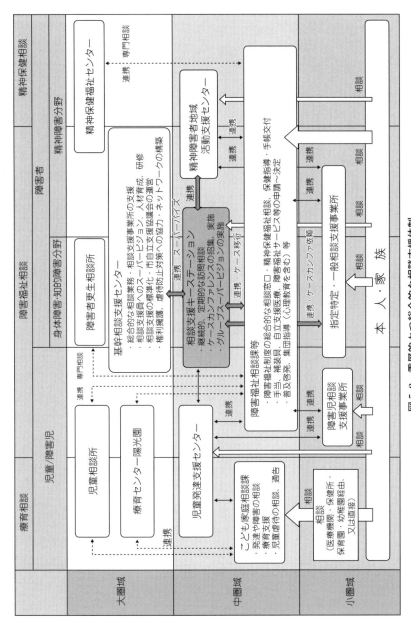

図5-2 重層的かつ総合的な相談支援体制

出典：相模原市障害者自立支援協議会資料を基に筆者が作成。

には，政令指定都市が担う専門的な相談機関として児童相談所や障害者更生相談所，精神保健福祉センターを配置するとともに，相談支援の拠点として基幹相談支援センターを，また，療育や発達障害支援の拠点として療育センター陽光園を位置づけている。中圏域には，各区に身体・知的福祉班と精神保健福祉班を配した障害福祉相談課や，子育てサービス班やこども家庭支援班，療育相談班を配したこども家庭相談課を設けるとともに，民間活力導入により精神障害者地域活動支援センターや児童発達支援センターを整備している。小圏域には身近な相談機関として指定相談支援事業所を位置づけている。従来まで，サービス提供に直結しない相談や課題・ニーズが複合的な相談，定期的な見守りが必要なケースへの対応，訪問相談（アウトリーチ）が必要なケースへの対応などの「継続的な相談・困難事例等の相談」については，人員配置の不足や連携の不十分さなどにより，十分に対応できていない状況であったが，新しい体制では，中圏域に行政相談機関と民間相談支援事業者との官民協働の場として障害者相談支援キーステーション（以下，「キーステーション」という）を設置している。

　以上，平成19年度の市自立支援協議会の発足以来，課題として取り組んできた相談支援体制の構築は，方向性に関して政策化が図られた。その後，個々に提案された事業については，計画的に個別に進められることとなったが，相模原方式ともいえる新たな事業であるキーステーションの取り組みは，本格実施する前に，効果や運営課題等を把握する必要があるとの判断がなされ，モデル事業として実施することとなった。具体的には，2012（平成24）年10月から，市南保健福祉センター1階に「みなみ障害者相談ステーション」が設置された。官民協働や民民連携により継続的な相談の充実などに取り組むとともに，南区の相談支援ネットワーク体制を構築するための事業が行われた。事業実施にあたっては，「相模原市設置型相談支援事業所の整備に向けた研究業務委託」として，市内2社会福祉法人の協力を得て，相談員が配置された。

　モデル事業の結果については，アンケート[1]によると「円滑な連携ができた」が76％，理由としては「ケースへの関わり方，対応方法の柔軟さを学ぶことができ，実施に関わったケースへの効果も見られた」「複雑困難事例への複数の

第5章 「実践課題の政策化」に関する核心的推進基盤のあり方

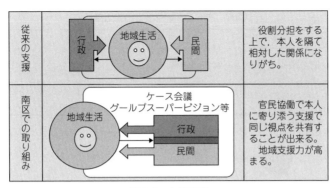

図5-3 支援体制
出典：相模原市「みなみ障害者相談ステーション報告書」。

視点からアプローチができている」と示されており，また，「ステーションの設置場所について」の問いに「良かった」との回答が95％で，「行政窓口と同じ建物内のため連携しやすい，市民にとっても分かりやすい」との意見があった。さらに「キーステーションの必要性」については「必要である」が70％，その理由として「適切なサービスを一緒に探してもらう等，行政では対応しきれない場合に身近に協力機関があるのは心強い」「困難ケースや対応に行き詰まったケース等相談支援事業所単独では難しいケースを対応する機関としてキーステーションに期待したい」など，行政および指定相談支援事業所からの期待があった。

　キーステーション職員との意見交換では，図5-3のような支援体制をとることによって，支援にあたっては，共通のニーズに気づくことや偏った視点にならないこと，一人で抱え込むことがないことなど，職員資質の向上やチームで支えることの有用性について認識できたとの意見があり，その他にキーステーション内で勤務する職員同士でお互いの情報を共有化することで，所属法人における相談時より支援の広がりが実感できたこと，官民協働ではケース会議で定期的に検討を行い，官民が顔を合わせ，実際，一緒に活動する機会が増えるにつれ，相対する支援ではなく，情報を共有化し，互いに「のりしろのある支援」を行うことの重要性に気づいたとの意見が出されている。

　以上のような，モデル事業の検証を経てキーステーションは，平成26年度か

表 5-3　キーステーションの設置場所

区域	設置場所	（行政機関）	関係法人数	職員数
緑区	緑区合同庁舎2階	同3階	3法人（基幹相談支援センター委託法人＋2法人）	3人
南区	南保健福祉センター1階	同4階	4法人（基幹相談支援センター委託法人＋3法人）	4人

出典：筆者作成。

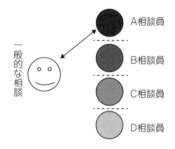

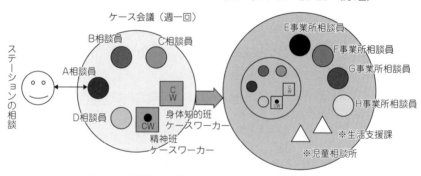

図 5-4　個別ケース検討会・グループスーパービジョン
出典：相模原市「みなみ障害者相談ステーション報告書」。

ら本格的かつ計画的に取り組むこととされ，現在，3中圏域のうち2中圏域に設置されている。設置場所と職員体制等は，表5-3のとおりであり，平成26年度の事業予算は5,910万円となっている。また，キーステーションの担うべき役割について，第一には，障害受容ができていない人や相談の前提となる信頼関係を構築するのに時間がかかる人などサービス提供に直結しないケースや，家族関係が崩壊するなど生活基盤が崩れているケース，あるいは定期的な見守

りや訪問相談（アウトリーチ）が必要なケースなどの「継続的な相談・困難事例等の相談」に対して専門的かつ総合的な相談支援を行うこと，第二には，専門性が結びついた統合したサービスを提供するため，図5-4のとおり，個別ケース検討会やグループスーパービジョンを実施し，OJTにより中立性や独立性を基盤とした相談支援スキルの習得などの人材育成を行うこと，第三には，相談支援の連続性の確保等に向け，行政機関と指定相談支援事業所との連携，または相談支援事業所間の連携を強化し，相談支援体制の中心的な役割を担うことである。こうしたキーステーションの活動は個別事例を踏まえた実務的な連携等を通じて，「共同支援」や「官民協働」の重要性を広く普及するほか，制度やルールにこだわらない垣根のない相談支援の実施や人材育成に寄与するもので，官民協働によるソーシャルワークとしての相談支援をさらに発展させるために，中核的役割を果たすことが期待されている。

(2)調査結果

　相模原市の実践事例において，その問題が地域の中の重要な問題として把握されたのは，まさに市自立支援協議会の場であった。

　市自立支援協議会が設立された2007（平成19）年11月は，旧津久井郡4町との合併が完結した直後であり，その市域面積は現在と同じく328.84平方キロメートル，人口もほぼ現在と同様の約71万人と大規模な自治体であるため，相談支援事業所間や，相談支援事業所とサービス提供事業者，行政機関などとの連携が弱いこと，また，相談支援技術のレベルにバラツキがあり，障害の状況や相談内容が多様化する中で様々なニーズに応えきれていないことなどの状況が，当初から設置されている相談支援部会の中で議論され，関係者は改めてこれらの問題を把握することになった。

　問題の共有についても，市自立支援協議会の相談支援部会が大きな役割を果たした。平成20年度には，相談支援部会に個々の困難ケース等を検討する個別支援会議が設けられ，身近で困っている事例を検討することで，部会員の情報共有等が進み問題解決につながるケースも出てきたし，解決できない場合にも，そうした検討を積み重ねることで地域に足りない仕組みや資源を互いに共有す

ることができた。具体的には，利用者視点からの相談窓口のあり方や指定相談支援事業所の現状，相互の機関の役割分担やネットワークの強化などが継続的かつ安定的に相談支援を展開するための課題であると関係者間で共有できた。

　続けて，そうして共有した問題については，テーマ別にグループごとに現状と課題の整理を行い，解決に向けた方向性を部会としてまとめ，全体会に報告し，翌平成21年度も施策化・事業化に向け相談支援部会で継続検討した。そして，地域の課題として明確化し施策・事業として磨き上げたのが2011（平成23）年5月に新たに設けられた「検討会議」である。検討会議では，精力的な議論・意見交換等の検討のほかに，同年8月には，市内の相談支援事業所の従事者を対象にアンケート調査（回答数21か所・44名）を実施するとともに，その結果を踏まえて相談支援事業所と意見交換会を開催（参加者：16事業所・25名）するほか，同年9月には，同時期に並行して行われていた行政の検討組織である「障害者相談支援体制検討ワーキング」と意見交換を行っている。こうした様々な取り組みの中でも効果的であったと思われるのは，先進事例などの視察である。この視察には，検討会議のメンバーと共に行政の担当課の責任者と職員も同行している。

　視察結果（「相模原市自立支援協議会平成23年度視察報告」）の中では，D市の事例が報告されている。そこでは，事業化に成功したものは，地域自立支援協議会という公的な体制の中に課題解決のための専門的な組織をつくり，そこに行政も含め様々な立場の人たちがメンバーとして参加することによって，全市的な行政情報や勉強会の意見などインフォーマルな情報も集約され，議論を通して目的を共有し，地域課題を明確にできたこと，また，インフォーマルな活動により，共通の思いを持った志のある人たちの輪を着実に広げたこと，その中で課題の整理や分析が行われ，提案する内容が成熟したものとなったこと，そして，そのインファーマルな民間レベルの勉強会に行政職員を誘い，参加させ，行政側の理解を得ることができ事業化のルートに乗せられたことなどを学び，視察者は，これまでの相模原の取り組みの検証や今後の活動の方向性を再確認する機会となった。

　また，第3章で紹介したC市についても視察報告がされている。C市では，

第5章 「実践課題の政策化」に関する核心的推進基盤のあり方

相模原市がめざす相談支援体制に類似した取り組みが行われており，複数の法人による相談支援体制の整備やグループスーパービジョンによる個々の取り組みで孤立しがちな相談支援専門員の支援，地域課題を統計的に整理するための障害者相談支援業務サポートシステムの導入などについてヒアリングを行い，地域課題を施策化・事業化するには，根拠となるデータや分析すべきデータ等の科学的根拠を行政に対して提示するなど説得力のある論理を展開することや，民間事業者が事業目的を理解し協力しているという姿勢を見せることも行政の理解を深めるには効果的であることを学んだ。

　他方，C市と同じように複数法人により相談支援の窓口を設けているE市にも視察を行ったが，その現状は，場所を同一にしているだけで，基本的には各法人が個別に事業を実施しているものであり，行政との関係についても物理的にも精神的にも距離があり，連携は希薄であった。このことは，視察対応にも相違として示された。D市およびC市とも行政職員が相談支援専門員と同席し，行政側の話が伺えたのとは対照的に，E市では，行政職員の姿はなかった。こうした視察結果を踏まえて，検討会議のメンバーは，抱えている地域課題を明確にし，施策化・事業化するミッションへの意識を高めていったのである。

　次に，具体的に企画立案されたものを現実の施策・事業につなげる段階においては，行政の役割が重要であった。

　「実践課題の政策化」を実現するには，地域課題を集積し，明確化した提案レベルのものを行政の施策・事業としての内容に磨き上げなくてはならないが，その際に重要なことは，行政の政策形成に関わる情報提供である。庁内の意思決定方法や予算編成のやり方・時期，事業として問われる必要経費やニーズの的確性を表す基礎データの内容，現行計画の中での位置づけ，既存制度との整合性，現行組織との役割分担と連携，他自治体の事例の評価・検証などが政策形成の場面で求められることから，これらのことを検討する必要性を見い出し，実際の課題を求められる政策形成の要素の中にどう落とし込むかを官民協働で議論することが重要である。本事例においては，検討会議に対して，行政から的確に政策形成に関わる情報が提供されるとともに，そこから導き出された論点について積極的に議論し施策・事業として収斂していったのであり，その結

果，検討会議が作成した「相模原市の相談支援体制のあり方」とほぼ同様の内容で，相模原市の「障害者相談支援体制グランドデザイン」として策定された。また，整備のあり方や運営方法について実践としての検証が必要であると検討会議の中で判断した「キーステーションの設置」についても，モデル事業で行うという現実的で前向きな選択が示されたのである。

　以上が「実践課題の政策化」の展開過程に沿った結果であるが，本事例に関わる「実践課題の政策化」の要因の一つは，市自立支援協議会というシステム運営全体に対する行政の積極的な関わりである。障害者総合支援法第88条8項では「市町村障害福祉計画を定め，又は変更しようとする場合において，あらかじめ，自立支援協議会の意見を聴くよう努めなければならない」としている。こうした規定を誠実に踏まえるとともに，分権時代の自治体において，住民自治を追求し，政策形成に真摯に取り組もうとする官民協働としての行政の積極的な関わりである。

　相模原市の地域自立支援協議会では，課題を集積，明確化するための方策としてアンケート調査をよく用いる。多種多様な意見を集約するために事業化する前段階として，その根拠になるものとして活用されているが，発送や回収，集計など細かい作業や分析などの下支えをしているのが事務局である。これは一例であるが，円滑な運営のための調整や戦略的な提案など，地域自立支援協議会において事務局の役割は重要であり，相模原市では市社会福祉事業団が担っている。この事務局業務は市立障害者支援センター業務の一部としての指定管理業務であるが，市の政策パートナーとして障害者福祉の環境づくりために様々な事業を展開する市社会福祉事業団がこの役割を担い，官民協働を進める中間支援組織として効果的な働きをしていることも「実践課題の政策化」の一因となっている。

　もちろん，民間事業所の意識や行動も忘れてはいけない。日頃から当事者や関係者の声に耳を傾け，生活問題やニーズを総合的に把握し，当事者主体でそれらの解決に向けて，各法人等の運営主体が立場の違いを乗り越え，連携し，行動したことも「実践課題の政策化」の重要な要因となった。

第5章 「実践課題の政策化」に関する核心的推進基盤のあり方

(3) 「実践課題の政策化」の核心的推進基盤のあり方

　相模原市の事例においては，「実践課題の政策化」を実現するために，核心的推進基盤である人材に関して，つまり，その事例に関わった「人」はどのような意識を持っていたのか，また，どのような行動をとったのか，検証する。

　まず，政策主体者として施策化・事業化に影響を及ぼす行政側の対応については，市自立支援協議会への対応が平成22年度を境に大きく変化した。以下，ヒアリングをした市自立支援協議会事務局職員の意見である。

　協議会設立当初から平成21年度までの，市担当課の対応は，責任者の課長が全体会に出席し，協議会全体の流れを把握するとともに，担当者が各部会に出席し，運営をサポートする役割であった。しかしながら，担当者は他の業務との関係から部会の欠席も度々あり，また，事務局会議においても主体的な意見やこれといって行政情報の提供，施策化・事業化に向けての助言等があるわけではなく，民間サイドの取り組みとして捉えて，見守る程度の関わりであった。市自立支援協議会としては，障害者の地域生活におけるいくつかの課題について，解決策を提言としてまとめ，年度末に提出したが，結果は，行政運営の参考とされ，提言が実現することはなかった。

　その原因としては，市自立支援協議会の事務局職員は，以下のように述べている。行政の関わり方も希薄であったが，自らも協議会の目的や相談支援の本質について十分に理解できていなかったところにあると振り返る。もちろん個別の生活問題を大事にして，そこを出発に必要なサービス利用・調整や社会資源の改善・開発に結びつけることが大きなミッションであることは理解していたが，それを相模原という地域でどのように展開し，作っていけばよいのかその見通しが立たなかった。エリアとしても広く，顔の見える関係づくりも容易ではなく，漠然と組織を動かし，事業を行っているという感じであった。また，個別のケース検討会議を開催しても相談支援専門員からは，持ち込んだ課題がすぐに解決すると思いこまれ，それが実現しないなら話合う場として意味がないとも言われた。積極的な関与がない行政との間に入って混迷していた。

　このように，制度ができたばかりで十分にその意味が周知されていない中では，行政も含め，相談支援専門員などの関係者に困惑や違和感があった。必要

なことは，地域の特性を活かしたビジョンをどう持つかということであり，それを持っている人が行政でも，民間でも少数でもよいから存在し，そうした人たちが深く関わることが重要であったと総括している。

　国において相談支援の強化の方向性が示される中，相模原市においても相談支援の充実・強化が問われていた。平成22年度以降からの取り組みについて，相談支援部会に関わった相談支援専門員の意見は以下のとおりである。

　平成22年度から行政担当課の責任者が変更したこともあって，以前から相談支援部会で検討を重ねていた内容を，行政担当課の責任者や担当者に事務局から情報提供を行った。その内容は，国の動向や先進都市の状況などに加えて，相談支援に対する認知度が低いこと，相談支援事業所同士の横のつながりが弱いこと，アセスメントが重要であることなど相模原市の抱える課題にも触れた。その中で強調されたことは，障害者福祉に関する諸制度の変更やその枠組みの中で支援を行おうとする関係者の意識と行動，あるいは，津久井地域との市町合併や政令市への移行等の自治体の枠組みの変化など様々な要因により，ソーシャルワークの正しい理解と実践が希薄化していること，これまでの相模原市が歩んできた福祉環境が変化したこと，現在では官民協働という形態が崩れていることなどであった。また，相談支援部会のメンバーであった同じ行政の社会福祉職からもレクチャーを行った。その内容は，自らのこれまでの経験や知識から市自立支援協議会の実情を踏まえてのレクチャーであった。ちなみに，相模原市においては，社会福祉職が当時，生活保護関係や児童相談所，障害者相談課，精神保健福祉センター，療育センター陽光園などに，約100名の職員が配置されていた。これは，政令市になって，権限が大幅に拡大され，そうした専門職種が必要になったからである。その後，さらに拡大し，現在では160名に達している状況である。

　運営者側や施設の責任者クラスが集まる障害者施設協会においても，行政担当課の責任者に対して，市自立支援協議会と相談支援の問題点が指摘された。障害者施設協会の構成員には，相模原市の福祉を進めてきた地域作業所運営に携わった人も多く，緊密なネットワークを運営しているが，一体的な意見として，現場に足を運び，実情を踏まえて相模原の相談支援を検討することの必要

第5章　「実践課題の政策化」に関する核心的推進基盤のあり方

性が示された。

　以上，市自立支援協議会の関係者や行政内部の福祉専門職の働きかけもあって，行政担当課の責任者の相談支援に対する理解は深まっていったのである。

　担当課の責任者は，地方分権の中，「協働」は自治体運営の基本となるものと，その重要性を承知した上で，相談支援事業の重要性や重層的かつ総合的な相談支援体制の整備について，理解しつつも，事業化するには，いくつかのハードルを超えなければならないことから慎重に取り組むこととした。具体的には，市自立支援協議会の会議に自ら出席すること，それも，ケース検討会議や部会も含め時間の許す限り，すべての会議に出て，現場の実態を肌で感じることとした。その中で行われる個別ケースに関わる相談支援や権利擁護等の生活問題に直接触れる事で，相談支援の重要性について認識を深めていった。また，同課の担当者にも各区のケースワーカーと同様に各会議に出席するように指示をした。このことで，政策担当課の責任者と担当者が市自立支援協議会に全面的に出席することになった。

　そして，行政の関わりとして，「実践課題の政策化」については，障害者総合支援法第88条8項を踏まえ，地域自立支援協議会の意見を尊重することを公言した。当然のこととして，施策化・事業化については，科学的根拠など政策形成に必要な要素を十分に精査することを前提にした発言であったが，関係者にとって期待を抱かせるものとなった。

　さらに，担当課の責任者は先進自治体の視察にも同行している。その際，先進的に取り組んでいる地域の相談支援専門員の声を直接聞くことで，その後の市自立支援協議会の関わりの参考にした。内容は，以下のとおりであった。「様々な動きを結びつけることで地域課題が行政も含めた関係者の共通認識となった」「民間サイドとしては，行政に話を聞いてもらい，実態をわかってもらえたという実感がある」「施策や事業については，行政が勝手に決めてしまうと思っていたが，民間サイドの意見も反映できると感じられるようになった」「行政，民間ともお互いに知らないことが多かったが，話し合う機会が増え，相互不信が払拭された」「頻繁に顔を合わせることで，自立支援協議会が要求，闘争の場ではなく，現状把握し何ができるかを考える場であると理解す

表 5-4 先進的な自治体の取り組の概要

区分・項目		京都府与謝野町	神奈川県相模原市
地域の特性	地域の概要 人口 産業ほか	24,000人 織物業，農業	720,000人 内陸工業団地中心
	地域の福祉水準	福祉のまちづくりで地域再生 財政力指数0.30（H24決算）	様々な市単独事業を実施 財政力指数0.94（H25決算）
	福祉環境の特性	養護学校父母会活動 顔の見える地域関係	地域作業所等連絡協議会の活動 ベットタウンと地域の希薄化
推進機能の内容	実践事例	リフレかやの里	相談支援体制の構築 相談支援キーステーション
	問題把握プロセス	町全体で地域の課題を共有	自立支援協議会
	問題共有プロセス	リフレかやの里運営協議会 事業所連絡会	自立支援協議会相談支援部会
	地域課題の集積・ 明確化プロセス	自立支援協議会（特に運営会議） 全世帯を対象とした生活実態調査	自立支援協議会相談支援体制検討会議
	企画・立案の実行・運用プロセス	首長をはじめ，福祉関係部署以外の部署も含めた行政全体との連携	行政の政策立案部署の参加 政策形成に関わる行政情報の提供

出典：筆者作成。

るようになった」「時には，一緒に視察に行ったり，懇親的な意見交換会を開催したり人間的な関係づくりも効果的である」，そして，その視察報告では，「参加者は地域全体が見えるようになり，財政状況等も分かるようになると，地域自立支援協議会において行政と民間が共通理解の下で幅広い要望を整理し，一緒に制度をつくっていくという理解が広まり，実際に社会資源の開発改良に向けたアクションがとれるようになる」（「相模原市自立支援協議会平成23年度視察報告」）と総括されている。

　以上，先進的な各自治体における「実践課題の政策化」につながると思われる取り組みについて，設定した分析枠組みに基づき述べてきたが，参考までに概要をまとめると表5-4のとおりである。

第5章 「実践課題の政策化」に関する核心的推進基盤のあり方

第3節 「実践課題の政策化」に向けた核心的推進基盤のあり方

本章は，第1節でも述べたように，「実践課題の政策化」の実現については，その地域の環境条件の上に立って構築された相談支援システムとともに，運用に携わる「人」の意識と行動が大きく影響する，との見立てで論を進めてきた。そして，「実践課題の政策化」の展開過程を踏まえ，その段階での「人」の行動形態と行動原理としての「協働」のあり方を明らかにしようと試みてきた。

本節で取り上げた2つの事例から，ただちに「実践課題の政策化」の一般化が可能であるとは考えていないが，いくつかの共通事項を抽出し，必要な考え方と効果的な方法を議論することは，障害者相談支援における「実践課題の政策化」の展開に寄与するものである。

1 起点は，現状に対する危機感と目標の共有

2つの事例で共通して言えることは，その起点になったのは現状に対する危機感である。

そして，その危機感を行政も含め関係者で共有したところにある。与謝野町の例では，不況による丹後ちりめんなど地場産業の衰退で町全体が賑わいを失い，障害者からも働く場を奪うなど苦境にある中，合併後の与謝野町においても町が出資する第三セクターによって営業が続けられていたリフレかやの里も，2008（平成20）年には利用者減等により閉鎖され，同セクターも自己破産した。こうした自らの地域が置かれた状況に町長をはじめ行政職員も，また，障害が比較的軽い人が増え，その人たちに仕事と高賃金の確保を目指すよさのうみ福祉会も強い危機感を持っていた。

行政側は，町長が「福祉はまちづくりの原点であり，新たなまちおこしと振興の力」を町の基本姿勢に掲げていたこともあり，その具現化の一つとしてリフレかやの里を位置づけ，議会の答弁では「福祉施設ではなく，その雇用される方の中に障害を持った方が健常者の方と一緒におられる」場と回答している。また，よさのうみ福祉会も養護学校設立運動からの30年間の実績と絶対にこの

187

地域から逃げない法人として，米や野菜を使用した弁当事業やハウス栽培，ジュース加工等，地域産業との連携により地域との密着度を高めるなど，福祉のまちづくりを進める行政と，地域と共に歩む法人が目的を共有し対応を図ったものである。

相模原市の事例については，相談支援事業所間の連携が弱いことや，多様なニーズに応えるために相談支援技術の一定水準を確保することなどが従来からの課題であったが，さらに市町合併により市域が拡大されることでこうした課題が増幅されることの危機感は，民間レベルでは相当に持たれていた。

一方，行政側は，平成22年度以前まではその意識は薄かったが，度重なる法制度の改正や仕組みの変更の中で相談支援が本格的に推進されることが背景となり，さらには，平成22年度以降，担当課の責任者が変わり，相模原市が置かれている状況に対して，危機感を共有するようになった。担当課の責任者が危機感への共有に至るまでには，民間サイドや行政内部の福祉専門職による様々な働きかけと，担当課の相談支援に対する理解と分権時代の自治体が行うべき「協働」に対する姿勢があり，特に，個別ケース検討などに参加し，現場の意見を行き実態を認識することで，「官民協働による相談支援体制の構築」という目的を共有することになった。

以上，2事例からも明らかなように，「実践課題の政策化」を「協働」の原理で進めようとする場合には，まずは，当該問題に対する危機感を関係者で共通認識とし，その対応策としての目標を共有することが重要である。

2　基底となるのは，地域特性の理解と活用

「実践課題の政策化」を実現するのに基底となるのは，当該地域の特性を理解し，正しく社会福祉の使命と相談支援の意義や目的を理解するところから始まる。

与謝野町は，十数年にわたる運動により，1970年に京都府立与謝の海養護学校が開設し，国に先駆けて学齢障害児の就学保障に取り組んだ障害者福祉・教育に関して歴史のある地域である。こうした運動や取り組みが基盤となって，学校卒業後の重度障害者のための共同作業所の設置や「親亡き後」の生活施設

第5章 「実践課題の政策化」に関する核心的推進基盤のあり方

の開設など障害者の労働，発達，生活保障の動きにつながったのである。紹介
したリフレかやの里の事例はこうした歴史の上に実現したものであり，前述の
法人役員の「願いがどんなに切実であっても，上から棚ぼた式にできたものは
一つもなく，住民の理解と協力の輪を広げる粘り強い地域運動をもとに行政の
援助を受け，一つひとつの事業を関係者が文字通り手づくりで推進してきた」
という言葉は，長年，協働によりこれらの取り組みが進められてきたことを表
わしている。また，前述の町長の「住民の視点に立った行政をめざすのであれ
ば，まずは自分たちの視点や意識を見直してみることが重要です。手間はかか
るかもしれないけれど，もう一度ゼロから考え直してみることが必要です」と
いう言葉もまた，行動原理としての「協働」の重要性を示している。

　相模原市の事例の場合，自治体の規模が大きいという地域特性に加え，障害
者支援費制度，障害者自立支援法，障害者総合支援法という制度改革の影響を
受けた。過去，養護学校卒業生の地域生活保障に向け，緊密に連携していた地
域作業所がそれぞれ新しい制度に対応する事業所となり，制度の枠組みや事業
所の事業範囲の中で支援を行うという内向きの状況が進む中，かつて「市障作
連」で掲げられていた目標である「官民協働によるソーシャルワークを行動原
理として，行政も民間事業者も関係なく，法人や事業主体の垣根をつくらず，
当事者のエンパワメントを起点として，当事者の視点で福祉実践を行い，障害
者の地域生活を支えること」を再びめざそうとする問題意識からはじまってい
る。

　こうした問題意識はそれを克服するためのビジョンと具体的な方策を創出す
るものであり，相模原市においても，地域に福祉文化の土壌としてあった「官
民協働によるソーシャルワーク」という理念が「重層的かつ総合的な相談支援
体制の構築」の推進という方策を作り出したのである。

　以上のように，地域特性をベースとして継続的に営まれている活動や，埋も
れてはいるが共通意識として残っている考え方を活かすことは，関係者の積極
的な行動を呼び起こすとともに，合意形成にも効果的であり，力動的な主体形
成としての「実践課題の政策化」の近道となる。

3 現場ニーズを科学的に捉え政策に導く

　自治体における政策形成の場面では，施策化・事業化の基となる原因を多角的な視点から探るとともに，話し合いや調査など様々な手法を用いて科学的なニーズ把握に取り組む必要がある。このために，関係者は社会や経済の傾向を踏まえ，さらには先進的な実践や理論の情報を得るように努めなければならないし，その意識やそれを実行するための技術の獲得も求められる。

　こうした取り組みで中核となっているのは，与謝野町および相模原市でも地域自立支援協議会である。与謝野町では，相談支援専門員は地域の中で洗い出した個々の課題・ニーズについて，地域全体を見渡して整理し，地域自立支援協議会の運営会議に諮るが，その際，課題の事業化，政策化を意識し，実現可能な案やそれを支える法制度や仕組み，先進事例の詳細等についても十分に研究して話し合いにのぞんでいる。このことは，行政職員も同席する地域自立支援協議会の運営会議の場で有効かつ実行的な検討ができる要因でもあり，異動による行政職員の変更がある場合等にも効果的なものとなっている。

　また，行政においても，施策化・事業化を進めるためには地域自立支援協議会自体の価値を高める必要があるとの戦略的判断に立って，町長と協議会関係者との対談を町の有線テレビで放送するなど，協議会がどのような取り組みをしているかを地域に広く PR している。

　相模原市のケースでは，地域自立支援協議会の中に専門部会（プロジェクトチーム）の位置づけとして「検討会議」が設けられたが，より実効性のある深い検討を行うため，構成員である相談支援専門員は，検討の根拠となるデータ収集のためのアンケート調査の実施を提案するとともに，データを活用してさらに実践的な検討を加えるため，相談支援事業所との意見交換会や先進自治体への視察を企画するなど，プランがより実効力の高いものとなるよう検討会議の中で主導的な役割を果たした。

　こうした検討会議の活動に呼応して，行政では，担当課の責任者が庁内調整をリードした。現状把握や課題整理を行う「障害者相談支援体制検討ワーキング」を設置し，施策化・事業化を視野に入れた取り組みを進めるほか，先進自治体3市すべての視察にも同行し，その中で政策形成を担当する行政職員がイ

第5章　「実践課題の政策化」に関する核心的推進基盤のあり方

ンフォーマルな活動への参加も含め現場の意見を聞くことの重要性を学び，それを踏まえて，引き続き地域自立支援協議会の会議や部会に出席し，会の運営をリードした。こうした行動は，協働による自治体運営を目指し，また障害者総合支援法を遵守しようとする姿勢によるものであり，本来，行政職員が基底としなければならない行動原理である。行政と関わる関係者は，様々な方法により，この本質的な原理を行政に伝え，理解促進に努めることが重要である。

4　実践の積み重ねと協働

　現実に施策化・事業化を図るには，科学的なデータを活用し，先進事例から実践的な情報を得たものであっても，やはりゼロからの事業を立ち上げるのは難しいものである。こうした時に，これまでの実践や取り組みをベースにして事業化を進めることは，「実践課題の政策化」を理解する支えとなる。

　与謝野町の事例では，リフレかやの里の事業は，それまでのよさのうみ福祉会の取り組みが基盤になっている。リフレかやの里は，元々は，レストラン，浴場，ホテル，ハーブ園を備えた宿泊型保養施設であるが，よさのうみ福祉会が運営するようになり，地元の米・野菜をレストラン利用者や宿泊客の食事に使用するほか，駐車場の直売所で販売したり，農産物加工事業を行うなど地元農業の活性化に寄与する取り組みを進めている。

　これらの事業は，よさのうみ福祉会がかつて農園やハウスを借りたりして，収穫した農産物を給食に提供したり，お弁当事業を開始したり，規格外野菜を農産加工するなど地域の特性を考え，取り組んだ事業である。そして，携わった職員が農家やＪＡとの連携はもとより，町農林課など行政との協働により日々，着実に活動し続けた結果，地域の理解を得て実現したものである。このように実践の積み重ねにより，人脈を広げ，地元から信頼されることも「実践課題の政策化」の実現に寄与するものとなる。

　相模原市の場合は，実践を検証することでより確実な事業の実施につなげた。モデル事業で行ったキーステーションは，協働を行動原理として，行政の相談窓口と民間の相談支援事業所，民間相談支援事業所同士の連携により継続的な相談や複雑困難ケースの支援を行う場であり，検証の結果として，行政職員か

らは必要性について肯定された。また，民間の相談支援専門員が務めるキーステーションの職員からは，官民が顔を合わせ，一緒に活動する機会が増えるにつれ，相対する支援ではなく，情報を共有化し，互いに関わり合いながら支援することの重要性に気づいたとの意見が出され，事業の有効性が立証され，本格実施に結びついた。

　事業に関わった行政および民間の職員は，協働を実践し，体験することでその重要性を理解するとともに，協働が「実践課題の政策化」の基盤となることを認識した。今後，この地域がめざす「官民協働によるソーシャルワーク」の中核的役割を果たすことが期待されている。

5　実践課題の政策化を支える仕組みに迫る

　「実践課題の政策化」の実現について，前章の調査結果では，障害福祉計画等への反映や，事業化等のルールの状況について，施策化や事業化を前提とする自治体は少ないが，そうした状況の中では，事業化・施策化を図る仕組みやそれを支える社会資源の存在が重要である。2つの事例から効果的な取り組みを紹介する。

　与謝野町では，「実践課題の政策化」を推進する仕組みとして，2007年度から，「安心どこでもプラン」を実施している。この事業は公共施設の有効活用を図り福祉施設の整備を推進する目的で，社会福祉法人の事業に対して，町が一法人につき1,500万円を上限に補助金を交付するものである。町の元保健福祉センターを改修した弁当工房とグループホームや，元交番を利用した相談支援事業所，お寺を小規模多機能施設にと町内の遊休施設をいろいろな手法で整備し，社会資源を充実させている。さらに，その手法は，町は補助金の支出だけではなく，場所の選定も，交渉も，地元説明も一緒に行うことで，基盤確保を担い，事業を協働で進めるという基本的な考え方に立っている。町の幹部は，町長の「福祉も産業であり，そこで雇用が発生することはいいことだ」という主張を踏まえ，「一緒に汗をかいて努力してもらえるなら，最低限の支援しかできないけれど，そこに出すお金は惜しくない」（黒田・よさのうみ 2012：165）と述べている。こうした姿勢が基底にあるため効果的な事業運営が可能となっている。

相模原市においては，「実践課題の政策化」を支える中間支援組織は松が丘園である。松が丘園は，基幹相談支援センターや地域自立支援協議会の運営などを行う相談支援機能のほか，人材開発機能や就労援助機能，施設支援機能などに加えて，地域課題の解決に向けて施策化・事業化を進める行政の政策パートナーとしての役割を担っている。これらの機能は，地域自立支援協議会が持つ機能であり，過去から松が丘園が行っている事業の性格により園全体が相談支援の拠点であったと解すべきであり，当然のこととして現在も基幹相談支援センターの位置づけがされている。このため，職員は地域作業所を支援している時代から，市の政策パートナーとして障害者福祉に関わり，より良い環境づくりのために，行政と調整し様々な事業を企画，実施してきている。行政職員には異動があり人が入れ替わる中で，専門職として地域の生活問題を解決するために関係者や民間事業所の意見を調整，整理し，時には調査を実施し，より根拠を持った施策・事業案をつくる。現在でも，そうした場や機会を確保するとともに，研修等を通じて技術の継承等にも取り組むなど，「実践課題の政策化」に向け，官民協働を進める中間支援組織として効果的な働きをしている。

　以上，2つの事例からもわかるように，「実践課題の政策化」の実現のためには，推進するための仕組みやルール，又はそれを支える中間支援組織等の存在が有効である。地域課題を導き出し，また，それを解決するための新しい発想や，新しい価値を求めるビジョンと基本的な考え方が，人々の心を動かし共感を得て，ネットワークを広げる力を生むのであり，各々の地域で実状に応じた取り組みが期待される。

注

(1) 相模原市基幹相談支援センター「みなみ障害者相談ステーション報告書」，2014年，11-29ページ。

　　同報告書の中で示されている「みなみ障害者相談ステーションに関するアンケート」は，相模原市基幹相談支援センターが，2013（平成25）年11月に実施したもので，調査は関係する南区の障害者相談課のケースワーカー及び南区内の指定相談支援事業所6か所の相談支援専門員の合計21名に対して行い，回答は20件（回答率95.2%）であった。

第6章

「実践課題の政策化」の方法論への接近

　先の第5章では，先進自治体の実践事例を検証し，その中から共通する事項として，「実践課題の政策化」に寄与する核心的推進基盤の行動形態を導き出した。

　本章では，理論的枠組みの整理と並んで本研究の命題の一つである障害者相談支援における「実践課題の政策化」の方法論について，改めて整理する。

第1節　「実践課題の政策化」の方法論の全体像

　「実践課題の政策化」の方法論を整理する中で，まず，その全体像を示すことが必要であり，それを踏まえてから個別の取り組みに触れることが理解への近道である。

　方法論の全体像としては，第3章で整理した理論的枠組みに則り，基本原理や，協働やソーシャルワークなどに依拠する実践原理を踏まえた上で，「実践課題の政策化」の実践展開として示した環境条件と具体的な展開過程の一連の流れに沿って，構成要素を明示し，それに合わせて効果的な仕組みや運用する人材のあり方をまとめることとする。

　具体的には，まず，環境条件の領域では，構成要素の一つとして，地域を知り，詳細に把握する「① 地域診断」が挙げられる。福祉実践において課題となる生活上の問題は，その地域の人々の暮らしに関わる諸要因から発生するものであり，市政運営のあり方をはじめ，人口構成や人口の流動性，職業構成などを左右する地域の経済力や産業のあり方，産業形成の源となる自然環境や

第6章　「実践課題の政策化」の方法論への接近

歴史などの「地域の状況」，障害福祉政策を総合的に推進するための計画・取り組み状況，福祉に関わる財政状況等の「福祉水準」，住民自治のあり方や行政・地域との関係，福祉発展の原動力となる組織のあり方等の「福祉環境の特性」など，住民の暮らしを基底する要因を総体的に捉えることが重要である。

　そのためには，相談支援に関わる関係者が既存の資料やデータを読み込んだり，地域踏査を行ったり，日頃の事業や相談活動の中で調査し学習することが求められる。特に，効果的なプログラムは，行政職員の出前講座を活用した学習会や勉強会などである。昨今，どこの自治体でも生涯学習の一環などでこうした仕組みを備えており，これを十分に活用することが有効である。

　環境条件の領域における2つ目の構成要素は「② 共通する土台づくり」である。本研究で理論的枠組として整理した社会福祉や地域福祉に対する考え方や，「実践課題の政策化」の行動原理となる「協働」のあり方，相談支援をソーシャルワークとして捉えた実践原理などについて，相談支援に関わる関係者が共通のものとして認識することが重要である。これらに対する意識の醸成と知識の習得により「実践課題の政策化」の立脚点となる共通の土台を築くことができるのである。

　こうした「土台づくり」は，当該地域における生活保障などに対する過去からの様々な活動の積み重ねで培われるが，相談支援を充実強化する契機として，当該地域におけるそのビジョンづくりは効果的なプログラムとなる。先進自治体の例にもあるように，一つの目標に向けた作業を通して関係者間で議論，検討することは当事者間の共通理解を養う上で有効である。

　3つ目以降の構成要素は，展開過程の段階ごとに位置づけられる。まずは，問題把握プロセスの段階においては，「③ 相談支援体制のあり方」が重要な構成要素である。個人の尊厳や生存権を脅かす生活問題に対して，既存制度や仕組みに囚われず解決策を探るとともに，持ち込まれた課題だけではなく潜在する生活問題を見逃すことなく捉える相談支援体制が必要である。

　このため，障害者総合支援法における基本相談支援として，気軽に相談に応じ，必要な情報の提供や助言を行い総合的な支援に結びつける「一般的な相談支援」が，官民協働により実効的に展開されることが重要である。基幹相談支

援センターが中核となり，行政窓口と指定相談支援事業所等が有機的に連携する相談支援体制の整備が効果的なプログラムとして有効である。

4つ目の構成要素は，展開過程の問題共有プロセスの段階における「④ 緊密なネットワークによる生活問題の共有化」である。個々の生活問題を地域課題として集約するには，関係機関間の連携・強化を図ることが求められ，さらに，実効あるものとするには，科学的な視点に立脚し，一元的かつ統一的な情報の整理やデータの収集などが重要になる。

こうした課題に対しては，地域内の関係組織間で統一的なアセスメントシートを作成し，使用すること，また，相談対応について共通のガイドラインを取り決めること，地域自立支援協議会における個別支援会議を有用に運営することが効果的なプログラムとなる。

5つ目の構成要素は，地域課題の集積・明確化プロセス段階における「⑤ 地域課題を政策対象とするための調査研究」が挙げられる。地域課題として集積された生活問題を専門的かつ実効的な観点から磨き上げ，政策化の対象として明確化するためには，社会資源の状況や既存施策・事業との整合性，他市町村の状況など様々な要因を検証することが鍵となる。

こうした作業を行うためには，専門家や行政職員も含めた関係者を集めた場をつくり，比較的少人数で検討を深め，課題ごとに検討することが必要である。具体的には，地域自立支援協議会における専門部会の設置や公論形成に寄与する公的，非公式を問わない検討会などが効果的なプログラムとなる。また，このような専門部会の検討のほかに，施策化・事業化しようとする企画提案の正当性を事前に証明することも有効な方法であり，モデル事業として実際に行ってみるのも効果的なプログラムとなる。

最後となる六つ目の構成要素は，企画立案の実行・運用プロセス段階における「⑥ 企画立案と施策化・事業化の合意形成」である。「実践課題の政策化」が最終的に実現するかどうかは，事業企画の成熟度はもとより，それを促進する仕組みの有無，あるいは障害福祉計画等への反映度合いなどに影響を受ける。また，合意形成を円滑に行うための様々な取り組みも必要となる。

具体的には，地域自立支援協議会全体会のあり方や，施策化・事業化を進め

第6章 「実践課題の政策化」の方法論への接近

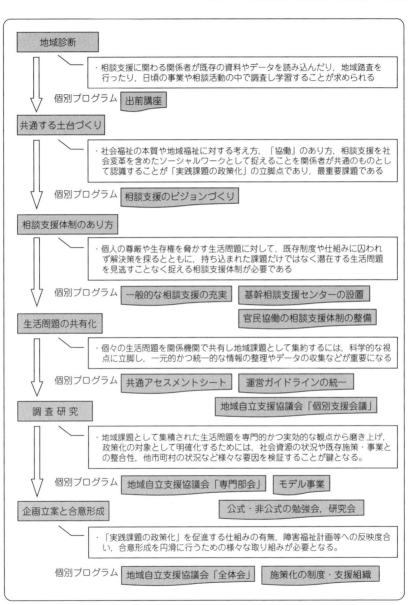

図 6-1 「実践課題の政策化」を推進するための効果的なプログラム
出典：筆者作成。

る制度や支援組織の存在などが効果的なプログラムとなる。

　以上，障害者相談支援における「実践課題の政策化」を推進するための方法論について，全体像として，備えておくべき知識，情報を含めて一連のプロセスごとに核となる構成要素と効果的なプログラムをまとめると図6-1のとおりである。次の第2節では，それぞれの効果的なプログラムの詳細とそれを運用する核心的推進基盤である人材のあり方について論述する。

第2節　「実践課題の政策化」を推進する個別プログラム

1　地域診断を契機として

　個別の実践課題を解決するために施策化・事業化に取り組む際には，いずれの場合にも当該地域の環境条件を十分に把握するところから始めるため，関係者が地域の基礎的な情報を十分に保有していることが前提となるが，それに加えて新しい情報の獲得も必要であり，積極的な学習が求められる。

　基礎的な情報については，市町村の担当部署や都道府県の窓口，関係団体等には定期的に収集された資料やデータが保有されており，これらを調査・分析することによってある程度は得ることができるが，それをもとに地域踏査を実施したり，日頃の相談活動，事業活動を通して実際に住民から話を聞いたりして，さらに時宜を得た情報として整理，把握しなければならない。

　新たな情報の獲得について，効果的なプログラムの一つは，行政による出前講座である。これは自治体の公民館や各部局が住民からの申し込みに応じて，随時，現地に出向き開催する公開講座である。住民にとっては，都合の良い場所や時間に，自らのニーズに応じた講座を受講でき，知りたいことをより詳しく学ぶことができるのである。一方，行政の担当部署においては，準備を主体的に行うことなく担当する事務について情報提供することができ，合わせて住民に対する事業の啓発も進められる事業である。現在では，多くの自治体はもとより，企業，大学等でも実施されるポピュラーな仕組みであり，先進事例として取り上げた与謝野町や相模原市でも取り組まれているものである。

　「実践課題の政策化」のスタートとして地域診断を進めるためには，こうし

第6章 「実践課題の政策化」の方法論への接近

た制度の活用が有効である。相談支援事業者などの関係者にとっては，こうした機会は既存制度等の中でも知り得ていない情報や，新規の制度や仕組みの内容について情報提供を受ける機会として有効となるばかりではなく，行政との協働を進めるきっかけになるものである。例えば，抱えている地域課題について，関連する情報を収集する目的で出前講座を開催する。そして，説明をただ受けるだけではなく，説明者である行政職員に課題状況を示し，問題の共有化を図るとともに，解決策を相談するなどして，より理解を深めることもできる。また，継続的な勉強会への行政職員の参加を促すこともできるのである。

　前述した先進事例でも示されたように，地域生活に対する危機感や地域課題に対して行政は敏感であり，そうした地域事情に直面し，実態を知ることでその課題や問題意識の共有が促進される。相談支援専門員等の関係者は，出前講座などの仕組みを活用し，あらゆる機会を通じて，抱えている課題について粘り強く，かつ継続的に訴えることが肝要であり，それによって，地域課題の顕在化と行政関与の誘引を図り，「実践課題の政策化」に向けて行動の輪を広げることができるのである。

2　基本認識を共有する土台づくり

　「実践課題の政策化」の推進にあたって，効力があり，最も重要なことは，本研究で示した理論的枠組みを正しく理解し，関係者間で共有することである。目標に向かってじっくり議論する中で，基盤となる社会福祉のあり方や障害者相談支援の役割，ソーシャルワークの本質と作用等について，それらのあるべき姿を検討することで，共通理解を形成することができる。そして，議論のテーマとして効果的なのが相談支援に関わるビジョンづくりである。また，その中で基本的な考えや実現するための個別，具体的な事業を検討するのは当然であるが，それだけではなく推進するための体制やルールもあわせて定めておくことがより有効な取り組みとなる。

　前章で述べた相模原市の例で言えば，市を取り巻く福祉環境が変化したことや相談支援に対する認知度が低く，相談支援事業所同士の横のつながりが弱いこと，生活問題を含めた様々な相談を受け止め，支援する体制が脆弱であるこ

199

となどの課題に対して，新たなビジョンづくりとして，相談支援体制のあり方を検討することになり，市自立支援協議会の中に「検討会議」を設置した。構成員は協議会のメンバーに加え，行政職員も含めて組織され，集中的な検討のほか，市内相談支援事業所へのアンケートや意見交換会，先進自治体への視察，有識者からの意見聴取など積極的な取り組みをとおして，関係者間で協働する空間を共有した。その結果，取りまとめた報告書は，基本的な考え方としては官民協働による相談支援の展開を，具体的な取り組みとしては重層的かつ総合的な相談支援体制の構築を示したものとなり，それを受けて，市ではその「報告書」どおりの内容で「障害福祉における相談支援体制に関わる全体構想（障害者相談支援体制グランドデザイン）」を定めた経緯がある。

このように，地域の相談支援のあり方全体を考える取り組みは，広範な議論や検討を巻き起こし，公論形成につながるものとなる。また，その過程において，社会福祉のあり方や地域の歴史，実情などを様々な角度から検討するとともに，支援の実態や先進事例の調査，研究を官民協働で進めることで，関係者間で共通理解が図られ，実現可能な施策・事業の提案・実施に結びつく。さらには，このプログラムの中で培われたネットワークや人脈は，その後の地域内実践においても中核的な役割を担うものとなるのである。

こうした取り組みの中で重要となるのが，行政の関わりとその人材のあり方である。先進事例では，社会福祉の使命を十分に理解し，地域課題をなんとか解決したいと思う行政職員の存在が「実践課題の政策化」の実現に必要不可欠であると示されている。特に，ケースワーカー以外の行政職員が障害者福祉政策の企画立案を担当する場合には，一般には即時的に地域課題や社会福祉の本質を見極めることは難しい。こうした行政職員の理解を促進するには，時間をかけて多角的な観点から，しかも重層的な策定プロセスを踏むビジョンづくりなどのプログラムが効果的であり，「実践課題の政策化」に必要な基本原理や行動原理を関係者間で共有し，体感するのには有用な方法である。

3　問題把握に結びつく相談支援体制の整備

展開過程における問題把握プロセスの段階において，顕在化する個人の尊厳

第6章 「実践課題の政策化」の方法論への接近

や生存権を脅かす生活問題だけではなく，潜在化する同様の問題に対しても，既存制度や仕組みに囚われず相談に応じ，解決策を導き出す相談支援を展開するためには，まず，スタートとなる「一般的な相談」を受け持つ指定相談支援事業所等や行政の窓口が機能的に連携することであり，さらには，それらを支える基幹相談支援センターや地域自立支援協議会を含めた相談支援体制を整備することがこの段階における効果的なプログラムである。

「実践課題の政策化」のプログラムとしての相談支援体制の整備・運営に求められる留意点としては，制度や枠組みに囚われることなく個々の生活問題そのものに着目し，それを的確に相談支援の対象として捉えることである。対象は，社会問題としての生活問題であることから，構造的なものとして一体的に把握するとともに，関係者全員がそうした生活問題を解決し，根源的な目的である人権と生存権を守るという共通のミッションを認識することが肝要である。また，指定相談支援事業等で最初に相談を受け，深く関わりを持つことになる相談支援専門員は，求められるミッションを追求する意識と技術を持ち合わせていなければならず，アセスメントの仕方などにそうしたことが反映されるのである。

ちなみに「実践課題の政策化」の視点から，アセスメントのあり方を考える場合，「基本的人権に対する深い理解とそれを守り抜く知見を持つ責任がある。とりわけ，日本国憲法第13条（個人の尊厳・幸福追求権）と第25条（生存権）の分かち難い理解と，それがどのようにして創られ，守り発展させられてきたのかについての具体的なあり様を含めた学習」（宗澤 2008：109）が前提となるし，さらには，アセスメントをする個々の項目が「暮らしの中でのどのように関連し合い，困難と権利侵害が生まれているかについて分析し，生活概念をベースに総括する力をもつこと」（宗澤 2008：111）が不可欠となる。

また，「実践課題の政策化」を実現するためには，一連の相談支援体制において，常に政策形成に注意を払った取り組みが必要であり，相談支援の中核的な役割を担う相談支援専門員は，対象となる方への直接支援はもとより，地域活動や社会変革への行動も含めたソーシャルワークとしての相談支援を強く意識し行動することも留意点として挙げられる。

201

「実践課題の政策化」のスタートとなる生活問題を的確に把握するには，その機会や場となる相談支援体制が，それぞれの地域で実情に即して整備されることが重要である。また，生活問題の把握から政策形成までのプロセスにおいて具体的な取り組みを進めるには，関係機関や関係者間の緊密な連携が求められることから，中核的役割を担う基幹相談支援センターの設置は効果的なプログラムとなる。地域自立支援協議会の整備が進み，その活性化が課題となっている現在，そうした課題や相談支援機関の連携強化を図るため，基幹相談支援センターが各地域に設置され，戦略的に運営されることが期待される。

加えて，最も重要なことは「実践課題の政策化」の実現を目標とするならば，そこでは行政の能動的な関わりが不可欠であり，官民協働という視点を強調した相談支援体制の整備がなされなければならない。

こうした相談支援体制を整備するため，行政をはじめ関係者の積極的な取り組みが求められるのである。先進事例では，規模の小さい自治体では，相談支援事業所の数も少なく行政組織との距離も近いこともあり，相談支援体制はシンプルなものとなる。そこでは，与謝野町の例のように，相談支援専門員などの専門家や行政職員が日頃の何気ない会話や関わり，イベント等の集まりの機会を通じた情報交換，そして，共に解決できない問題を地域全体の問題として捉えて，解決に向けて行動しようとする意識も含め日常の緊密なネットワークや顔の見える関係により官民協働の体制が築かれている。

一方，規模の大きい自治体では，基幹相談支援センターの有無，委託相談支援事業所と指定相談支援事業所の数や役割分担，行政組織との関係など諸条件を勘案して，その地域にふさわしい官民協働による相談支援体制の構築が望まれる。相模原市の例では，基幹相談支援事業所を新たに設置する際に相談支援体制の見直しが行われた。関係者によりこれまでの自らの地域の課題等が整理され，それを踏まえてビジョンが作成された。その中では「どの場所に投げかえられた相談も，相模原市に寄せられた相談としてしっかり受け止め最後まで責任を持つ」という考え方に基づき，各民間の指定相談支援事業所から長期的に派遣された相談支援専門員が集まる相談支援キーステーションを行政ケースワーカーがいる行政の相談窓口と同じ建物に配置し，協働により，特に継続的

な相談や複雑困難ケースの支援を行うなど，地域全体を一体的に捉えた官民協働による相談支援体制が構築された。このように，各自治体がそれぞれの地域実情に応じた官民協働の相談支援体制を整備し，的確に生活問題を把握することが「実践課題の政策化」を進める第一歩となるのである。

4　ネットワークの構築・連携による地域課題の共有化

　相談者は誰もが適切に相談窓口を選べるわけでもなく，また，受けた相談もそこですべての相談が完結できない場合には，必要な支援に相応しい機関に引き継ぎを行わなければならないが，相談は信頼関係があって成り立つものであり，その意味では，相談支援機関同士が価値を共有し，日常的に緊密につながることが必要である。

　こうした状況を踏まえると「実践課題の政策化」の実現に向けて，問題共有プロセスの段階では，個々の生活問題について，関係機関間で情報や支援に対する意識を共有することが重要である。続く，地域課題の集積・明確化プロセス段階においては，地域課題の明確化と，政策形成のための根拠となる科学的視点に立った整理が求められることから，その前段として，一元的かつ統一的な情報やデータの収集，検討などネットワークを強化する取り組みが必要となる。このための効果的なプログラムを以下に紹介する。

　まず，第一として，当該地域内での統一的なアセスメントシートの作成が効果的なプログラムとなる。アセスメントシートの作成については，第4章の調査2の結果で，「実践課題の政策化」が実現した地域では，相談支援の手引き（ガイドライン）の作成とともに，その有効性が示されている。また，第5章の先進自治体の事例では，アセスメントにおいて地域課題を明確にすることと，それを統計的に整理するための業務サポートシステムの導入も紹介している。紹介した相模原市では，行政も指定相談支援事業所も共通に使用するアセスメントシートを開発し，「本人の希望するくらし」や「本人のできること・むずかしいこと」などの本人情報や家族の情報，経済的状況等の環境情報などの項目に加えて「地域課題・地域自立支援協議会での検討事項」の項目を設け，忘れずに記載するようにしており，政策形成への意識の向上に努めている。

第二として，相談支援の手引き（ガイドライン）の作成もプログラムとして有効な取り組みである。こうした手引きについては，当該地域における実際の実務での使用はもとより研修時のテキストとして活用することもでき，当該地域の相談支援業務を標準化するのに有用である。知識・スキルの習得の場面や個別の相談場面，その後の活動の場面において拠り所となる手引きが，地域の共通のものとして作成され，しかもその中で地域課題の集積を常に意識し，実践すべきテーマとして確認しながらそれぞれの相談支援専門員等が業務に携わることで「実践課題の政策化」の取り組みは加速されるのである。

　第三の効果的なプログラムとしては，地域自立支援協議会の個別支援会議が挙げられる。地域自立支援協議会は，第1章で述べたように，「個別支援会議を通じて，個人の課題を個々の課題にとどめず共有化し，地域の課題として集積し，専門部会（プロジェクト）を設置し，実現の可能性を検討し，全体会を通じて提案していく」という社会資源の開発・改善機能を持っており，その一連の機能において，個別支援会議は個々の障害者の課題解決やサービスの利用調整のほかに，掘り起こされたり，つながってきたニーズの中で，すぐに解決できないニーズについて検討する場である。そこで構成員が様々な実践やケースに対して議論することは，地域課題を共有することにつながるのである。

　以上，効果的なプログラムとして具体例を示したが，それぞれをより円滑に運用するには，そこに携わる関係者の資質の向上が不可欠である。相談の窓口では，相談支援専門員は，個別の生活問題を地域課題としても見るという意識を基本姿勢として持っていなければならないし，アセスメントシートやガイドラインを作成しても，それを使いこなせるだけの技術の習得が必要になる。さらには，個別支援会議において，構成員には，「実践課題の政策化」のための地域課題の集積に対する意識の醸成が求められる。関わる行政職員は，個別支援会議の招集を積極的に呼びかけるなど，主導的な役割を果たすとともに，中でも政策担当課の職員は個別支援会議に出席して，現場実態を体感するなど，協働を行動原理として，より実効的な政策の立案に努めなければならない。

第6章 「実践課題の政策化」の方法論への接近

5　地域課題を政策化する調査研究

　地域課題の集積・明確化プロセスの段階において，地域課題として集積された生活問題を専門的かつ実効的な観点から磨き上げ，政策化の対象として明確化するためには，その課題の原因究明から始まり，地域踏査や事業・相談活動を通してのニーズ調査，アンケート調査や統計データの分析など，様々な取り組みにより，質的にも量的にも住民ニーズを把握することが必要である。また，社会・経済の傾向を踏まえ，先進的な情報や理論を検討することも忘れてはならない。

　このため，専門家や行政職員も含めた比較的少数の関係者が集まる場を設置し，課題ごとに専門的な検討を行うことが必要であり，各自治体の地域自立支援協議会に，専門部会を設置し，課題解決のための調査研究等の取り組みを進めることが効果的なプログラムとなる。つまり，専門部会の検討で得た結果等を科学的根拠として広く関係者や地域に伝えることは，政策形成に向けて公論を喚起することにもなり，意味を持つのである。

　取り組みの主体となるのは，地域自立支援協議会である。先進自治体においても，与謝野町の場合は，自治体の規模が小さいこともあり，その役割は地域自立支援協議会の運営エンジンである「運営会議」が担っている。そこには行政職員も入り，個々の課題・ニーズに対して，地域の実情や地域住民の声を後ろ盾として，実現可能な事業案を作成するよう，政策化に向けて，関係する法制度の研究や先進事例の詳細等を調査するなどの取り組みが行われている。特に，同規模自治体の先進施策の研究を官民協働で行うことは有効な方策となっている。また，日常の活動や，あるいは，町の有線テレビ等を活用して，地域住民に対して，協議会がどのような取り組みをしているかを広く周知している。

　一方，相模原市の場合は，地域自立支援協議会自体も大きな組織となっているので，規約により課題ごとに，専門部会が設けられることになっており，そこでは，検討の根拠となるデータ収集のためのアンケート調査の実施や対象者を含めた関係者との意見交換，先進自治体への視察や事例研究など，より実効力が高いプランとなるよう検討が進められている。

　また，このような地域自立支援協議会の仕組みを活用するほかに，実践を積

み重ねることで課題解決に迫ることもできる。政策として合意形成を図るための論拠として，科学的なデータや他自治体の先進的な取り組みは一定の事由とはなるが，それをさらに確実なものとするためには，これまでの実践や取り組みをベースにして事業化を試みることや，関係者間の連携によりモデルとして実際に事業を行うことは政策形成に向けて説得力を増すものであり，効果的なプログラムである。例えば，与謝野町におけるリフレかやの里の事例は，社会福祉法人のよさのうみ福祉会が農家やJAとの連携に加え，町農林課など行政との協働により，野菜等を利用したお弁当事業や農産加工を行うなど，地域の特性に合わせて，産業の活性化に向けて活動し続けた中で，地域の理解を得て実現したものである。このように実践を積み重ねることにより，人脈のネットワークを形成し，地元から信頼されることも「実践課題の政策化」の実現に寄与するものとなる。

　一方，相模原市の場合は，行政の相談窓口と民間の相談支援事業所，民間相談支援事業所同士の連携する場として，相談支援キーステーションの設置をモデル事業として行い，その取り組みは，アンケート調査の結果などにより分析，検証され事業の有効性が立証されて，本格実施につながった。こうしたモデル事業の実施に向けては，多くの自治体で制度化されている市民協働事業などの制度や補助金などを活用することも1つの方法である。また，各財団の助成金により事業を試みて実証してみせるのも効果的である。

　以上のような取り組みにおいて，関わる人材，つまり，核心的推進基盤である関係者にはどのような行動形態が求められるのか，科学的に調査研究を進め，より現実的な政策提案をするためには，民間サイド，特に相談支援専門員に求められることは，行政は敵ではなく一緒に考える相手という意識を持つとともに，相談支援専門員も予算要求の時期など行政のルールや方法，制度を熟知することが肝要である。相談支援専門員は政策形成スキルを活用して，当事者や現場関係者の「翻訳家」として，行政に対して通訳し，政策化に導くことを期待されている。こうした取り組みを促進するため，行政サイドでは，政策形成に必要な行政情報を関係者に提供することが不可欠となる。近年の福祉を取り巻く厳しい行政環境の中で施策化・事業化を達成するには，事業提案の内容に

ついて，当該事業の現実性や効果，公共性など事業計画自体の熟成度がその成否に関わってくる。このため，行政サイドとしては，予算編成の時期などのスケジュールを含め行政運営の基本的な情報を提供するほか，住民ニーズの捉え方，既存施策・事業との整合性，予算規模や補助金などの財源確保策，同規模および近隣の自治体での同種事業の事業化の状況など，政策形成に必要な情報を民間サイドの関係者と共に収集・獲得に努める必要がある。相模原市においては，政策担当課が地域自立支援協議会に出席し，情報提供を行うなど運営をリードした。こうした行動は，「協働」を掲げる自治体運営では，本来，行政職員が基底としなければならない行動原理である。

6　施策化・事業化の合意形成に向けて

最後の企画立案の実行・運用プロセス段階では，調査研究により科学的かつ実効的にまとめられた提案を最終的に施策・事業とするには，いかに円滑に合意形成を行うのかが鍵になる。障害福祉計画への反映や事業化・施策化を促進するルールの存在は重要であるが，その他に公論を形成する取り組みや政策形成に寄与する仕組み等の構築も必要となる。

このための効果的なプログラムとしては，地域自立支援協議会における全体会の組織運営が挙げられる。全体会は，施設長や各機関の管理者，団体の代表者等が協議会活動全体の内容を整理し，地域課題について解決案の政策提言や福祉関連計画への位置づけを行う場である。そこでは，学識経験者をはじめ，実務者からの報告により情報を持っている各機関の管理者や地域代表の民生委員，各種団体の代表者などが的確で熱心な議論を展開し，地域や関係者の共感を得ながら施策化・事業化に導くことを求められる。そもそも，障害者総合支援法では，自治体は障害福祉計画を定めたり，変更しようとする時は，地域自立支援協議会にあらかじめ意見を聴くように努めなければならないとされている。したがって，地域自立支援協議会に関わる人々は，このことを強く意識し，最大限利用して，実績を積み重ね，ルールとして確立させることが求められている。相模原市では，政策担当課の責任者や担当者がこうした障害者総合支援法の趣旨や「協働」による自治体運営を理解し，可能なかぎり部会や会議に出

席するなど，積極的に地域自立支援協議会に関わることで「実践課題の政策化」を実現したのである。

　また，事業化・施策化を促進する制度や社会資源の存在も効果的なプログラムとなり得る。例えば，与謝野町の「安心どこでもプラン」と称した補助制度もこれにあたる。この制度は，遊休施設の活用による社会資源の充実を目的に，社会福祉法人の事業に対して，町が一法人につき1,500万円を上限に補助金を交付するもので，特徴としては，町は補助金を支出するだけではなく，場所の選定も，交渉も，地元説明も一緒に行い，基盤確保に向けて，事業を「協働」で進めるという基本的な考え方に立っているところにある。

　相模原市の場合は，「実践課題の政策化」を支える中間支援組織が存在することが特徴となっている。中間支援組織である障害者支援センター松が丘園は，基幹相談支援センターや地域自立支援協議会の運営などを行う相談支援機能のほか，人材開発機能や就労援助機能，施設支援機能などに加えて，基幹相談支援センターとしても位置づけられている。そして，運営法人が市の100％出資団体であるということもあり，市の政策パートナーとしての役割も担っている。地域の生活問題を解決するために関係者や民間事業所の意見を調整，整理し，時には調査を実施し施策化・事業化を促進するとともに，研修等を通じて関係者の質の向上に取り組むなど，「実践課題の政策化」に向け，官民協働を進める中間支援組織として効果的な働きをしている。

　以上は一例であるが，紹介した地域自立支援協議会の活性化や中間支援組織の存在は他の自治体でも見られるし，他にも各地域でネットワークを強化し，人々の心を動かし共感を得て，合意形成を実現する取り組みは様々な形で展開されているはずである。しかしながら，こうした取り組みの情報は地域に限定されやすくなっており，多様な工夫と成果をあげた実践が全国レベルで情報交換しにくい状況となっている。もちろん，仕組みとしては，圏域内の専門的分野を含めた支援方策について情報や知見を共有，普及する機能を持つ都道府県自立支援協議会の活用もあるが，さらなる強化に向けては，相談支援専門員の意識を含めた質の向上や地域を超えた連携などが重要になることから，日本相談支援専門員協会や日本社会福祉士会などの職能団体による横のつながりや，

第6章　「実践課題の政策化」の方法論への接近

ネットワークを活用した情報交換も効果的な取り組みであり，その活性化が期待される。

　「実践課題の政策化」を実現する合意形成には，以上紹介したプログラムが有効であると考えるが，その結果を左右する最大のポイントは，行政組織としての関わり方である。その中で関わる行政職員の姿勢や行動，政策形成能力などが問われているのである。このことは，地方分権が進められる中，各自治体においては，住民主体のまちづくりに向け，「協働」による政策形成が求められている。特に，福祉領域における政策形成は，問題発見から解決への専門的かつ技術的な見通しが必要となることから，権利主体である当事者や専門家を含めた関係者，地域住民などによって検討を加えられることが有効である。加えて，現行法においては，より丁寧なプロセスを経て，問題解決を図る地域自立支援協議会に計画策定など施策化・事業化を推進する役割を与えている。地方分権が加速する自治体運営の中で，こうしたことを拠り所に相談支援に関わる行政職員は，自信と覚悟を持って「協働」による政策形成を進めなければならないのである。

　政策形成の推進には，地域の人たちと足りない社会資源を確認することから始めて，民生委員など地域活動の中核となる人たちに生の声を伝えて，理解してもらう。そうした人たちの働きかけにより行政に地域課題を伝えることも大切な要素である。また，新しい施策や事業を組み立てる場合には，その土地の文化や風土に根差したものを活用し，地域住民を巻き込みながら進めることが効果的である。それは立場や考え方の違う人たちが一つの空間を共有することで，それぞれがもっている価値観が融合し，新しい価値観が創造されるからである。その際にも行政職員の役割は大きい。行政が動くと地域のネットワークがつくりやすくなるからである。行政職員には柔軟な発想により民間サイドに様々なアイデアを投げかけるような提案型の職員像が期待されている。

　以上のように，地域特性をベースとして継続的に営まれている活動や，埋もれているが残っている共通意識を活かすことは，力動的な主体者としての関係者の積極的な行動を呼び起こすことになり，スムーズな合意形成に寄与するものとなる。

209

第3節　「実践課題の政策化」を推進するための評価

　次に，ここまで示した方法論を有効に活用するためには，自分たちの取り組み状況や現在の到達点を知る客観的な評価と，それを踏まえた的確な対応が必要となる。以下，相談支援窓口等のあり方や地域自立支援協議会などの「相談支援体制」，その中で中核的な役割を担う「相談支援専門員の意識や行動」，政策形成の主体者である「行政の関与」という3つの区分により，発展の段階（Ⅰ～Ⅳ）ごとに評価指標を示すこととする。

1　相談支援体制

　障害者相談支援の体制について，障害者総合支援法の中では，社会資源としては，地域定着支援や地域移行支援，計画相談支援事業を行う「指定相談支援事業所」や，相談・情報提供やサービス利用支援，権利擁護援助のほか，ネットワークづくりや社会資源の開発・改善等を自治体からの委託を受けて行っている「委託相談支援事業所」，さらには「委託相談支援事業所」の機能を一層強化し，加えて相談支援事業所への専門的指導・助言や人材育成にも取り組み地域相談支援体制の拠点となる「基幹相談支援センター」がある。その他，行政機関も含まれることは当然である。また，ネットワークの仕組みとしては，関係者・関係機関の連携基盤であり，生活問題を地域課題として明確化し，施策化・事業化する機能を持つ「地域自立支援協議会」がある。

　このような社会資源やネットワークにおける視点から成熟度に応じて評価指標を示すと以下のとおりである。

　第Ⅰ段階は，地域に指定相談支援事業所は設置されているが，その間の連携は薄く，単独での取り組みであり，利用者のニーズに十分に応えきれていない。また，地域自立支援協議会について設置はされてはいるが，実態的には形骸化している状態である。

　第Ⅱ段階は，身近な地域で気軽に相談が受けられるように，指定相談支援事業所も数多く設置され，その相談支援事業所と行政機関等，相談支援事業所間

との連携が活発化しつつある。また，地域自立支援協議会において，課題ごとに部会が設置されるなど目的の共有が進むとともに，個別支援会議等において地域内の生活問題や地域課題の把握も含め情報交換がされる状況である。

第Ⅲ段階は，地域相談支援の拠点となる基幹相談支援センターが設置され，相談支援事業所間や行政機関等との連携強化が進められている。また，地域自立支援協議会においては，個別支援会議や定例会が定期的に開催され，的確に情報交換がされるとともに，課題解決に向けた検討が行われ，地域自立支援協議会全体で課題を共有している状況である。

第Ⅳ段階は，相談支援事業所では，制度や枠組みに囚われない一般的な相談が行われ，生活問題を見落とすことなく十分に把握するとともに，基幹相談支援センターを中心に相談支援事業所や行政機関の連携強化が図られ，日常的に当たり前のように情報共有がなされている。また，共通のアセスメントシートやガイドラインの使用により統一的な相談支援が展開されている。地域自立支援協議会では，個別支援会議において集積，整理された地域課題について，政策提案をするための専門プロジェクトチーム等により科学的視点に立った調査研究が行われ，全体会で方針が決定される。そして，その結果は計画への反映や事業化につながるという状況にある。

2　相談支援専門員

2つ目の視点としては，相談支援専門員の意識と行動が挙げられる。相談支援専門員は，当事者の権利擁護を前提に，行政機関やサービス事業者等と緊密な連携を図りながら必要な支援を行い，その中で発見した地域課題については，社会資源の改善，開発に向けて施策化・事業化に積極的に取り組むことが求められる。こうした一連の流れの中で，相談支援専門員の意識と行動の発展段階は以下のとおりである。

第Ⅰ段階は，相談支援専門員が，一時的な対応やサービス利用調整を行うだけで法や制度の枠組みに囚われずに，地域の生活問題を把握することができていない事業所が多数を占めるとともに，地域との関わりについても形骸化している。また，個人の尊厳や生存権を保障するという社会福祉の本質や，その実

現のための社会変革を含めたソーシャルワークとしての相談支援が理解できていない状況にある。

　第Ⅱ段階は，多くの事象所の相談支援専門員が法や制度の枠組みに囚われない相談対応を図り，潜在化している地域の生活問題についても把握はできているが認識するにとどまっており，他の機関や事業所との共有化も進んでいない。地域の関係団体や住民組織との関わりも形式的なものとなっている。また，個々の相談支援専門員の意識では，地域活動や政策形成，社会変革を求める相談支援の重要性は認識しているが，地域全体として共通の理解には至っていない。

　第Ⅲ段階は，相談支援専門員が相談窓口において，アクセスできる利用者だけではなく，きめ細やかに対応し利用者の状態を把握するとともに，政策形成についても意識しながら問題把握を行い，他の相談支援専門員とも問題の共有化を進めている。例えば，相談支援に関わるガイドライン（手引き）の作成を検討するなど，生活問題を地域課題として集積するための具体的な取り組みが進められている。地域状況についても，民生委員等のキーパーソンとの定期的な情報交換により把握している。また，個々の相談支援専門員は，地域課題の解決に向けて，課題の明確化やニーズ分析などの必要性を認識するとともに，行政情報の入手に努力するなど，政策形成への意識は高まっている状況である。

　第Ⅳ段階は，各相談支援専門員は，社会福祉の本質を理解し，政策形成を意識した問題把握を行っているが，その際には共通のアセスメントシートや，統一的な手引きを使用することで，より根拠のある論理により地域全体の課題を整理している。そのための能力を十分に備えている。地域の実情についても地域の定例的な会議への出席や民生委員・自治会役員との連携，アウトリーチなどによる総合的な観点で把握している。また，相談支援専門員は施策化や事業化に必要な行政情報や政策形成スキルを獲得しており，行政を巻き込む意識や技術をもっており，合意形成を進める中心的な役割を担っている。

3　行政の関与

　3つ目の視点は，行政の関与である。「実践課題の政策化」を推進するには，

政策主体者である行政の関与が必要であり，このことは繰り返し述べてきた。地域における本質的な問題を見逃すことなく丁寧に把握し，それを地域課題として集積し，解決する方向を明確化した上で施策化・事業化に結び付けるという一連の流れの中で，行政組織，行政職員の主体的かつ積極的な関与は，まさに「実践課題の政策化」の基盤となるものであり，その発展段階は以下のとおりである。

第Ⅰ段階は，相談支援に関わる行政の役割について，窓口の一義的な対応とサービスの支給決定のみとし，相談支援のスタートとなる地域の生活問題の把握を含めその他の取り組みを相談支援事業所にすべて委ねている。また，地域自立支援協議会を設置はしているもののそれへの関与は年２，３回程度の全体会に出席するだけで事務局等の運営には関わっていない。また，携わる行政職員も社会福祉の本質や，相談支援の重要性を理解していない。

第Ⅱ段階は，行政機関の窓口は，相談支援事業所との連携は適時行っており，地域自立支援協議会において，個別支援会議にも定期的に出席し，地域の生活問題を把握するとともに，行政職員が事務局を担っている。また，行政職員は，相談支援の使命として，社会資源の改善・開発の必要性を理解はしているものの，施策化・事業化の視点は希薄であり，科学的視点に立った課題整理など政策形成に関して具体的な取り組みは行っていない状況である。

第Ⅲ段階は，行政機関の相談窓口と相談支援事業所との連携強化を進めるため，行政職員が継続的に関わっている。地域自立支援協議会においも行政職員は個別支援会議に必ず出席し，地域全体の生活問題の把握に一定の役割を果たすほか，課題整理やニーズ等の明確化，相応しい企画立案に関して，必要に応じて行政情報を提供するとともに，検討の場に参加するなど，施策化・事業化への取り組みに努めている。また，事務局として課題解決に向けた取り組みを支えている。

第Ⅳ段階は，主体的な行政の関わりで行政機関の窓口と相談支援事業所との連携強化が図られ官民協働の相談支援体制が構築されている。行政職員は，こうした官民協働の日常的な相談支援の取り組みや行政組織が持つ地域の各種団体やネットワークの活用により，潜在化している生活問題を含め当該地域の生

表 6-1 「実践課題の政策化」を推進するための発展段階ごとの評価指標

	相談支援体制	相談支援専門員	行政の関与
第Ⅰ段階	指定相談支援事業所は設置されているが、連携は薄く、利用者のニーズに十分に応えきれていない。 地域自立支援協議会は設置されてはいるが、形骸化している。	相談支援専門員が、一時的な対応やサービス利用調整を行うだけで法や制度の枠組みに囚われずに、地域の生活問題を把握することができていない。 地域との関わりについても形骸化している。また、社会福祉の本質や社会変革を含めたソーシャルワークとしての相談支援が理解できていない。	行政窓口は、一義的な対応とサービスの支給決定のみとし、その他は相談支援事業所に全て委ねている。 地域自立支援協議会への関与は全体会に出席するだけで事務局等の運営には関わっていない。 携わる行政職員も社会福祉の本質や相談支援の重要性を理解していない。
第Ⅱ段階	指定相談支援事業所も数多く設置され、その相談支援事業所と行政機関等、相談支援事業所間との連携が活発化しつつある。 地域自立支援協議会において、課題ごとに部会が設置されるなど目的の共有が進むとともに、個別支援会議等では、地域内の生活問題や地域課題の把握も含め情報交換がされている。	多くの事象所の相談支援専門員は、潜在化している生活問題を把握はできているが認識するにとどまっており、他の機関や事業所との共有化も進んでいない。 関係団体や住民組織との関わりも形式的なものとなっている。 相談支援専門員の個々の意識は、社会変革を求める相談支援の重要性は認識しているが、地域全体の共通理解には至っていない。	行政窓口は、相談支援事業所との連携を適時図っている。 個別支援会議にも定期的に出席し、また、事務局も担っている。 行政職員は、相談支援の使命として、社会資源の改善・開発の必要性を理解はしているものの、施策化・事業化の視点は希薄であり、科学的視点に立った課題整理など政策形成に関して具体的な取り組みはしていない。
第Ⅲ段階	地域相談支援の拠点となる基幹相談支援センターが設置され、相談支援事業所間や行政機関等との連携強化が進められている。 地域自立支援協議会においては、個別支援会議や定例会が定期的に開催され、的確に情報交換がされるとともに、課題解決に向けた検討が行われている。	相談支援専門員が制度等の枠組みに留まらない相談支援を展開し、政策形成を意識しながら問題把握を行い、他の相談支援専門員との共有化を進めている。 地域状況を民生委員等との定期的情報交換により把握している。 各相談支援専門員は、課題の明確化やニーズ分析などの必要性を認識するとともに、行政情報の入手に努力するなど、政策形成への意識は高まっている状況である。	行政職員が継続的に関わり、行政機関と相談支援事業所との連携強化を進めている。 行政職員は個別支援会議に必ず出席し、地域全体の生活問題の把握に一定の役割を果たすほか、課題整理のための企画立案に関して、必要に応じて行政情報を提供するとともに、検討の場に参加している。事務局としてもこうした課題解決に向けた取り組みを支えている。
第Ⅳ段階	相談支援事業所では、制度等に囚われない一般的な相談が行われ、生活問題を十分に把握するとともに、基幹相談支援センターを中心に関係機関の連携強化が図られ、日常的に当たり前のように情報共有がなされている。 地域自立支援協議会において、個別支援会議において集積、整理された地域課題について、政策提案をするための専門プロジェクトチーム等により科学的視点に立った調査研究が行われ、全体会で方針が決定される。そして、その結果は計画への反映や事業化につながるという状況にある。	各相談支援相談員は、社会福祉の本質を理解し、政策形成を意識した問題把握を行っている。その際には共通のアセスメントシートや、統一的な手引きを使用し、根拠を明確にし、地域全体の課題をまとめている。 地域の実情を地域の定例的な会議への出席や民生委員や自治会役員との連携、アウトリーチなどによる総合的な観点で把握している。 相談支援専門員は施策化や事業化に必要な行政情報や政策形成スキルを獲得しており、行政を巻き込む意識や技術をもっており、合意形成を進める中心的な役割を担っている。	主体的な行政の関わりで関係機関の連携強化が図られ官民協働の相談支援体制が構築されている。 行政職員は、官民協働の日常的な取り組みや行政組織が持つ地域の各種団体やネットワークの活用により、潜在化している生活問題を含め当該地域の生活問題を的確に把握している。 ケースワーカーと政策担当部署の職員が個別支援会議に参加し、情報交換や検討に積極的に関わるとともに、専門部会での調査研究や、政策立案を行うプロジェクトチームに主体的に関わっている。 全体会の合意形成に尽力し、地域住民の理解や行政組織内の調整なども戦略的に行い、「実践課題の政策化」の実現に取り組んでいる。

出典：筆者作成。

第6章 「実践課題の政策化」の方法論への接近

活問題を的確に把握している。地域自立支援協議会に関しては，ケースワーカーと政策担当部署の職員が個別支援会議に参加し，情報交換や検討に積極的に関わる。また，地域課題やニーズ等の明確化を行う専門部会に参画し，調査研究に主体的に取り組む。さらに詳細な検討や公論形成のためにプロジェクトチームが設置された場合には，主導的に関わる。そして，施策化・事業化が図られるよう，地域住民の理解や行政組織内の調整を戦略的に行い，全体会での合意形成に尽力する。

　以上，「相談支援体制」「相談支援専門員」「行政の関与」という三つの視点に分けて，発展の段階（Ⅰ〜Ⅳ）ごとの指標を示した。一覧については表6-1のとおりである。この指標はあくまでも目安であり，自治体ごとに地域の実情に即した指標やチェックポイントを検討することが必要である。また，関係者が集まってそれを検討するプロセスも「実践課題の政策化」を推進する効果的なプログラムとなる。

終　章
研究のまとめ

　本研究では，障害者相談支援における「実践課題の政策化」を探求するため，障害者相談支援の政策動向や先行研究の到達点を踏まえ，その基盤となる理論的枠組みを提示するとともに，アンケートや先進事例の調査，分析により効果的なプログラムや核心的推進基盤となる人材のあり方を方法論として整理した。

　最後となる本章では，本研究を振り返り，まとめとして結論を述べるとともに，本研究の限界と残された課題について言及する。

第1節　結　論

　本研究は，わが国が障害者権利条約を批准したことを契機に，人々の権利や尊厳を守る成熟した社会への発展と，そのための障害福祉政策の充実について，新しく改定された IFSW のソーシャルワークの定義を踏まえ，自治体をフィールドに探求するものであり，福祉実践と自治体障害者福祉を結びつけ，これを循環システムとして継続的に発展させるためにはどうしたらよいのか，そうした問題意識から出発している。

　このことは，今後，住民自治が実現する住民主体のまちづくりへと自治体を導くものであり，また，ソーシャルワークがめざす社会の形成につながるものである。それは，福祉実践における課題をどのように施策や事業に結びつけて解決すれば良いのか，ソーシャルワークを活かした福祉実践を推進するにはどうしたら良いのかという問いでもある。このため，本研究では，日々の福祉実践の中から発出する課題の解決に向けて，施策化・事業化を図る取り組みを

「実践課題の政策化」と呼称し，それをテーマとして，福祉実践の中での政策形成を焦点化し，実現するための理論的枠組みと具体的実践方法を提示しようと試みたもので，ソーシャルワーク方法論研究における政策形成の実証的研究である。

　本研究におけるソーシャルワークについては，新しく改定された IFSW のグローバル定義を基底としている。この定義では，ソーシャルワーク専門職の中核となる「任務」としては，社会変革，社会開発・社会的結束の促進，および人々のエンパワメントと解放が示されており，抑圧や特権の構造的障壁の解消に取り組むため，専門職は不利な立場にある人と連帯しつつ，貧困を軽減し，抑圧された人々を解放し，社会的包摂と社会的結束の促進に努めなければならないとされたが，このことを自らが生活する地域の中で実現し，個人の尊厳が尊重され，生存権も保障される豊かな地域社会を形成するには，日常の中でそれらを脅かす社会問題や個人の生活問題に対して，解決を図るシステムを構築するとともに，それを確実に運用することが重要である。

　ソーシャルワークは，ミクロレベル，メゾレベル，マクロレベルという 3 つの実践領域において広範囲に展開されるものである。個人や家族が抱える課題がニーズの中心となるミクロレベルから，その課題が社会的差別や地域社会からの排除の状況などによって生じている場合に地域住民らに働きかけるメゾレベル，そして，ミクロレベルやメゾレベルの課題解決のために，法制度や仕組みなどの社会構造や社会システムを対象とするマクロレベルまでの間で展開されるもので，その中で交互に連鎖し，作用しながら社会全体の福利増進の達成を目指すものである。

　一方，自治体には，地方分権により自治体の政策形成の裁量が増す中，地域住民自らが地域社会の構成員として，地域課題の把握，分析，問題解決，政策提言等，あらゆる政策形成過程に積極的に参画する住民主体のまちづくりが求められるようになり，特に，福祉領域における政策形成は，問題発見から解決への専門的かつ技術的な見通しが必要となることから，権利主体である当事者や専門家を含めた関係者，地域住民などによって検討を加えられることが有効となる。このため，こうしたボトムアップ型の「協働による政策形成」を確実

終　章　研究のまとめ

に進めることが期待されている。

　筆者は，この自治体におけるボトムアップ型の「協働による政策形成」のあり方とソーシャルワークの持つ機能とは方向性を同じにするものと考えている。そして，本研究の命題である「実践課題の政策化」の推進は，ソーシャルワークの特質である社会変革機能を具現化する取り組みであり，その理論化にあたっては，ボトムアップ型の「協働による政策形成」の実践原理や実践展開のあり方が援用できると推察している。したがって，自治体福祉政策を発展させるには，「実践課題の政策化」に向けて，ソーシャルワークの本質を再認識し，愚直に取り組むことが必要であり，その中でも「協働による政策形成」のあり方や手法等を参考にして，社会変革や社会開発を意識した福祉実践を進めることが重要であると思考し，研究を進めた。

　研究の具体的な対象としては，障害者相談支援を取り上げた。障害者相談支援は，障害者本人のニーズに寄り添い，安心して地域生活を営めるよう，様々な情報提供のほか，自己決定に必要な助言や支援をするもので，本人のエンパワメントや社会的，経済的問題への対応，家族への働きかけなども含む自立支援を行う福祉実践であり，その中には，生活問題の把握と地域課題の集積，分析，そして計画化，事業化，政策化するという一連の作業と，その「合意形成」を含めたボトムアップ型の政策形成機能を内在している。つまり，筆者がいう「実践課題の政策化」を具現化するシステムであり，そのことは，現在の障害者総合支援法において，市町村障害福祉計画策定等の際に障害者相談支援システムの基盤となる地域自立支援協議会の意見を聴くことが努力義務とされていることからも推定できる。障害者相談支援は「実践課題の政策化」の理論形成を図るうえで，有効な対象であり，本研究は，この障害者相談支援における「実践課題の政策化」について，先行研究を検証し，その課題を踏まえて新たな理論的な枠組みを示すとともに，実態調査や先進事例等を分析し，推進方法を導き出すことで，自治体福祉政策の発展に寄与するソーシャルワークの実践方法に関して理論形成を試みたものである。

　第3章においては，「実践課題の政策化」の理論的枠組みとして，3つの概念で構成する「実践課題の政策化」の構造を提示した。第一は，あるべき姿を

掲げた「基本原理」，第二として，それを実践するための基本的な考え方としての「実践原理」，そして，第三として実際に取り組む際のプロセスや機能を示した「実践展開」の３つである。

　まず，第一の構造概念である「基本原理」として社会福祉と地域福祉の捉え方を示した。社会福祉については，現実社会の中で生活基盤が脅かされていて，個人や家族自らの努力では根本的な解決が困難な生活問題を対象として，その解決のための総体的体系であると整理した上で，憲法第25条に基づき，個人の生活を形式的にだけでなく実質的にも国家が責任を持つことで人間が人間らしく生きる権利を保障することを最大の使命とするものであると示した。つまり，社会福祉を「国家責任に基づく国民の人権・生存権を保障する制度」と捉え，その認識を「実践課題の政策化」の根幹としなければならないものとした。

　また，地域福祉については，社会福祉法第１条で「地域における社会福祉」を「地域福祉」と規定しているが，社会福祉を前述のように捉えれば，地域福祉は，実際の生活における諸問題を解決するために，当事者と家族機能の限界性や，人権保障や公的責任を問いながら，成熟した地域関係を築くために地域住民が主体となって創り上げる住民自治を基盤に実現するものであり，それが地域における社会福祉であり，地域福祉であると整理した。

　以上のような考え方は，障害者相談支援の基底となるものであり，個々の生活問題を市場化の枠組みの中で単なるニーズとして捉えるのではなく，実践的な場である地域にその問題を引き込み，本質を見極めた上で，公的責任としての行政の関わりを求めながら，課題解決を図る，まさに，ミクロからマクロまでのソーシャルワークの実体領域において「実践課題の政策化」を追求する根源となるものである。

　次に，第二の構造概念である「実践原理」については，「実践課題の政策化」の際の行動原理として「協働」の概念を提示した。

　わが国における社会福祉の公私関係は，戦前からの「私・民」の主体的参加や協力が追求される官民一体という流れがあり，戦後もその基本構造を抱えながら公私協働が捉えられてきたことから，公私が対等でつくり上げていくという基本理解がされていない懸念がいまだある。一方，近年では，地域課題，社

終　章　研究のまとめ

会的課題等の解決を図るため，市民の具体的な事業提案に基づいて，市民と自治体が協働で実施する事業を創出する仕組として「協働事業提案制度」を設けるなど，様々な取り組みにより対等な関係を築こうと努力している自治体も数多くあり，公私の関係も変化しつつある。

　こうした状況を踏まえ，本研究では，「協働」については，江藤が主張する「主体間の協力だけではなく，主体それぞれが関係を持つことによって，新たな何かを生産することであり，そのためにそれぞれの主体も変わっていくものである」という「コプロダクション」の考え方（江藤 2005：67）を基に，「市民と行政が課題解決という共通の目標に向かって対等な立場で協力するだけではなく，市民である当事者や関係者，地域住民からのアプローチに対して行政も変わっていくという姿勢を見せ，共に新しいものを協力して作り出すこと」と定義した。そして，この協働と政策形成との関係については，住民ニーズを実現するために地域住民が主体者となって積極的に関与し，市民と行政が共に既成概念にこだわらず，課題解決に向け新たな施策や事業を作り出すために協力して取り組む行為であり，協働の取り組みを積み重ねる過程は住民自治の実現への歩みとなることを示した。こうした「協働」の考え方を正しく理解し，行動し「協働による政策形成」に取り組むことが障害者相談支援における「実践課題の政策化」の推進に不可欠であることを明らかにした。

　続いて，第三の構造概念として「実践展開」を提示した。まず，前提となる環境条件については，「実践課題の政策化」が機能として持つ力動的な視点から，ソーシャルワークの発展条件を参考にして地域性，包括性，公共性の３つの要素に整理した。

　地域性については，真田が示した「地域の福祉力」の規定因や，藤松が地域福祉のダイナミズムの要素と指摘する「地域構造」や「地域生活問題の特殊性」「地方自治体の社会福祉水準」「地域住民の認識」等を参考にして，自然環境や人口の状況，物質的な基盤となる経済力，産業のあり方などの「地域の状況」や，福祉関連の財政状況や障害福祉に関する計画や取り組みの状況などの「福祉の水準」，そして，当該地域における住民自治と福祉との関連，福祉活動発展の原動力となっている組織の取り組みなどの「福祉環境の特性」が重要な

221

指標となることを示した。

　包括性については，本人だけでなく，家族の構成や就労・経済状況・当事者団体へのかかわり・生活史等も含めてアセスメントすること，潜在的なニーズやうもれている生活問題を把握すること，生活を，また人間を，その多様性を十分に意識しながら，しかも一つの全体として全面的にこれを見渡して援助することなど，対象となる社会問題として炙り出される個々の生活問題をバラバラにして単独でとらえるのではなく，生活保障の視点から構造的なものとして総合的に把握し，対応を図るというソーシャルワークの特質に沿って，そのことを「実践課題の政策化」においても重要な条件とした。

　公共性については，地域住民の生存権の保障に対する行政の役割と責任を整理した。行政は社会資源・サービス・制度の政策形成やその水準について，計画立案，総合調整や優先順位づけの権限を有するなど，権力機構として地域社会をコントロールする力も持っていることから，「実践課題の政策化」においても，展開過程のすべての段階で政策主体者として果たすべき役割と責任が公共性であると示した。つまり，行政は「実践課題の政策化」のあらゆる場面において組織の中に蓄積している情報や人的資源，ネットワーク，調整力を活用し，他の主体との「協働」に主導的に取り組むことが求められるのであり，その観点から公共性については厳しく問われなければならないものであると整理した。

　そして，これら三つの環境条件を踏まえた展開過程については，コミュニティソーシャルワークの展開過程を参考にするとともに，市民と行政が共に既成概念にこだわらず，課題解決に向け新たな施策や事業を作り出すために協力して展開する「協働による政策形成」の仕組みを援用し，プロセス段階ごとに推進機能の内容を提示した。具体的には，① 問題把握プロセスでは，「一般的な相談やそのための相談支援体制のあり方」を，② 問題共有プロセスにおいては，「緊密なネットワークによる生活問題の共有」を，③ 地域課題の集積・明確化プロセスにおいては，「地域課題の調査研究と政策化の仕組み」を，④ 企画立案の実行・運用プロセスでは，「企画立案と施策化・事業化の合意形成」をそれぞれ中核概念として推進機能の内容を提示した。

終 章 研究のまとめ

　また，これらの体制や仕組みという推進基盤はもとより，核心的推進基盤として，ケアマネジメントや組織化支援，公論形成など様々な方法や技術を実際に実践する「人」の存在，つまり，「人材」について，行政，市民という主な活動主体における人材に焦点をあて，前述した展開過程におけるプロセス段階ごとにその行動形態やあり方を示した。

　行政職員については，問題把握から施策案・事業案の創造までの「政策形成」の場面において，共有した目的を達成するために，科学的なデータの収集とその分析，多角的な検討を加えてのニーズの把握や，基本的な行政情報の提供，戦略的なアドバイス，施策化・事業化のための組織内「協働」の関係構築など，「協働」の視点に立って取り組むことが求められる。その際の取り組み姿勢としては，行政のこれまでの考え方や仕組みに囚われず，必要があれば行政が変わることを否定せずに新しいものをつくるという協働的手法を用いる提案型の行政職員の必要性について指摘した。

　一方，住民あるいは，民間サイドの人材の役割も重要であり，一定程度の能力が求められる。行政の協働の相手方として，自らの要求の主張や対立，批判をするだけではなく，行政と現状を一緒に把握し，何ができるかを考え，そこから共通の目標を導き，そして，動くという行動基準が重要である。直面する課題に対して，感情的ではなく科学的に捉え，地域の多様な団体・グループと連携し，日頃，形成したネットワークを活用して解決に向けた実践を行う必要性について指摘した。

　第4章ではさらに具体的な実践方法を探るため，筆者が関係するA市基幹相談支援センターの2つの調査について，分析・考察を行った。まず，A市内の指定相談支援事業所を対象としたアンケートでは，「実践課題の政策化」のスタートとなる問題把握や地域課題の集積に関連して，現行の障害者総合支援法における相談支援事業の中心となる計画相談支援の現状と課題について考察した。また，自治体から地域自立支援協議会の運営受託をしている全国の基幹相談支援センターを対象としたアンケートでは，第3章で示した理論的枠組みを援用し，分析枠組みを設定した上で，「実践課題の政策化」の展開過程における一連の機能の現状と効果的な仕組みについて考察した。結果としては，「実

践課題の政策化」が仕組みとして，確立し，普及していると言えるまでには至っていない状況であったが，そうした中で，計画化，施策化・事業化を実現した地域では，地域の生活問題を把握するための「一般的相談支援」の重要性の認識や，相談支援機関間の緊密な連携，行政情報の提供，事業化のルールの確立など，この調査により一定の環境を整える必要性が解明された。

　続いて，第5章では，実践方法をさらに探るため，先進事例として，京都府与謝野町と神奈川県相模原市の実践を調査，分析し，「実践課題の政策化」と地域特性等との関係性や，推進する基盤となる人材像やその行動形態への接近を試みた。2つの事例からは，① 起点は，現状に対する危機感と目標の共有，② 基底となるのは，地域特性の理解と活用，③ 現場ニーズを科学的に捉え政策に導く，④ 実践の積み重ねと協働，⑤ 実践課題の政策化を支える仕組みに迫る，という共通事項を抽出し，「実践課題の政策化」を推進するための行政職員や民間の相談支援専門員等関係者の取り組みについてまとめた。

　そして，第4，5章から導き出された結果を踏まえ，第6章では，「実践課題の政策化」の具体的な実践方法について整理した。「実践課題の政策化」の実践展開として示した環境条件と実践展開の一連の流れに沿って，構成要素を明示し，それに合わせて効果的な仕組みや運用する人材のあり方を方法論として明示した。

　具体的には，まず，環境条件の領域における1つ目の構成要素である「① 地域診断」においては，住民の暮らしを基底する要因を総体的に捉えることが重要であり，そのための効果的なプログラムとしては，どこの自治体でも仕組みとして設けられている出前講座の活用を挙げた。相談支援専門員等の関係者は，この出前講座を含め様々な手法を活用し，あらゆる機会を通じて，抱えている課題について学習し，かつ継続的に訴えることが重要であり，そのことが地域課題の顕在化と行政関与の誘引を図り，「実践課題の政策化」に向けて行動の輪を広げることにつながることを明らかにした。

　環境条件の領域における2つ目の構成要素は，地域の様々な活動により形成される「② 共通する土台づくり」である。このための効果的なプログラムとしては，相談支援を充実強化する契機として，当該地域におけるそのビジョン

終　章　研究のまとめ

づくりを挙げた。関係者が社会福祉の本質や地域福祉に対する考え方，「協働」のあり方，社会変革を含めたソーシャルワークとして相談支援を捉えることを共通のものとして認識することが「実践課題の政策化」の立脚点であり，最も重要な要素であると指摘した。

　3つ目以降の構成要素は，展開過程の段階ごとに位置づけられるが，まずは，問題把握プロセス段階における「③　相談支援体制のあり方」である。このための効果的なプログラムとしては，基幹相談支援センターが中核となり，行政窓口と指定相談支援事業所等が有機的に連携する相談支援体制の整備を示した。特に，基幹相談支援センターの設置と戦略的な運営は今後，有効なプログラムとなり得るものである。

　個人の尊厳や生存権を脅かす生活問題に対して，既存制度や仕組みに囚われず解決策を探るとともに，持ち込まれた課題だけではなく潜在する生活問題を見逃すことなく捉えることが重要であり，そこでの行政の能動的な関わりは不可欠であることを前提として，関係者には「一般的な相談支援」を官民協働により実効的に展開することが求められることを示した。

　4つ目の構成要素は，展開過程の問題共有プロセスの段階における「④　緊密なネットワークによる生活問題の共有化」である。個々の生活問題を地域課題として集約するには，関係機関間の連携・強化を図るとともに，実効性を図るため，科学的な視点に立脚し，一元的かつ統一的な情報の整理やデータの収集などが重要になる。このための効果的なプログラムとしては，統一的なアセスメントシートの作成と使用，共通ガイドラインの取り決め，地域自立支援協議会の個別支援会議を挙げた。相談支援専門員には，個別の生活問題を常に地域課題として見る視点が不可欠であり，アセスメントシートなどのツールを使いこなせるよう技術の習得など資質の向上が求められる。また，個別支援会議において，関わる行政職員は，政策立案を視野に入れながら主導的な役割を果たさなければならないことを明示した。

　5つ目の構成要素は，地域課題の集積・明確化プロセス段階における「⑤　地域課題を政策対象とするための調査研究」である。地域課題を専門的かつ実効的な観点から磨き上げ，政策化の対象として明確化するためには，社会資源

の状況や既存施策・事業との整合性，他市町村の状況など様々な要因について，検証することが鍵となる。このための効果的なプログラムとしては，地域自立支援協議会における専門部会の設置や公論形成に寄与する公的，非公式を問わない検討会，モデル事業として実際に試行的に実践することなどを挙げた。民間サイドの人材，特に相談支援専門員は，行政は一緒に考える相手という意識を持つとともに，予算要求の時期など行政のルールや方法，政策形成スキルを熟知し，活用して，当事者や現場関係者の想いを政策化に導くこと，また，行政サイドの人材には，予算編成の時期など行政運営の基本的仕組みや政策形成に必要な情報を関係者に提供し，事業自体の熟成度を上げるとともに，「協働」を基底とすることが重要であると指摘した。

　最後となる6つ目の構成要素は，企画立案の実行・運用プロセス段階における「⑥ 企画立案と施策化・事業化の合意形成」である。「実践課題の政策化」が最終的に実現するかどうかは，事業企画の成熟度はもとより，いかに円滑に合意形成を行うのかが鍵になり，障害福祉計画への反映や事業化・施策化を促進するルールの存在，公論を形成する取り組みや政策形成に寄与する仕組み等の構築が必要となる。このための効果的なプログラムとしては，地域課題に対応する政策提言や福祉関連計画への位置づけについて検討，確認する場となっている地域自立支援協議会全体会の組織運営のほか，具体的な事業を進めるための補助制度や政策形成を関係者の間に立って支える中間支援組織等の社会資源の存在を挙げた。現行の障害者総合支援法においては，より丁寧なプロセスを経て，問題解決を図る地域自立支援協議会に対して計画策定など施策化・事業化を推進する役割を与えているが，これに関わる人は，このことを強く意識し，ルールが確固たるものとなるように行動することが求められる。そして，合意形成の最大のポイントとなる行政組織のあり方として行政職員の役割は重要であり，力動的な主体者として，関係者の積極的な行動を呼び起こす行政職員の行動は，スムーズな合意形成に寄与するものであり，行政職員には柔軟な発想により民間側に様々なアイデアを投げかけるような提案型の職員像が期待されていることを示した。

終 章 研究のまとめ

第2節 本研究の成果と残された課題

1 本研究の成果

　本研究の概要については，結論として前述したとおりであるが，その中で成果として挙げられるのは，以下の4点である。

　第一に，ソーシャルワークの力動性を再確認し，その必要性に焦点をあてるとともに，研究対象とした障害者相談支援において，ソーシャルワークの特質である社会変革機能を具現化する取り組みとして「実践課題の政策化」という概念を示したことである。この「実践課題の政策化」の理論化にあたっては，分権時代の自治体に求められるボトムアップ型の政策形成の構成要素である住民主体による地域づくりという基本的な視点やその行動原理，展開プロセスを援用し，整理した。

　この「実践課題の政策化」を追求することは，問題発見から解決に向けて権利主体である当事者や専門家を含めた関係者，地域住民などが専門的かつ技術的な検討や取り組みを行うソーシャルワークとしての福祉実践であり，その実践の積み重ねは公共性・公益性が高い地域支援システムを構築し，自治体障害者福祉を発展させるものである。今後，ソーシャルワークの任務として求められる社会変革，社会開発・社会的結束の促進に向けては，「実践課題の政策化」を進めることが重要である。

　第二には，研究の具体的な対象として取り上げた障害者相談支援について，歴史的な経緯や政策動向も含め改めて内容を整理した上で，ソーシャルワークとして「実践課題の政策化」を推進する機能を内在していること，そして，中核となるのは地域自立支援協議会であり，その位置づけは法・制度として確立されていることを解明した。こうした障害者相談支援における「実践課題の政策化」の実践は，高齢者分野において同様の機能を持つ「地域ケア会議」の活性化にも大いに参考になり，力になるものである。

　第三には，障害者相談支援における「実践課題の政策化」に関する理論的枠組みを提示したことである。先行研究や近似領域の研究の到達点や導き出され

227

た課題を踏まえ，ソーシャルワークのアプローチとして，技術だけに矮小化するのではなく，改めて障害者相談支援における「実践課題の政策化」の意義を示し，基本原理となる社会福祉や地域福祉の考え方をまとめることにより，障害者相談支援が持つ社会変革機能や「実践課題の政策化」の根拠を解明した。また，「実践課題の政策化」の行動原理となる「協働」について，その考え方を改めて整理するとともに，その具体的な実践展開について，前提となる環境条件や展開過程の推進機能について提示した。このことは，社会福祉や福祉実践に関して，様々な価値観や考え方がある中，IFSW の新たなソーシャルワークの定義を踏まえ，ソーシャルワークの本質を再認識し，生活問題を解消し，人権や豊かな地域生活を保障する取り組みの拠り所となり得るものであり，本研究で示した理論的枠組みが各地域において普及定着することが自治体障害者福祉政策の発展につながるものと期待している。

　第四としては，先行調査や先進自治体の事例調査の考察，分析により，「実践課題の政策化」の展開過程における一連の機能の現状を導き出すとともに，その効果的な仕組みを示した。また，「実践課題の政策化」と地域特性等との関係性を整理するほか，推進する基盤となる人材像やその行動形態について，共通事項を抽出し，「実践課題の政策化」を推進するための行政職員や民間の相談支援専門員等関係者の取り組みについて明らかにし，これらを整理して「実践課題の政策化」を推進するための方法論としてまとめた。このことは，ソーシャルワークのダイナミズムを取り戻し，福祉実践と政策を結合させようと日々現場で取り組む多くの関係者，あるいはこれからそうした行動を起こそうとしている人たちに対して，一つの道しるべになるのではないかと考える。

2　本研究の限界と残された課題

　最後に，本研究において明らかにできなかった点や論じることができなかった点など残された課題について，以下に示すこととする。

　第一に，システムとしての障害者相談支援に関わることである。このことに関しては，アンケート調査などにより現状を明らかにするとともに，「実践課題の政策化」の対象となる問題把握の観点から，既存の制度やサービスに固執

することなく，気軽に相談に応じ，必要な情報を提供し，総合的な支援に結び付けるという一般的な相談を含め，各相談支援事業所や関係機関が緊密に連携する相談支援体制の整備について重要性を指摘した。しかしながら，それを整備する方向性や方法については一部を明示しただけで，詳細に示せていない。

　また，地域課題の共有化，施策化・事業化に向けた調査研究や合意形成に重要な役割を果たす地域自立支援協議会の活性化についても重要性を指摘したが，地域自立支援協議会のあり方や運営について一定程度示しただけに留まっている。これら相談支援体制や地域自立支援協議会などの相談支援システムは，各自治体の人口・面積などの規模や福祉圏域，地域環境や特性などにより整備・運用システムは様々であり，いわば，自治体の数だけ違う相談支援システムができることになる。しかしながら，数多くの実態に触れることにより，類型化したあり方などを導き出して効果的なシステムとして詳細に整理できるものと考える。この点について継続的に調査を行うなど，深める必要がある。

　第二には，本研究で「実践課題の政策化」の核心的推進基盤として示した，人材の姿や行動形態に関わることが挙げられる。人材像やその行動形態については，先進自治体の事例検証により，骨格となる共通事項は明らかにしたが，具体論としては数例に留まっている。また，相談支援専門員や行政職員をはじめとした関係者の「実践課題の政策化」に対する意識の醸成や技術の向上について，成功事例からその必要性を示したが事例等が限定的なこともあって十分なものとなっていない。これらのことについても置かれた地域環境や個別の事情など様々ケースが考えられるため，単純化して説明することは困難ではあるが，各地域での多様な工夫や成果をあげた実践を丁寧に積み重ねることにより，成功の過程や構造の解明に近づけるものと確信している。さらなる調査や事例研究への取り組みが課題である。特に，政策形成というダイナミズムな展開に向けて，行政職員自身が力動的な主体形成として行動することが必要であり，その中でも，福祉行政職員の役割は重要である。政策主体者側の一員ではあるが，実践においては，福祉労働の良心を全面に出して人格，認識と一体となった技能，いわゆるソーシャルワークを活用し，積極的に政策形成に向けて取り組むという，福祉行政職員の力動的な主体形成に期待するとともに，それを育

む環境整備も必要である。今後、さらなる研究が求められる。

　第三は、国のマクロ政策との関係性と財源問題である。本研究の対象はあくまでも地方自治体における障害者福祉政策であるが、自治体障害者福祉政策の充実は、自治体の努力の範囲だけで達成できるものではない。そのことは、障害者福祉政策において度重なる法・制度変更により各自治体が対応に追われ続けている事情が、物語るところであり、障害者相談支援ひとつを取ってみても、計画相談支援に関して、支給決定プロセスの見直しや、それまで重度障害者等に限定されていたサービス等利用計画作成の対象を原則、障害福祉サービス又は地域相談支援を利用するすべての障害者等にと大幅に拡大されるなど、大きく変更されている。このように、自治体障害者福祉政策は、地域の個々の福祉実践が集合して存在するとともに、他方では国の政策に大きく影響を受ける領域である。

　特に、財源の問題である。自治体が地域実情に応じた障害者福祉政策を展開するためには、体制の整備や人的資源の質の向上と合わせて、安定した財源の確保が必要である。現在の障害者総合支援法では、自治体の特徴が出せる施策・事業を推進するための仕組みとして地域生活支援事業が設けられている。この事業は、これまで自治体で取り組んできた事業を基本として、必須事業のほかは自治体の判断で行う事業に充当できる財源であり、自治体にとっては実情に応じて活用できる条件となってはいる。しかしながら、国等の義務的経費に位置づけられている「個別給付」とは違い、地域生活支援事業は、国の裁量的経費による統合補助金であるため、安定したものとはなっていない。つまり、自治体が住民主体の政策を展開しようとする場合、財源的に不安定な地域生活支援事業に頼るか、市単独事業として実施するか、いずれにしても厳しい状況に置かれており、自治体の実情により差異が出てくる。本研究は、既存の慣習や意識により停滞している政策形成機能に対して、まずは、社会福祉の本質となる考え方の再認識と、それを実践するための意識の醸成と技術の獲得により自治体の障害者福祉政策の充実につなげようとしたものであるため、最終的に政策形成の問題となる総体としての財源確保に関しては言及できていない。自治体の財政力や地域生活支援事業のあり方の究明は、今後の研究対象として重

要な課題である。地方分権が推進されても，財源移譲が飛躍的に進み，各自治体が安定した福祉財源を確実に確保できる見込みが薄い中では，国民一人ひとりの尊厳と生存権の保障に対して，国の責任と役割を求めることが不可欠であり，その理論形成の探求も継続的な課題である。

3　新たなパラダイムに向けたソーシャルワーク

　人間にとって幸福とはいかなることか，私たちが暮らす社会の中でどのように追求し，実現すれば良いのか，そのために社会福祉はどうあるべきなのか，そして，ソーシャルワークの役割は，新しい社会・経済の潮流に向けて，再認識し，前進することが，今，求められている。

　ブータンの前国王が提唱した国民総幸福（GNH）による調査では，ブータンは2005年に96.7%が「幸せ」と回答した。調査方法が変わった2010年の調査では41%に下がったが「幸せの国」のイメージが変わることはなかった。医療と教育は無料である。また，国連が2013年9月に発表した「世界幸福度報告書」では，1位がデンマーク，2位ノルウェー，3位スイスで，日本は43位，また，経済協力開発機構（OECD）が本年5月に発表した「世界幸福度ランキング」（ロシア，ブラジルを含めた36か国で比較）では，1位が豪州，2位がノルウェー，3位がスウェーデンで，日本は20位，治安や福祉が安定し，国民の自己満足度が高い国が選ばれている（2014年11月21日付読売新聞）。

　幸福や豊かさは財力の大きさではなく，利便性の追求や発展がすべてではないと考える人は多いのかもしれない，様々な困難や不測の事態があっても自分らしく暮らせる「安心社会」を人々は望んでいるのではないだろうか。

　現在の社会価値は，中世から近世にかけての16世紀の考え方が続いている。それは，端的にいうと人口の増加により，経済が発展し，社会も発展するというものであり，資本主義による社会経済体制である。

　人口増大が人類に破滅をもたらすというマルサスの考え方もあるが，人口増大は適度であるならば，需要が増大し，その需要の増大に対して供給を増大させようとする努力が始まって，技術開発が行われ，生産性が向上するという，人口増大を経済的発展の起動力と見るボズルップ仮説（速水 2012：31-32）の

方向で，現実の世界は動いていることもまた事実である。

　こうした状況の中，わが国も他の先進工業国と同様に人口減少・高齢化社会に突入する。国立社会保障・人口問題研究所の発表では，日本の人口は近年横ばいであり，人口減少局面を迎えている。2060年には総人口が9000万人を割り込み，高齢化率は40％近い水準になると推計されている。人口減少社会では資本主義はどうなるのか，「資本主義の本質は『中心／周辺』という分割に基づいて，富やマネーを『周辺』から『蒐集』し，『中心』に集中させる」（水野2014：165）ことであり，「資本の自己増殖と利潤の極大化を求めるために『周辺』を必要とする資本主義は，暴走するか否か，停滞が長期か短期かにかかわらずいずれ終焉を迎えます」（同：172）。そして，その次に来る社会システムは「豊かさを『必要な物が必要なときに，必要な場所で手に入る』と定義すれば…（中略）…『より速く，より遠くへ，より合理的に』という近代資本主義を駆動させてきた理念もまた，逆回転させ，『よりゆっくり，より近くへ，より曖昧』と転じる」（同：208）ものとなる。このように，私たちは，人口の増加と経済の発展により「豊かさ」を享受してきたが，人口と経済の成長が限界に達した社会とどう向き合うのか，また，その社会システムの中心となる「価値」とはそのようなものか，そして，その形成にソーシャルワークはどのように貢献していくのか

　新しく改定されたIFSWのグローバル定義では，ソーシャルワークは経済成長こそが社会開発の前提条件であるという従来の考え方には賛同しないと立場を明確にするとともに，根源的な使命として社会変革が明記されるなど，より鮮明に資本主義のグローバリゼーションにより生み出される様々な困難等に対しての対応が意識されている。そして，「エンパワメントと解放を促進する」際の中核に社会正義，人権が掲げられている。その中の「解放」とは，失業，労働問題や，障害者に対する機能面における不全だけではなく，社会的偏見や不当な差別などが当事者を抑圧することなど，資本主義社会の矛盾構造によって抑圧された状態から人々を解き放すことである。そのための行動原理や技術がソーシャルワークなのである。ソーシャルワークを進めるということは，つまり，人権と社会正義を基本として，目的である人間の解放に向かい，それが

終　章　研究のまとめ

最終的に「社会的包含」につながっていくとの考え方である。

　新自由主義下の社会福祉では，マネジメント機能が重要視され，その一貫と
して福祉利用者のニーズに合わせて社会資源が紹介され，福祉サービス等が提
供される。このため，必然的にソーシャルワークは利用者が抑圧されていると
いう社会構造そのものを意識する視点は乏しくなり，そうしたシステムの中に
自らを置き，適応していくことが主眼となってしまう。つまり，ソーシャルワ
ークが内向的になり，本質を見ないで行動すると，本来基盤として守らなけれ
ばならない価値とは全く異なる目的をもつ政策主体者の思惑に応えるだけにな
ってしまうのである。ソーシャルワークが民主主義運動との連携なしに，ただ
単なる技能として市場原理に従属させられてしまっては，人々の尊厳や生存権
を守ることはできない。人々の生活が脅かされるとき，ソーシャルワークは立
ち上がり声をあげることが必要である。

　グローバル資本主義が世界を席巻する中，ファーガスンは，もし，新自由主
義的ソーシャルワークが生み出し続けている不満に対して，声をあげることが
できるならば，そして，これらの政策の社会的レベルでの壊滅的な影響に抵抗
している他の社会勢力や，新自由主義や戦争に反対する運動，福祉運動などと
結びつくことができるならば，そこに希望を見出すことは可能であると述べて
いる（ファーガスン　2012：233-234）。

　また，岡田は，わが国においても一人ひとりの国民にとって「豊かな国」を
実現する方策を国は責任をもって支援し，私たちはそれを実現するための制度
や国土を，足元の地域，身近な地方自治体から主権者運動として作り上げてい
くことが必要であると主張する（岡田　2015：89）。したがって，自らの地域で
安心して暮らせるよう，地域生活保障の仕組みの構築に向け，現状にある生活
問題を拾い上げ，調査研究により課題として把握し，そして，施策化・事業化
を図るなど地域での取り組みを活発化することが，主権者として，住民自治の
主体者として求められるのであり，ソーシャルワーカーには，専門家としてそ
うした主体と連携し，その活動を支援することが期待されている。

　資本主義が大きな節目を迎えている今日，社会福祉が充実し，一人ひとりが
安心して心豊かに暮らせる地域社会への形成に向けて，その基盤となる地域生

活支援システムを含めた社会システムの改善・転換を図るには，社会変革を強調するソーシャルワークの推進が必要である。

　以上，研究のまとめとして，結論や研究成果，そして残された課題について言及するとともに，新たなパラダイムにおけるソーシャルワークのあり方について述べてきた。

　本研究は，筆者が長年，課題として自問していた事柄について，IFSW が新たに改定したソーシャルワークの定義を知り，ソーシャルワークが内在する社会変革機能を再確認し，改めて探求しようとしたものである。30年にわたって自治体業務や福祉実践に関わった経験の中で，ここ十数年のソーシャルワークは，新自由主義的政策の枠組みに埋没し，既存制度の中で技術偏重に陥っているのではないかと危惧していた。

　こうした状況の中，人々の尊厳を守り，生存権を保障するものとして社会福祉を捉え，住民主体によってその政策を発展させるための技術としてソーシャルワークを再生することは喫緊の課題である。そして，着眼点としては，社会変革の視点を改めて強調し，実践課題の解決のための政策形成，いわば「実践課題の政策化」に焦点をあて，これまでほとんど行われていない，その理論的枠組みについて，社会福祉や地域福祉の捉え方，「協働」の定義，一連の展開プロセスなど構造概念を示すとともに，「実践課題の政策化」を推進する効果的な仕組みや核心的推進基盤となる行政職員や相談支援専門員など関係者の行動形態を少しでも明らかにしようとしたものである。

　本研究は，障害者相談支援における「実践課題の政策化」というテーマに焦点をあてて，理論的枠組みの提示と具体的実践方法を探求し，今日の障害者福祉分野におけるソーシャルワークの理論形成を一歩進める論理を展開しようと試みたものであり，ソーシャルワーク方法論研究における政策形成の実証的研究という点で多少なりとも意義があるのではないかと考える。

　しかしながら，事例等が限定的なこともあって，残念ながら大きな命題に対して十分に解明ができず，理論的に整理できていないのも確かである。今後は，事例収集とその分析を積み重ね，より具体的な論証ができるようにさらなる研

終　章　研究のまとめ

究に取り組みたいと考えている。

注

(1)　第5章で事例研究の対象となった相模原市においては，平成27年4月に「相模
　　原市社会福祉職人材育成方針」を定めた。相模原市は，政令指定都市移行などに
　　より，福祉専門職としての業務が拡大し，その担うべき役割も，相談支援業務や
　　直接支援業務だけではなく，ソーシャルワークや政策形成にまで拡大しており，
　　今後，多様化するニーズや複雑化する福祉課題に対応するための取り組みである。
　　策定にあたっては，第一線で働いている社会福祉職の代表で検討メンバーを編成
　　し，計16回にわたり意見交換を行い，加えて健康福祉局内の課長および社会福祉
　　職に対するアンケートの実施や，先進市への視察を行い検討した。その中では，
　　社会福祉職の果たす役割として，社会福祉職の専門性を明示した。また，公の専
　　門職として，個々のケース支援を行うことはもとより，個別課題から地域の課題，
　　延いては市全体の課題を発見・分析するほかに，その解決に向けた取り組みを推
　　進し，福祉文化の創造および継承の担い手として役割を果たすことが明記されて
　　いる。
　　　今後，権限移譲等や福祉行政の多様化等を視野に入れると，大規模な自治体に
　　限らず，他の自治体においても福祉専門職の配置や活用が求められるだろう。研
　　修体制の整備やキャリアデザインなど総合的な対応を行うとともに，継続的なス
　　キルの向上に向け，大学や研究機関等との連携により実践と理論の融合を図るな
　　ど，行政福祉職員の人材育成や技術の向上が求められている。

あ と が き

　本書は，佛教大学大学院社会福祉学研究科に提出した博士学位論文「障害者相談支援における「実践課題の政策化」の理論形成に関する研究—ソーシャルワークと自治体福祉政策の発展—」に一部，加筆・修正したものであります。

　ささやかながら，このような形で学位論文が刊行されることは，大変喜ばしいことであり，ご指導，ご助言いただいた多くの方々に感謝申し上げたい。大学院博士後期課程で指導教員としてご指導いただいた恩師である佛教大学教授の植田章先生には，多くの示唆に富んだ助言を頂戴し，テーマの設定など研究の方向付けから，先行文献の紹介や調査の方法など詳細にわたり，私の研究の進捗状況に応じてきめ細かいご指導を賜りました。そして，ソーシャルワークの本質など研究の視野や発想に加え，研究に対する取り組み姿勢など，学術研究を行う上で欠かせない多くのことをご示唆いただきました。植田先生の丁寧なご指導と温かい励ましに深甚の謝意を申し上げます。

　博士論文の作成に際して，実践事例研究の調査でお世話になりました与謝野町や相模原市の関係者の方々には，研究の趣旨を理解していただき，多大なるご支援とご協力を頂戴いたしました。また，博士論文の副査を務めていただいた立教大学教授の平野方紹先生，佛教大学教授の鈴木勉先生には懇切なご教授を賜りました。皆さま方に衷心より御礼申し上げます。

　私は，これまで長年，自治体福祉行政に携わり，障害者福祉業務等に従事してまいりましたが，その中での課題やあるべき姿を探すため，佛教大学での学びを始め，大学院生を含めた10年間にわたって，社会福祉の本質やあり方など多くを学び，この博士論文をまとめることができました。この間，修士論文の指導をいただいた岡﨑祐司教授，また，福祉思想研究会の活動を通じて朴光駿教授，村岡潔教授には，暖かい励ましと研究者，教育者としての生き方をご示唆いただきました。そして大学院の先輩や同輩，後輩の皆様方との意見交換には多大な刺激をいただきました。このような様々なご支援がなければ本研究を

形にすることはできなかったと思います。佛教大学大学院関係者の皆様に改めて感謝申し上げます。

　本書を出版するにあたっては，平成29年度佛教大学研究叢書の出版助成を受けております。佛教大学社会福祉学部長の岡﨑先生，および学術支援課職員の皆様のお蔭でこのような機会を与えて頂いたことに深く感謝申し上げます。また，出版に際して親身に携わって頂いたミネルヴァ書房の浅井久仁人氏にも厚くお礼を申し上げます。

　こうして自分の研究成果を発表することができたのも，長年，共に活動し，筆者を応援していただいた相模原の福祉関係者の皆様をはじめ，多くの方々のお力添えの賜であることをあらためて感じております。お一人おひとりを記すことはできませんが，感謝しても尽くせない思いであります。

　最後に，大学院への進学，博士課程への挑戦に理解を示し，常に温かく見守ってくれた家族に感謝するとともに，これまでお世話になったすべての方々に改めて感謝の意を表し謝辞といたします。

　　　2018年1月

　　　　　　　　　　　　　　　　　　　　　　　隅河内　司

参考文献一覧

阿部齊・今村都南雄・岩崎恭典・大久保皓生・澤井勝・辻山幸宣・山本英治・寄本勝美（2005）『地方自治の現代用語（第二次改訂版）』学陽書房。

池本美和子「公的部門と民間部門の役割と責任―社会福祉の歴史を通して―」宇佐美耕一・小谷眞男・後藤玲子・原島博編集代表（2013）『世界の社会福祉年鑑2013第13集』旬報社。

石井秀一「『協働とは何か』の再整理（その１）」（2010）『政策研究レポート2010年6月10号』自治体総合政策研究所。

一番ケ瀬康子・真田是編（1968）『社会福祉論［新版］』有斐閣。

井村圭壯・谷川和昭（2011）『地域福祉分析論―理論と実践を基礎として―』学文社。

岩間伸之・原田正樹（2012）『地域福祉援助をつかむ』有斐閣。

植田章（2008）「障害者福祉実践とケアマネジメント」障害者生活支援システム研究会『障害者自立支援法と人間らしく生きる権利―障害者福祉改革への提言２―』かもがわ出版。

植田章（2011）『知的障害者の加齢と福祉実践の課題』高菅出版。

植田章（2011）『社会福祉援助実践の展開―相談援助の基盤と専門職―』高菅出版。

植田章（2002）「ソーシャルワーク，ケアマネジメントと福祉労働」真田是監修『講座・21世紀の社会福祉３ 社会福祉労働と専門性と現実』かもがわ出版。

植田章・岡村正幸・結城俊哉（1997）『社会福祉方法原論』法律文化社。

江藤俊昭（2001）「地域事業の決定・実施をめぐる協働のための条件整備」人見剛・辻山幸宣編著『協働型の制度づくりと政策形成　市民・住民と自治体のパートナーシップ　第２巻』ぎょうせい。

江藤俊昭（2005）「行政と住民の新たな関係の創造」市町村アカデミー監修『自治体と地域住民の協働』ぎょうせい。

大島巌・奥野英子・中野敏子編著（2003）『障害者福祉とソーシャルワーク』有斐閣。

太田貴美・岡田知弘（2013）『お母さん町長奮闘記』自治体研究社。

太田義弘（1999）『ソーシャルワーク実践と支援過程の展開』中央法規出版。

大橋謙策・田中英樹・宮城孝（2005）『コミュニティソーシャルワークの理論』特

定非営利活動法人日本地域福祉研究所。

大森彌（2002）『地域福祉と自治体行政』ぎょうせい。

大山博・武川正吾（1991）『社会政策と社会行政―新たな福祉の理論の展開を目指して―』法律文化社。

岡﨑祐司（2002）「地方自治と地域福祉」岡﨑祐司・河合克義・藤松素子『現代社会福祉の課題と展望』かもがわ出版。

岡﨑祐司（2009）「暮らしと福祉の現場で社会福祉をどうとらえるか」総合社会福祉研究所『現場がつくる新しい社会福祉』かもがわ出版。

岡﨑祐司（2009）『社会福祉の政策・計画研究〔増補版〕』佛教大学通信教育部。

岡﨑祐司・中村暁・横山壽一・福祉国家構想研究会編著（2015）『安倍医療改革と皆保険体制の解体』大月書店。

岡﨑祐司・河合克義・藤松素子編，真田是監修（2002）『現代地域福祉の課題と展望』かもがわ出版。

岡田知弘（2015）『「自治体消滅論」を超えて』自治体研究社。

岡本義行（2003）『政策づくりの基本と実践』法政大学出版局。

小田兼三（1984）『ソーシャル・ワーカー―役割と任務　英国バークレイ委員会報告―』社会福祉法人全国社会福祉協議会。

小田兼三（2008）『社会福祉学原論―視点・理論・ケア・実践の展開と課題』雄山閣。

ジョアン・オーム／ブライアン・グランストンベリー編著，日本社会福祉士会監訳，杉本敏夫訳（1997）『ケアマネジメント』中央法規。

加藤薗子（2004）「『転換期の社会福祉』と社会福祉研究の課題―21世紀に何を引継ぎ，切り拓くか―」『立命館産業社会論集』（第40巻第1号）。

アラン・ガードナー／フランク・リースマン，久保紘章監訳（1985）『セルフ・ヘルプ・グループの理論と実際』川島書店。

川村暁雄・川本健太郎・柴田岳・武田丈編著，牧里毎治監修（2015）『これからの社会的企業に求められるものは何か』ミネルヴァ書房。

川村匡由（2007）『市町村合併と地域福祉』年，ミネルヴァ書房

加山弾（2003）「コミュニティ実践の今日的課題―近年のソーシャル・アクションの動向―」『関西学院大学社会学部紀要』95。

河原晶子（2010）「行政と市民・住民組織の接触点に関する一試論―市民・住民組織の自律性とはどのようなことか―」『立命館産業社会学論集』46(1)。

木全和巳（2007）「『障害者自立支援法』における『相談支援事業』の現状と課題」

日本福祉大学社会福祉論集。

木全和巳・高山京子・長谷川忍（2009）『相談支援従事者からみた相談支援事業実践の課題』『日本福祉大学社会福祉論集』121。

金欄姫（2009）「地域福祉政策における公私協働関係のあり方について一考察」『人間福祉学研究』2(1)。

窪田暁子（2013）『福祉援助の臨床』誠信書房。

久保紘章・副田あけみ編著（2005）『ソーシャルワークの実践モデル』川島書店。

訓覇法子・田澤あけみ（2014）『実践としての・科学としての社会福祉』法律文化社。

黒田学・よさのうみ福祉会編著（2012）『福祉がつなぐ地域再生の挑戦―自治体と歩む障害者福祉の可能性―』クリエイツかもがわ。

厚生労働省（2014）「障害者相談支援事業の実施状況等の調査結果について（平成25年度調査）」Retrieved2014.8.16, from http://www.mhlw.go.jp/bunya/shougaihoken/toukei/h25-syogaisoudansien.html

河野高志（2006）「ソーシャルワークにおけるケアマネジメント・アプローチの意義」『福祉社会研究』（京都府立大学福祉社会研究会2006年，第7号）。

高良麻子（2015）「社会福祉士によるソーシャルアクションの体系的把握」一般社団法人日本社会福祉学会社会福祉学会『社会福祉学』6(2)（通巻114号）。

相模原市障害者自立支援協議会（2012）『相模原市の相談支援体制のあり方について』。

相模原市（2011）『政令指定都市へのあゆみ』。

相模原市『統計書平成24年度版』

相模原市『平成25年度相模原市決算審査意見書』

相模原市『平成25年度相模原市一般会計歳入歳出決算書及び付属資料』

相模原市『平成26年度一般会計予算書及び予算に関する説明書』

相模原市『平成26年度相模原市の産業』

さがみはら都市みらい研究所（2012）『相模原市の人口問題に関する調査研究』。

定藤丈弘・岡本栄一・北野誠一編（1994）『自立生活の思想と展望』ミネルヴァ書房。

佐藤久夫（2012）「論壇」『福祉新聞』2588，2012年8月27日。

里見賢治（2010）『現代社会保障論』高菅出版。

真田是（1994）『現代の社会福祉理論―構造と視点―』労働旬報社。

真田是（1996）『社会問題の変容』法律文化社。

芝田進午編者（1977）『公務労働の理論』青木書店。

清水江一（1997）『自治体の政策形成戦略』ぎょうせい。

白石克孝・新川達郎・斎藤文彦（2011）『持続可能な地域実現と地域公共人材—日本における新しい地平—』日本評論社。

自立支援協議会の運営マニュアルの作成・普及事業企画編集委員会（2008）『自立支援協議会の運営マニュアル』日本障害者リハビリテーション協会（平成19年度厚生労働省障害保健福祉推進事業）。

鈴木勉（2013）「障害者問題と障害者福祉」第1回大学院合同講義，2013年9月27日。

隅河内司（2013）「地域福祉推進における実践と政策の連関について—地域福祉推進の仕組みとしての障害者自立支援協議会の可能性—」『佛教大学大学院紀要社会福祉学研究科篇』41。

隅河内司（2015）「障害者相談支援における計画相談支援の現状と課題—S市相談支援事業所に関するアンケート調査から—」『社会福祉科学研究』4，社会福祉科学研究所。

隅河内司（2015）「障害者相談支援システムの現状と課題—市町村障害者福祉事業の充実を図る実践課題の政策化に関する一考察—」『佛教大学大学院紀要社会福祉学研究科篇』43，佛教大学研究推進機構会議。

隅河内司・小林麻衣子（2015）「障害者相談支援における地域内連携をめざして—相模原市障害者相談支援キーステーションの取り組みから—」『社会福祉士』22。

総合社会福祉研究所編（2012a）『真田是著作集第3巻』福祉のひろば。

総合社会福祉研究所編（2012b）『真田是著作集第4巻』福祉のひろば。

総合社会福祉研究所編（2012c）『真田是著作集第5巻』福祉のひろば。

副田あけみ（2008）「ソーシャルワークのアイデンティティ—ケアマネジメントの展開が及ぼした影響—」『首都大学東京人文学報』394（社会福祉学24）。

高橋尚也（2012）「2005年までに刊行された住民と行政との協働事例論文にみられる特徴」『立正大学心理学研究年報』3。

高森敏久（2006）「コミュニティワークの思想」高森敬久・高田眞冶・加納恵子・平野隆之『地域福祉援助技術論』相川書房。

武川正吾・大山博編（1991）『社会政策と社会行政—新たな福祉の理論の展開をめざして—』法律文化社。

谷本有美子（2001）「『透察性』・『誠実性』・『戦術性』—"転職"を迫られる地方公

務員―」武藤博己・辻山幸宣編集『分権社会と協働』ぎょうせい。

D・チャリス／B・デイヴィス，窪田暁子・谷口政隆・田端光美訳（1991）『地域ケアにおけるケースマネジメント』光生館。

津崎哲雄（2003）『ソーシャルワークと社会福祉』明石書店。

中川純（2014）「福祉サービスに対する障害者権利条約のインパクト」『論究ジュリスト』2014年冬号（8号），有斐閣。

中野敏子（2003）「現代社会と障害のある人の生活」大島巌・奥野英子・中野敏子編『障害者福祉とソーシャルワーク』有斐閣。

中村俊也（2009）「ソーシャルワーク実践の中核としてのケアマネジメント手法と基底的視座としてのウェルビーイング概念」『社会関係研究』（熊本学園大学第14巻第1号）。

二宮厚美・田中章史（2011）『福祉国家型地方自治と公務労働』大月書店。

公益社団法人日本社会福祉士会（2014）『日本社会福祉士会 NEWS』No171, JUNE. 2014。

一般社団法人日本社会福祉士養成校協会編集（2015）『相談援助演習教員テキスト第2版』中央法規出版。

特定非営利活動法人日本相談支援専門員協会（2011）『障害者相談支援ガイドライン作成とその効果的な普及・活用方策のあり方検討事業報告書』（平成22年度厚生労働省障害者総合福祉推進事業）。

特定非営利活動法人日本相談支援専門員協会（2014）『相談支援に係る業務実態調査報告書』2014年3月。

D・ハーヴェイ，渡辺治監訳（2007）『新自由主義―その歴史的展開と現在―』作品社。

朴光駿（2004）『社会福祉の思想と歴史』ミネルヴァ書房。

H・M・バートレット，小松源助訳著（1989）『社会福祉実践の共通基盤』ミネルヴァ書房。

速水融（2012）『歴史人口学の世界』岩波書店。

原徹子（1998）「相模原市障害者地域作業所等連絡協議会の15年～障害者支援組織の歴史と展望」相模原市障害者地域作業所等連絡協議会発行。

トマ・ピケティ，村井章子訳（2015）『トマ・ピケティの新・資本論』日経BP社。

B県地方自治研究センター（2010）『障害者自立支援協議会等アンケートから障害者支援と協働を考える』。Retrieved2014.8.16, from http://www.jichiro.gr.jp/jichiken_kako/report/rep_aichi33/05/0518_jre/index.htm

平野隆之・宮城孝・山口稔（2008）『コミュニティとソーシャルワーク』有斐閣。

平野隆之（2009）『地域福祉推進の理論と方法』有斐閣。

イアン・ファーガスン，石倉康次・市井吉興監訳（2012）『ソーシャルワークの復権』クリエイツかもがわ。

藤井克徳・池上洋通・石川満・井上英夫編（2016）『生きたかった相模原障害者殺傷事件が問いかけるもの』大月書店。

藤松素子（2008）『社会福祉原理論研究』佛教大学通信教育部。

藤松素子（2012）「地域福祉をめぐる論点と課題―地域福祉の成立要件とは何か」『佛教大学社会福祉学部論集―』8。

藤野好美（2009）「日本におけるソーシャル・アクション研究の検討」『岩手県立大学社会福祉学部紀要』12(1)。

佛教大学社会福祉学部植田章研修室（2014）『京都府与謝野町フィールドワーク報告集』。

ゾフィア・T・ブトゥリム，川田誉音訳（1986）『ソーシャルワークとは何か』川島書店。

古川孝順（2004）『社会福祉学の方法』有斐閣。

特定非営利活動法人北海道ケアマネジメントネットワーク（2011）『地域自立支援協議会活性化のための事例集』（平成22年度厚生労働省障害者総合福祉推進事業）。

前田敏雄（1988）『現代ソーシャルワーク―実践の課題―』ミネルヴァ書房。

真山達志（2001）『政策形成の本質』成文堂。

三浦文夫・高橋紘士・田端光美・古川孝順編者（2002）『戦後社会福祉の総括と二十一世紀への展望 Ⅲ政策と制度』ドメス出版。

三重野卓・平岡公一編者（2000）『福祉政策の理論と実際―福祉社会学研究入門―』東信堂。

水野和夫（2014）『資本主義の終焉と歴史の危機』集英社。

三塚武男（2000）『生活問題と地域福祉』ミネルヴァ書房。

宮城孝（2005）『第4章コミュニティソーシャルワークの展開プロセス』大橋謙策・田中英樹・宮城孝『コミュニティソーシャルワークの理論』特定非営利活動法人日本地域福祉研究所。

宗澤忠雄（2008）『地域に活かす私たちの障害福祉計画』中央法規出版。

藻谷浩介・NHK広島取材班（2014）『里山資本主義―日本経済は『安心の原理』で動く―』KADOKAWA。

森啓（2000）『自治体職員の政策水準』北海道町村会企画調査部。

与謝野町『第2次与謝野町行政改革大綱』

与謝野町『平成23年度与謝野町統計書』

与謝野町『平成26年度予算書』

ウィリアム・A・ロブソン，辻清明・星野信也訳（2000）『福祉国家と福祉社会』東京大学出版。

渡辺治・二宮厚美・岡田知弘・後藤道夫（2009）『新自由主義か新福祉国家課―民主党政権下の日本の行方―』旬報社。

索引 （＊は人名）

ア行

IFSW　10,29
愛情論的体系　17
アウトリーチ　52,176
アドボカシー　11,87
安心社会　231
安心どこでもプラン　163
委託相談支援事業所　46
＊一番ケ瀬康子　17
一般相談支援事業　41
一般相談支援事業所　45
一般的な相談　43
インクルーシブな社会　1
インフォーマル　14
運動論　17
エコシステム的視座　16
援助する者－援助される者　16
エンパワメント　6,10
エンパワメント・アプローチ　16,86
応益負担方式　32
応能負担方式　32
＊岡村重夫　17

カ行

改革のグランドデザイン　35
改革論　18
介護保険優先の原則　34
改正障害者基本法　32
皆年金・皆保険　26
開発機能　55
解放　10
カウンセリング　11
革新自治体　4
核心的推進基盤　152
官民協働　179,182
官民協働による相談支援　174
官民協働による相談支援体制　203
官民協働による相談支援体制の構築　188
官民協働によるソーシャルワーク　170,192
官民協働を進める中間支援組織　182,193,

208
企画立案と施策化・事業化の合意形成　196
企画立案の実行・運用プロセス　107-108
基幹相談支援センター　46-48
規制緩和万能論　2
基礎自治体　14
基本原理　7,72
基本相談支援　43,52
Carring for People　23
救護法　25
教育機能　56
狭義の社会福祉　12
行政運営システム　113
行政関与の誘引　199
行政裁量権　35
行政の関与　213
共通アセスメントシート　124
共通する土台づくり　195
協働　81-83
共同支援　179
協働事業提案制度　84,169
協働による政策形成　84
協働によるまちづくり　157
居住サポート事業　48
緊密なネットワークによる生活問題の共有化
　196
グリフィス勧告　23
グループスーパービジョン　178
グループホーム　157
グループワーク　11
グローバル資本主義　233
ケアマネジメント　39,91
ケアリングコミュニティ　100
計画相談支援　41,52
経済協力開発機構（OECD）　231
経常収支比率　156,169
継続サービス利用支援　41
ケースマネジメント　16,92
研修ガイドブックの作成　124
原則　10

索　引

権利擁護機能　56
広義の社会福祉　12
公共性　102-104
構造改革路線　1
公的責任の縮小　2
公的責任や役割を問う　76
公的部門の民営化・民間委託化　2
行動原理としての「協働」　189
＊考橋正一　17
公平と効率　2
公務労働の二重性　98
合理的配慮　34
公論形成　200
国際ソーシャルワーカー連盟　→ IFSW
国際的評価　1
国内人権機関　34
国民総幸福　231
国民保健サービスとコミュニティケアに関する
　　1990年法　23
国立社会保障・人口問題研究所　232
国連総会　1
個人的-政治的次元　11
骨格提言　33
コプロダクション　82
個別アセスメント　104
個別給付　28
個別支援会議　58, 204
コミュニティ（近隣社会）に関する対策要綱
　　26
コミュニティ・センター計画　26
コミュニティケア政策　23
コミュニティ形成と社会福祉（答申）　26
コミュニティ政策　26
コミュニティソーシャルワーク　68-69, 100
コミュニティソーシャルワークの展開過程
　　8
コミュニティワーク　11
コラボレーション　82
今後の社会福祉のあり方　26
混合診療　2

サ行
財政力指数　156, 169

裁量的経費　28
さがみはら産業創造センター　168
相模原市産業集積促進条例　168
相模原市障害者支援センター松が丘園　170
相模原市障害者自立支援協議会　173
相模原市障害者地域作業所等連絡協議会
　　170
相模原市相談支援体制検討会議　173
「相模原市の相談支援体制のあり方について」
　　173
＊真田是　17
サービス等利用計画案　125
サービス利用支援　41
産業集積促進条例　168
三元構造　3, 78-79
三位一体の改革　27
シーボーム報告　15, 22
ジェネラリスト・ソーシャルワーク　67
ジェンダー　10
支援費制度　35
事業化へのルール化　146
事業者報酬の単価制　36
市場原理至上主義　2
慈善組織化運動　15
自治基本条例　4
自治体　13-14
実質公債費比率　156, 169
実践　11
実践課題の政策化　5
実践原理　7, 81
実践展開　7, 99
指定管理者制度　75
指定相談支援事業所　46
児童手当法　26
児童福祉司　38
児童扶養手当法　26
市民オンブズマン活動　4
事務局会議（運営会議）　58
社会開発　10
社会正義　10
社会的結束　10
社会的正義　2
社会的包含　233

247

社会福祉援助活動　11
社会福祉改革の基本構想　26
社会福祉基礎構造改革　2
社会福祉士及び介護福祉士法等の一部を改正す
　　る法律　18
社会福祉実践　11
社会福祉政策とソーシャルワーク　12-13
社会福祉とソーシャルワーク　12
社会福祉法　27
社会福祉法人相模原市社会福祉事業団　171
社会福祉法人よさのうみ福祉会　159
社会福祉労働　96
社会変革　10
社会変革機能　6
社会保障　2
社会民主主義運動　22
社会モデルの観点　33
集権的な管理システム　36
集団的責任　10
重度訪問介護　33
住民懇談会　158
住民自治　83
住民主体の地域福祉　76
住民主体のまちづくり　76
就労支援A型事業　160
就労支援B型事業　160
主権者運動　233
「障害」の捉え方　85
障害支援区分への見直し　34
障害者ケアガイドライン　39,89
障害者ケアマネジメントの役割　40
障害者権利委員会　35
障害者権利条約　1
障害者差別解消法　34
障害者差別禁止法　32
障害者自立支援法　31
障害者自立支援法円滑施行特別政策　31
障害者自立支援法訴訟　32
障害者自立支援法の廃止　1
障害者政策委員会　33
障がい者制度改革推進会議　32
障がい者制度改革推進会議総合福祉部会　33
障がい者制度改革推進本部　32

障害者総合支援法　1
障害者相談支援　6,14,77
障害者相談支援キーステーション　176
障害者相談支援業務サポートシステム　181
障害者相談支援システム　14,45
障害者相談支援体制グランドデザイン　174
障害者相談支援の一連のプロセス　105
障害者相談支援とケアマネジメントの関係
　　94-95
障害者福祉センター夢織の郷　159
障害者プラン　38
障害福祉計画　36
障害福祉計画への位置づけ　146
情報機能　54
情報公開制度　4
女性差別撤廃条約　34
所得再分配　2
＊白沢久一　112
＊白澤正和　112
自立支援給付　44
自立支援協議会　48-51
自立生活運動　87
自立生活思想　87
自立生活センター　87
新経済社会7か年計画　26
人権　10
人権条約　1
人権と社会正義　232
人口減少社会　232
新自由主義的市場化路線　2
人種差別撤廃条約　34
新政策論　17
身体障害者介護等支援サービス指針　38
身体障害者雇用保険法　26
身体障害者福祉司　38
＊スコプホルト，T.M.　87
ストレングス　14
ストレングス・モデル　104
政策　13
政策形成能力　209
政策パートナー　172
「政策論」と「技術論」の論争　17
精神障害者地域生活支援センター　38

索　　引

成年後見制度利用支援事業　47
生の営みの困難　102
整備法　32
世界幸福度報告書　231
世界幸福度ランキング　231
セツルメント運動　15
セルフヘルプグループ　16,86
潜在的なニーズの把握　104
全体会　58
全米ソーシャルワーカー協会　15
専門的介入活動のレパートリー　15
専門部会（プロジェクト）　58
相談支援　41
相談支援事業　14,38
相談支援専門員　51-53
相談支援専門員は「翻訳家」　166
相談支援体制のあり方　195
相談支援とケアマネジメント　39
『相談支援の手引』　39,89
ソーシャル・アクション　21
『ソーシャル・アクションとソーシャルワーク
　　に関する報告書』　21
ソーシャル・プランニング　16
ソーシャルアクションネットワーク　67
ソーシャルワーク　9-12
ソーシャルワーク実践と政策の結合　76
『ソーシャルワーク実践の共通基盤』　15
ソーシャルワークの「価値」　20
ソーシャルワークのグローバル定義　10
ソーシャルワークの統合化　15
ソーシャルワークの統合機能　25
ソーシャルワークの本質　7,19
措置制度から支援費制度へ　1

タ行
＊高島進　17
第1次石油ショック　26
第二次臨時行政調査会の答申　26
多様性尊重　10
団体自治　83
知　10
地域アセスメント　104
地域移行支援　41,52

地域課題の集積・明確化プロセス　106-107
地域課題を政策対象とするための調査研究
　　196
地域間格差　44
地域共生型福祉施設「やすらの里」　156
地域ケア会議　90
地域作業所　169-170
地域自立支援協議会　53,54
地域診断　194
地域性　99-101
地域生活支援事業　28
地域生活保障　103
地域相談支援　41,42
地域定着支援　42,52
地域の福祉力　99
地域福祉　27
地域福祉援助　67
地域包括支援センター　90
地域を基盤としたソーシャルワーク　67
小さな政府　2
地方自治体社会サービス法　23
地方自治の本旨　83
地方分権　27
地方分権一括法　27
地方分権推進計画　27
地方分権推進法　27
昼夜間人口比率　168
調整機能　55
町立宿泊型保養施設「リフレかやの里」　158
提案型の職員像　209
定例会　58
出前講座　198
展開過程　105
統合化理論　18
統合補助金　28
当事者の主体性の尊重　86
特定相談支援事業　41
特定相談支援事業所　45
特別の措置（積極的差別是正措置）　34

ナ行
ナショナル・ミニマム論　27
日本型 NPM 手法　75

249

日本型福祉社会　18
日本国憲法第13条　201
日本国憲法第25条　201
日本地域福祉研究所　69
入院時コミュニケーション事業　162
ニューレイバー　23
人間化　20
人間尊重　20
人間の解放　232
人間の社会性　20
任務　10
ネットワーク介入法　16
年金物価スライド制　26
ノーマライゼーション理念　34
のりしろのある支援　177

ハ行
バークレイ報告　68
パートナーシップ　82
＊バートレット，H.M.　15,19
＊ハーヴェイ，D.　2
＊バールマン，H.H.　15
ハンセン病　25
ピアカウンセリング　43
ひまわりノート　162
評価機能　56
平等回復　34
＊ファーガスン，I.　21
フォーマル　14
福祉から労働　24
福祉行政職員　112
福祉国家　26
福祉サービスの商品化　2
福祉サービスの利用援助　43
福祉三法　25
福祉レジーム　21
福祉労働の専門性　97-98
福祉六法　26
＊ブトゥリム，Z.T.　20

普遍主義型の社会保障・社会福祉制度の再構築　36
ブレア政権　23
ヘルパー――セラピー原則　86
変化の可能性　20
包括性　101-102
法の下の平等　35
方面委員　25
訪問相談　176
補完性の原理　28
ポズルップ仮説　231
ボトムアップ型の政策形成　5,6

マ行
＊マイルズ，A.　15
マクロ政策との関係性　230
マクロレベル　11
＊マルサス，T.R.　231
＊三浦文夫　17
ミクローマクロ的　11
ミクロレベル　11
民間社会福祉事業の営利事業化　2
民主主義運動　233
民主的な自治体形成　103
メゾレベル　11
問題共有プロセス　106
問題把握プロセス　105

ヤ・ラ・ワ行
薬害エイズ　25
養護学校開設運動　158
抑圧問題　22
力動的な主体形成　154,189
力動的な主体者　209
＊リッチモンド，M.　15
利用者選択制度　38
老人医療費無料化　26
労働生活施設づくり運動　164

◎著者紹介◎

隅河内　司（すみこうち・つかさ）

現在　田園調布学園大学人間福祉学部教授
神奈川県出身。法政大学法学部卒業。佛教大学社会学部卒業。
佛教大学社会福祉学研究科博士後期課程修了。博士（社会福祉学）
相模原市職員として指導監査課長，障害福祉課長，障害政策課長，健
康福祉局参事・健康福祉総務室長を務め，退職後，相模原市社会福祉
協議会生活支援コーディネーターアドバイザー，佛教大学研究員，田
園調布学園大学兼任講師を経て現職
現在，公益社団法人神奈川県社会福祉士会副会長，特定非営利活動法
人さがみはら市民会議理事，社会福祉法人かながわ共同会津久井やま
ゆり園芹が谷園舎第三者委員などの役職・委員を務める
主な論文
「生活支援に関わる実践課題と自治体福祉政策の連関について」（日本
生活支援学会『日本生活支援学会誌』第4号，2015年）
「障害者相談支援に於ける計画相談支援の現状と課題」（日本福祉科学
研究所「社会福祉科学研究」第4号，2015年）
「障害者相談支援における地域内連携の強化をめざして」分担執筆
（日本社会福祉士会『日本社会福祉士』第22号，2015年）

佛教大学研究叢書 34

障害者相談支援における
「実践課題の政策化」の理論形成
──ソーシャルワークと自治体福祉政策の発展──

2018（平成30）年2月25日発行

定価：本体7,500円（税別）

著　者　隅河内　司
発行者　佛教大学長　田中典彦
発行所　佛教大学
　　　　〒603-8301　京都市北区紫野北花ノ坊町96
　　　　電話075-491-2141（代表）

制　作
発　売　株式会社　ミネルヴァ書房

　　　　〒607-8494　京都市山科区日ノ岡堤谷町1
　　　　電話075-581-5191（代表）

印　刷　創栄図書印刷株式会社
製　本　新生製本株式会社

© Bukkyo University, 2018　ISBN978-4-623-08280-3　C3036

『佛教大学研究叢書』の刊行にあたって

二十一世紀をむかえ、高等教育をめぐる課題は様々な様相を呈してきています。科学技術の急速な発展は、社会のグローバル化、情報化を著しく促進し、日本全体が知的基盤の確立に大きく動き出しています。そのような中、高等教育機関である大学に対し、「大学の使命」を明確に社会に発信していくことが求められています。

本学では、こうした状況や課題に対処すべく、本学の建学の理念を高揚し、学術研究の振興に資するため、顕著な業績をあげた本学有縁の研究者に対する助成事業として、平成十五年四月に「佛教大学学術振興資金」の制度を設けました。本『佛教大学研究叢書』の刊行は、「学術賞の贈呈」と並び、学術振興資金制度による事業の大きな柱となっています。

多年にわたる研究の成果は、研究者個人の功績であることは勿論ですが、同時に本学の貴重な知的財産としてこれを蓄積し活用していく必要があります。また、叢書として刊行することにより、研究成果を社会に発信し、二十一世紀の知的基盤社会を豊かに発展させることに貢献するとともに、大学の知を創出していく取り組みとなるよう、今後も継続してまいります。

佛教大学